건강한 인공지능을 만들기 위한 교육의 역할

# 인공지능 시대 사람에게 무엇을 가르쳐야 할까?

인공지능 시대
사람에게 무엇을
가르쳐야 할까?

2021년 3월 12일 처음 펴냄
2022년 10월 31일 3쇄 펴냄

지은이 권재원
펴낸이 신명철 | 편집 윤정현 | 영업 박철환 | 경영지원 이춘보 | 디자인 최희윤
펴낸곳 (주)우리교육 | 등록 제 313-2001-52호
주소 03993 서울특별시 마포구 월드컵북로 6길 46
전화 02-3142-6770 | 팩스 02-6488-9615 | 홈페이지 www.urikyoyuk.modoo.at

ISBN 978-89-8040-981-5  03370

# 인공지능 시대 무엇을 사람에게 가르쳐야 할까?

### 건강한 인공지능을 만들기 위한
### 교육의 역할

권재원 지음

우리교육

머리말
# 인공지능 시대,
# 무엇이 바뀐다는 것일까?

　　미래 교육이라는 이름으로 공포와 희망의 마케팅이 횡행하고 있다. 코딩 교육이 사교육의 블루오션으로 떠오르나 싶더니 어느새 레드오션이 될 정도로 업자가 몰려들었다. 그러는 사이에 '미래'는 우리나라 교육에서 가장 많이 사용되는 단어가 되었다. 미래 학교, 미래 교육, 미래 교실, 미래 교사, 미래형 등등. 1980~90년대가 온통 '선진형'으로 점철되었다면 2010년대는 온통 '미래'로 장식되었다.

　　그러던 중 2020년, 초유의 온라인 개학 사태를 맞이하면서 이 미래들이 갑자기 현재형으로 바뀌기 시작했다. 그런데 뜻밖에도 반쯤 현재가 된 미래는 두 얼굴을 가지고 있었다. 장밋빛 얼굴과 납빛의 얼굴.

　　장밋빛 얼굴은 미소를 지으며 상상할 수 없을 만큼 편리해지고, 놀라울 정도로 기회 가능성이 확장될 삶의 모습을 보여준다. 어서 메이커가 되고 스타트업을 해서 이 기회를 잡고 싶은 욕망을 불러일으킨다. 반면 납빛 얼굴은 앞으로 수많은 일자리가

사라져버릴 것이니 살아남고 싶으면 미리미리 대비하라며 윽박
지른다. 어릴 때부터 코딩에 능해야 하고, 창조적이고 융합적인
사고력을 갖춰야 하며, 그걸 남보다 조금이라도 앞서서 갖추지
않으면 도태될 것이라고 협박한다.

이 두 얼굴은 모두 교사와 학부모에게 초조감을 던진다. 교
육이 뭔가 엄청나게 바뀌어야 한다는 막연한 불안감, 그럼에도
불구하고 기존에 해오던 것들을 중단해서도 안 될 것 같은 이중
의 불안감. 이 속에서 학생들의 부담만 두 배, 세 배가 된다. 학생
들은 현재의 학업 부담 더하기 미래 대비 학업 부담까지 짊어져
야 한다. 더 큰 문제는 그러면서도 이게 과연 정말 미래를 대비
하는 것일까에 대해 아무도 확신하지 못한다는 것이다. 범람하
는 '미래 교육', '미래 교사' 같은 말들 속에서 미래에 대한 희망
과 믿음은 매우 빈곤하다.

이 책은 막연히 "미래야!" 하고 뛰어다니는 데 지친 교사의
반성문이다. 우선 현재 진행형인 변화를 냉정하게 살펴보고, 그

속에서 필요로 하는 교육이 무엇이고 그것을 위해 현재 교육은 어떻게 바뀌고 무엇을 준비해야 하는지 한발 물러서서 생각해본 탐구의 조각들이다.

그래서 우선 '4차 산업혁명'이라는 말로 불리는 현재 진행 중인 변화의 실체부터 따져볼 것이다. 정말 혁명적으로 세상이 바뀌고 있는 것인지, 아니면 다만 수사법에 불과한 것인지.

# 차례

# 1.

# 도대체 4차 산업혁명의
# 정체는 무엇인가?

# 4차 산업혁명이라는 유령

'4차 산업혁명'은 아마 교사, 특히 연구부장이 가장 듣기 싫어하는 말 중 하나일 것이다. 혁신이니 미래니 하는 타이틀을 단 연수에 강제, 반강제로 지칠 정도로 불려 다녀야 하는데, 강사마다 주문이라도 걸린 것처럼 이 말을 외쳐대기 때문이다.

더구나 그 강사들이 4차 산업혁명을 차분히 소개하고, 그 의의를 비판적으로 분석하는 경우는 거의 없다. 대략 몇 가지 트렌드, 혹은 동영상 자료를 보여준 뒤 "이렇게 세상이 확 달라지는데, 당신들은 지금까지도 그런 낡은 교육을 하고 있는가?"라는 준엄한 꾸짖음이 있을 뿐이다.

졸지에 교사들은 시대에 뒤떨어진 낡은 교육을 하는 몹쓸 사람이 된다. 꾸짖음 다음에는 복음이 이어진다. 4차 산업혁명의 시대에 그런 교육은 소용이 없고, 내가 들려주는 복음에 따라 교육을 혁신하라고.

이때 단골로 인용되는 말이 하나 있다. 앨빈 토플러<sub>Alvin</sub>
Toffler가 했다는 말.

"한국 학생들은 학교와 학원에서 미래에 필요하지도 않
을 지식과 존재하지도 않을 직업을 위해 하루 15시간
이상을 낭비하고 있다."

정작 토플러는 4차 산업혁명이라는 용어를 사용한 적이 없
다. 그런데 그의 이 말이 4차 산업혁명을 내세우는 각종 연수에
서 단골로 인용되는 까닭은 4차 산업혁명 때문에 기존의 일자리
들이 대부분 사라질 것이라는 공포감, 교육이 전적으로 바뀌어
야 한다는 절박감을 끌어낼 수 있기 때문이다.

이런 말을 듣는 교사의 심정은 착잡하다. 낭비하는 15시간
의 대부분을 차지하는 곳이 학교기 때문이다. 성실한 교사일수
록 자괴감에 빠지고 불성실한 교사는 반감과 냉소를 던진다. 이
말대로라면 더 열심히 가르칠수록 학생의 시간을 더 많이 낭비
하게 한 꼴이다. 성실하건 불성실하건 결국 교사는 자신이 학생
들의 시간을 낭비하게 하는 주범이며, 저 강사들이 베푸는 4차
산업혁명의 세례를 받고 거듭나야 할 죄인이라는 무거운 마음을
안고 연수원을 나오게 된다.

그렇다고 교사를 무조건 옹호할 수도 없다. '혁명'이라 불릴
정도로 사회가 급변하는데도, 거기에 따라가지 못하고 기존의 것
에 매달리는 교사가 분명 있기 때문이다. 그런 교사는 질타를 들

어도 싸다. 교육은 학습자의 필요, 교수·학습 방법, 사회적 조건이라는 세 가지 요인의 상호작용 속에서 이루어진다. 따라서 교사는 학생의 상황, 최신의 교수·학습 방법뿐 아니라 몸담은 사회의 변동에도 늘 촉각을 세우고 반응해야 한다. 가령 농업사회와 산업사회의 필요는 크게 다르다. 산업혁명이 일어나고 있는데도 여전히 농업사회의 가치관과 그 사회에서 중요한 능력을 고집하는 교사가 있다면 그는 학생의 앞길을 가로막고 있는 셈이다.

교수·학습 방법 역시 그 시대의 사회적, 기술적 조건의 영향을 받는다는 점에서 사회적 조건과 무관하지 않다. 가령 신분제 사회에서는 오늘날 공교육 학교 같은 기관은 존재할 수 없으며, 교육 방법도 전혀 다를 수밖에 없다. 엄한 스승 아래서 반복적으로 회초리 맞아가며 배웠던 서당의 교육 방식은 오늘날 사회의 눈으로 보면 매우 야만적으로 보이지만, 그 시대에는 가장 효과적인 교육 방법이었다.

따라서 연수에 불려 다니며 바뀌어야 살아남는다는 협박을 듣는 교사는 먼저 현재 사회가 어떻게 변하고 있는지부터 알아야 한다. 교사뿐 아니라 각종 혁신, 미래 교육 연수 강사도 마찬가지다. 지금의 교육이 쓸모없어지니 바꾸어야 한다고 주장하려면, 먼저 사회의 무엇이 어떻게 바뀌는지부터 납득시켜야 한다. 더군다나 '혁명'이라는 말까지 사용하면서 현재 존재하는 직업이 사라지고, 학교에서 배우는 내용이 쓸모없어진다는 예언까지 했다면, 엄청나게 큰 증명 책임이 있다.

그런데 어떻게 된 일인지 대부분의 혁신, 미래 교육 강사들은 이 부분에서 상세한 설명을 하지 않고 얼버무린다. 미래학자들의 멋들어진 경구를 몇 개 옮겨 적을 뿐, 구체적으로 무엇이 어떻게 바뀌며, 그것이 우리 사회와 삶에 어떤 영향을 줄 것인지에 대해 말하지 않는다. 다만 "세상이 크게 달라졌고" 따라서 "기존의 지식과 거기 기반한 일자리가 사라질 것이며", "여기에 뒤떨어지지 않으려면 미래 교육, 새로운 역량을 기르는 교육을 해야 한다"고만 말할 뿐이다.

이건 순서가 틀렸다. 먼저 오늘날 어떤 사회변동이 일어나고 있는지, 4차 산업혁명이란 것이 무엇인지부터 상세하게 알아야 한다. 만약 그것이 그 우리의 삶을 크게 바꾸어 놓고 직업 세계를 완전히 뒤집어엎을 정도로 큰 변화라면 당연히 거기에 맞춰 교육도 바꿔야 하고, 교사가 갖추어야 할 것도 바꿔야 한다.

먼저 4차 산업혁명이란 것이 무엇인지부터 따져보자. 과연 4차 산업혁명이라는 것이 그 이름에 걸맞게 천지개벽이며, 서둘러 적응하지 않으면 우리 아이들이 미래에 줄줄이 실업자로 전락할 일이며, 사교육으로라도 코딩 교육을 받아야만 살아남을 일인지, 아니면 단지 수사법에 불과한지. 그렇지 않으면 이 말은 다만 사람들에게 공포심과 절박감만을 심어주는 유령이 되고 말 것이다. 이 말을 유령에서 실체로 바꾸어야 한다.

4차 산업혁명이라는 말이 처음 등장한 때는 2016년이다. 클라우스 슈밥Klaus Schwab이 의장으로 있는 세계 경제 포럼World Economic Forum, WEF에서 공식적으로 사용했다. 이후 슈밥이 이때 논의된 내용을 정리하여 『제4차 산업혁명』이라는 단행본으로 출간하여 유명해졌다. 하지만 정작 이 책은 사회학, 경제학 전문가들 사이에서 그리 좋은 평가를 받고 있지 못하다. 우선 이 말이 현재 진행 중인 현상을 말하는 것인지, 현재 진행 중인 사건들을 통해 예상되는 격변의 시기를 말하는 것인지도 불분명하다.

하지만 4차 산업혁명이라는 이름이 2016년에 등장했을 뿐, 이 말을 통해 설명하려는 대규모 사회변동에 대한 논의는 훨씬 전부터 있었다. 그러니 아주 근거 없는 수사법만은 아니다.

이미 1980년대부터 기존 산업 사회가 새로운 단계로 접어든다는 진단이 계속 나왔다. 다니엘 벨Dnaiel Bell은 '포스트 자본주의'라는 용어를 사용하면서 근대 산업사회 이후 새로운 변동이 도래했음을 역설했다. 토플러의 유명한 『제3의 물결』 역시 1980년대에 나온 책이다. 벨과 토플러는 모두 산업의 중심이 이른바 굴뚝 공장 산업에서 정보, 전자, 미디어 산업으로 넘어갈 것이라고 주장했다.

1990년대 이후에는 여기에 '네트워크'라는 개념이 추가되었다. 마누엘 카스텔Manuel Castells은 유명한 「네트워크 3부작」[1]을 통해 국경을 넘나드는 전 지구적 네트워크 사회, 그리고 그 속에서 오히려 중요성을 획득하는 정체성 투쟁 등의 상호 연관성을 찾아내면서, 이 변동이 단지 기술과 산업의 변화가 아니라 사회 전체의 변동임을 예견했다. 돈 탭스콧Don Tapscott은 소비자 생

---

1. 우리나라에는 각각 『네트워크 사회의 도래』, 『정체성 권력』, 『밀레니엄의 종언』으로 번역, 출간되어있다.

산, 네트워크 생산, 공유경제, 그리고 이를 뒷받침 해주는 블록체인 기술 등을 특징으로 하는 위키노믹스<sub>위키백과와 이코노믹스의 합성어</sub>의 시대를 예견했고, 제러미 리프킨<sub>Jeremy Rifkin</sub>은 신재생 에너지, 스마트 네트워크, 공유경제, 소유권을 대체하는 접속권 등을 특징으로 하는 3차 산업혁명 시대를 설파하였다. 현실 세계와 가상 세계의 모호한 경계를 소재로 많은 논쟁거리를 던진 영화 〈매트릭스〉 3부작이 무려 20년 전 영화다.

따라서 4차 산업혁명은 최근 들어 갑자기 나타난 급격한 변화가 아니다. 오히려 20여 년 전부터 등장한 이런저런 변화의 효과가 가시화된 것이다. 우리나라를 제외하면 4차 산업혁명이라는 말 자체를 그렇게 많이 쓰지는 않는데, 이는 다른 나라들이 4차 산업혁명에 대한 대비가 늦어서가 아니라 20여 년 전부터 이미 차근차근 대비해왔기 때문에 구태여 지금 와서 호들갑을 떨지 않는 것에 더 가깝다. 지금 우리에게 필요한 것은 지난 20년간의 변화를 살펴보고, 그중 현재 일어나는 일, 그리고 미래의 열쇠가 되는 변화들이 무엇인지 찾아내는 것이지, 앞날에 대한 불안감을 고조시키며 빨리 대응하라고 보채는 것이 아니다.

그럼에도 불구하고 요즘 대중에게 인기를 끌고 싶은 지식인들은 저마다 새로운 산업혁명을 발견 아니 발명해가면서 불안감을 고조시킨다. 산업혁명 앞에 붙는 숫자도 특별한 이유 없이 자꾸 커지는데, 마침내 7차 산업혁명을 말하는 교수까지 나왔다. 이런 식으로 뭔가 새로운 기술이 등장할 때마다 산업혁명을 붙였다가는 10년도 되기 전에 100차 산업혁명이라는 말이 나올지도 모를 일이다. 물론 그렇게 숫자를 붙일 때 마다 "어릴 때부터 이걸 미리 준비해두지 않으면 낙오된다"며 불안마케팅을 하는 사교육 업자가 어김없이 달라붙는다.


## 4차 산업혁명을 이해하는 열쇳말

리프킨, 탭스콧에서부터 WEF에 이르기까지 이 20년간의 변동에 관해 논한 책이나 논문을 종합해보면 이 변동을 설명할 때 자주 등장하는 키워드들을 찾을 수 있다. 사람의 도움 없이 저절로 업무가 이루어지는 스마트 시스템, 그 시스템을 움직이는 인공지능, 그 인공지능이 스스로 학습하는 머신러닝, 그중 가장 최근 기술인 딥러닝, 딥러닝의 바탕이자 재료가 되는 빅데이터, 빅데이터가 생산되는 원천인 사물 인터넷, 그리고 이 사물 인터넷이 작동되는 플랫폼인 5G. 이러한 변화를 활용하는 공유경제, 이 변화에 불을 붙이는 나노 기술과 유전공학 등이다.

구글의 인공지능 전문가인 레이 커즈와일Ray Kurzweil은 지난 20년간의 변화가 18~19세기 산업혁명의 수준을 훨씬 넘어 아예 인류 역사의 변곡점이 되는 '특이점'을 앞당긴다고 주장했다. 커즈와일이 예측한 특이점이 2047년이니 그것을 확인할 날도 얼마 남지 않았다. 이 키워드들을 먼저 간단하게 정리해두고, 다음 이야기를 이어나가자.

## 인공지능Artificial Intelligence, AI

인공지능은 바로 이 거대한 변동의 사슬에서 가장 중요한 고리를 차지한다. 인공지능은 문자 그대로 사람이 만들어낸 지능이다. 인공지능의 역사는 매우 길다. 인공지능은 사람을 대신해서 어떤 작업이나 업무를 처리하는 장치를 통칭하기 때문이다. 백치에게 지능이 없는 것이 아니듯, 단순한 장치라고 해서 인공지능이 아닌 것은 아니다. 다만 낮은 수준의 인공지능일 뿐이다. 사실 전자계산기 정도 되면 상당한 수준의 인공지능이다.

그런데 인공지능이 최근 들어 급격하게 논의의 중심에 선 까닭은 이것이 머신러닝machine learning, 그리고 로봇공학과 결합하고 있기 때문이다. 기계 학습머신러닝, 이후 두 용어를 상황에 따라 같이 사용함은 인공지능 장치주로 컴퓨터가 단지 프로그램에 따라 작동하는 것이 아니라 스스로 학습하고 그 결과에 따라 작동 방식을 개선해나가는 것이다. 가령 스팸 메일을 가려내는 작업을 할 때 과거에는 특정한 유형의 단어나 문구가 들어가면 스팸 메일로 분류하도록 프로그램되었다면, 지금은 사용자가 수신하거나 삭제하는 이메일 패턴을 컴퓨터가 학습하여 스팸 메일을 가려내는 방법을 스스로 만들어낸다.

알파고의 충격이 바로 그것이다. 과거의 바둑 프로그램은 미리 프로그램된 방법에 따라 바둑을 두었지만, 알파고는 수백만 개의 기보를 통해 스스로 바둑 두는 법을 학습했다. 심지어 알파고2는 기존의 기보가 아니라 스스로 생성한 기보들을 통해 바둑을 학습했다. 이 주제는 뒤에서 더 자세히 다룰 것이기에 컴퓨터가 인간의 도움 없이 스스로 학습하는 정도로 정리해둔다.

### 빅데이터Big Data Statistical Analysis

프로그램된 입력·출력의 과정만 수행하던 과거의 컴퓨터와
달리 머신러닝을 하는 컴퓨터는 주어진 자료를 바탕으로 패턴을
찾아 스스로 학습하기 때문에, 미리 정의되지 않은 내용이 입력
되어도 유연하게 이를 처리할 수 있다. 4차 산업혁명 혹은 그와
비슷한 의미를 담은 수많은 변동 관련 담론은 한마디로 이렇게
스스로 학습하는 컴퓨터를 기반으로 생산과정이 재편성되는 것
을 말한다.

그렇다면 컴퓨터가 패턴을 찾아 학습할 재료가 필요하다. 그
재료는 방대한 규모일 뿐 아니라 다양성까지 확보해야 한다. 그것
이 바로 빅데이터다. 하지만 이걸로는 부족하다. 컴퓨터가 분석하
고 처리하기 용이한 방식으로 가공되어있어야 한다. 그저 존재하
는 자료는 그 양이 아무리 많아도 별로 쓸모가 없다. 사람이 학
습할 때도 무작위로 던져진 자료들이 아니라 학습교재라는 방식
으로 가공된 것들이 필요한 것과 마찬가지다. 빅데이터는 수치화
되어야 하며 통계분석Statistical Analysis 처리가 되어있어야 한다.

처리되지 않은 빅데이터를 가지고도 머신러닝은 가능하다.
다만 엄청난 자원리소스이 소모되는 것이 문제일 뿐이다. 휴리스
틱heuristic, 어림짐작, 직관적 인식을 사용하는 사람의 두뇌와 달리 컴
퓨터는 철저히 디지털 방식으로 작동하기 때문에 같은 정보나
자료를 처리하더라도 두뇌보다 훨씬 많은 리소스를 사용한다.

## 로봇공학Robotics

로봇은 스스로 작업하는 능력을 갖춘 기계를 말한다. 통상 기계는 사람이 조작하는 대로 움직이고 작업하는 도구였다. 그런데 사람의 조작 없이 스스로 작업을 수행한다면 그때부터 그 기계는 로봇이 된다. 그런 의미에서 '마징가Z'나 '태권V'는 인간이 직접 조작해야만 움직이기 때문에 로봇의 정의와 어긋난다.

또한 단순히 주어진 동작만 반복하는 자동기계 역시 로봇이 아니다. 로봇은 상황을 분석하고 판단하는 컴퓨터와 그 결과 요구되는 동작을 수행하는 기계로 이루어져 있다. 자동기계는 동일한 작업을 반복하지만, 로봇은 주어진 상황에 대한 정보를 입력받아 거기에 가장 적합한 작용이 무엇인지 판단하여 이를 수행한다.

로봇은 단지 작업할 뿐 아니라 작업의 결과를 환류하여 이를 통해 다음 작업을 결정하는 데 필요한 정보를 획득한다. 이는 그 섬세함과 복잡성에서 차이가 날 뿐, 사실상 사람의 인지 과정과 거의 같다.

로봇은 크게 상황을 판단하는 데 필요한 정보를 획득하는 감지장치Sensor, 정보를 분석하고 판단하여 필요한 작업을 지시하는 연산장치Processor, 그리고 필요한 작업을 시행하는 작업기Operator로 구성되어있다. 그리고 이 작업 과정과 결과 역시 감지장치를 통해 계속 연산장치에 정보로 제공된다. 로봇은 이 모든 과정을 저장하여 다음 작업에 사용할 정보를 축적한다.

사물 인터넷Internet of Things, IoT

사물 인터넷은 각종 사물Things에 센서와 통신 기능을 내장하여 인터넷에 연결하는 기술이다. 특히 무선 통신기술5G이 발전하면서 사물끼리 통신선을 연결할 필요가 없어, 사물에서 사물로의 정보 전달이 거의 실시간으로 이루어지게 되었다. 여기서 사물이란 가전제품, 모바일 장비 등 임베디드 시스템embedded system, 어떤 기기를 작동시키기 위해 기기 내에 장치된 컴퓨터 시스템을 가진 기기 전체를 뜻한다.

사물 인터넷은 인공지능 기술과 관련하여 대단히 중요한 역할을 한다. 인공지능의 학습에 필요한 빅데이터를 사람이라는 매개를 거치지 않고 실시간으로 얻을 수 있기 때문이다. 인터넷으로 연결된 사물들은 이미 디지털화된 기계어로 정보를 전달한다. 이 말은 사람이 기계어를 익혀서 정보를 옮기는 가공 과정이 필요 없다는 뜻이다.

로봇 청소기의 예를 들어보자. 과거에는 청소하면서 부딪히는 여러 가지 난관이나 실패 사례들을 수집하고, 이것을 분석하여 기술자들이 로봇 청소기 프로그램펌웨어 개선판을 만들어 배포했다. 하지만 사물 인터넷망이 확립되면 세상에 깔린 수많은 로봇 청소기가 작업하면서 획득한 정보를 실시간으로 서로 주고받으면서 성능을 개선할 수 있다.

스페인 바르셀로나시는 주차 공간을 감지해 주차 정보를 공유하거나 쓰레기통 포화 상태를 측정해 수거 트럭에 정보를 송신하는 등 사물 인터넷 개념을 활용한 도시 관리 시스템을 구축

했다. 뉴욕시에서는 마이크로소프트와의 협력을 통해 CCTV, 방사능 감지기, 자동차 번호판 인식장치를 연계하여 의심스러운 사람이나 차량의 정보를 현장 경찰과 소방서 등의 기관에 전달하는 대테러 감지 시스템Domain awareness system을 구축하였다.

### 무인 운송 수단

무인 운송 수단은 인간이 운전하지 않고 스스로 이동하는 운송 수단을 말한다. 이는 이미 비행기나 선박, 그리고 철도에 상당 부분 적용된 바 있다. 항공기의 경우 이착륙 시에만 조종사가 직접 운항하고, 순항 고도에서는 자동 항법장치에 맡겨두는 경우가 많다. 철도도 승무원이 전혀 없는 상태에서 운행하는 경우가 있다. 그러나 항공기나 열차가 스스로 정보를 획득하고 판단하여 운행하는 것은 아니다. 중요한 판단은 여전히 사람 파일럿이나 중앙사령실의 사람이 한다.

그런데 인공지능과 로봇공학, 그리고 사물 인터넷의 발달로 인해 사람의 도움이 전혀 없이 기계의 힘만으로 운항하는 운송 수단의 개발이 눈앞에 다가왔다. 가령 무인 운행 자동차의 경우 운행하는 자동차가 모두 사물 인터넷으로 연결되어있다면, 교통 상황을 수시로 파악할 수 있고, 각 자동차의 운행 중 애로사항이나 실수, 사고 등이 모든 자동차에 정보로 제공되어 이를 예방하도록 운행 프로그램 개선에 적용할 수 있다. 단지 사람이 운전하지 않는 수준을 넘어 점점 운전 실력이 느는 학습하는 자동차가 되는 것이다.

### 3D 프린팅3D printing

연속적인 계층의 물질을 뿌리면서 3차원 물체를 만들어내는 제조 기술이다. 아직은 재료 한계가 있기 때문에 적용 분야도 한 정되어있다. 이론적으로는 설계도가 주어져 있고, 재료가 주어져 있다면 어떤 물체도 만들어낼 수 있다. 개인용 컴퓨터가 사무실 이나 연구소를 집으로 가지고 온 효과가 있다면 3D 프린팅 기술 은 공장을 집에 가지고 온 효과가 있다고 할 수 있다.

각종 가전제품을 인터넷을 통해 설계도만 사서 내려받으면, 제작은 3D 프린터로 집에서 할 수도 있는 것이다. 그리고 설계도 구매 단계에서 사용자가 자기 개성을 반영하여 다양한 옵션을 적용하면, 기존의 공장에서 생산하던 기성품보다 훨씬 폭넓은 선 택을 할 수도 있다.

나아가 소비자와 생산자의 경계를 허물 수도 있다. 소비자가 사용하면서 자신의 경험을 반영한 개선된 제품을 설계하여 즉시 개량형을 제작할 수 있는 것이다. 심지어 소비자를 건너뛰고 사 물 인터넷을 통해 기계끼리 사용 경험을 수합하여 개량형을 설 계하고 이를 역시 사물 인터넷으로 연결된 3D프린터에 전송하 여 제작할 수도 있다.

### 나노 기술Nano Technology, NT

나노 기술은 10억 분의 $1m$인 나노미터 단위에 근접한 원자, 분자 및 초분자 정도의 작은 크기 단위에서 물질을 합성하고, 조 립, 제어하며 혹은 그 성질을 측정, 규명하는 기술을 말한다.[2] 현재 나노 기술을 선도하는 대만의 TSMC는 이미 3나노 공법을 보편화하고 있다. 바이러스의 크기가 65나노라는 점을 생각하면 3나노가 얼마나 작은 단위인지, 그리고 이렇게 작은 단위의 물건을 생산한다는 것이 얼마나 엄청난 일인지 짐작할 수 있다.

무엇보다도 컴퓨터의 기억 용량과 처리 용량이 폭발적으로 증가한다. 컴퓨터 기술은 결국 부피는 줄이면서 기억과 업무처리 용량은 늘리는 것이다. 작은 단위로 제작할 수 있어서 같은 크기의 기기에 몇 배의 부품이 들어갈 수 있다. 크기가 줄어드는 만큼 에너지 소모도 줄고, 발열도 준다. 3년 단위로 같은 부피에서 기억 및 처리 용량이 두 배씩 늘어난다는 무어의 법칙이라는 것도 있다. 가령 2020년 현재 램 모듈 하나가 8Gbyte의 용량을 기본으로 하는데, 이는 1992년의 4Mbyte보다 2000배 늘어난 것이다. 이런 속도로 소형화 대용량화가 가능하다면 나노 단위의 컴퓨터나 로봇 제작도 가능해진다. 적혈구 크기만 한 로봇이 혈액 속을 다니면서 병을 치료하는 것도 불가능하지만은 않다.

### 유전공학Genetic Technology

유전공학은 유전자를 조작하여 인간에게 이로운 결과를 가져오는 기술이다. 이미 수백 년 전부터 인간은 여러 인접한 종을 서로 교배하여 새로운 종을 만들어내는 등 유전자를 다루고 있었다. 그런데 최근의 유전공학은 교배를 통한 방식이 아니라 유

---

2. Drexler, K. Eric (1986), Engines of Creation: The Coming Era of Nanotechnology, Doubleday

전자를 직접 조작한다는 점에서 구별된다. 특히 유전자를 이루는 단백질 분자 크기의 미세한 작업을 가능하게 한 나노 기술의 발전은 인간이 유전자를 직접 만들고 합성할 수 있게 만들었다. 의도적으로 새로운 생명을 만들어낼 수 있게 된 것이다.

특히 나노 기술과 결합한 유전공학이 가축이나 농작물에 적용되는 것이 아니라 인체에 적용된다면, 우리는 인공장기는 물론 인공세포까지도 합성해낼 수 있게 된다. 이것이 다시 나노 단위로 작업하는 3D프린터와 결합하면 정밀하게 작성된 유전자 설계도를 바탕으로 세포들로 이루어진 생생한 인공장기를 제작할 수도 있다.

커즈와일은 나노 기술이 더 발달하여 1나노 수준의 공법까지 간다면 뉴런 세포를 인공적으로 합성할 수 있다고 주장했다. 즉 한 사람의 뇌를 뉴런 하나하나 단위까지 그대로 복제하여 재구성할 수 있는 것이다. SF 영화에서나 볼 수 있던 인간의 뇌와 같은 기능을 하는 로봇이 등장하는 세상도 꿈만은 아니다. 치매 등으로 뇌가 손상되면 인공 뇌로 이를 대체할 수도 있다.

지금까지 살펴본 이 열쇠들이 인간의 삶과 사회를 어떻게 바꿀 것인가 하는 것이 바로 이른바 4차 산업혁명론의 내용이다. 이 밖에도 드론 기술, 증강현실 등과 같은 기술들을 더 꼽을 수도 있겠지만, 모두 앞에서 소개한 키워드들과 연결된다.

# 4차 산업혁명이 일으키는 노동의 문제

지금까지 이야기한 키워드들만 살펴보면 뭔가 장밋빛 미래가 펼쳐질 것 같다. 하지만 키워드만 살펴보아서는 중요한 사실 하나를 빼먹기 쉽다. 이런 기술적인 변화들은 저절로 일어나는 것이 아니라 사람이, 어떤 의도를 가지고 일으키는 것이라는 사실. 그리고 그 의도는 현재 사회 경제적으로 유리한 위치에 있는 사람의 것일 가능성이 더 크다는 사실.

### 극단적인 노동 절약 혁명

4차 산업혁명 관련 담론들이 자주 빼먹는 사실 중 하나는 4차 산업혁명이 단순하거나 반복적인 일자리를 창조적이고 스마트한 일자리로 대체하는 것이 아니라는 것이다. 이 일자리가 저 일자리로 대체되는 것이 아니라 일자리의 절대적인 수 자체가 크게 줄어든다. 물론 과거에 없던 새로운 직업을 만들어내기는 할 것이다. 그러나 그 직업들은 본질적으로 많은 사람을 필요로 하는 종류의 것이 아니다. 아무리 갖가지 미사여구를 가져다 붙여도 4차 산업혁명의 본질은 '노동력 절약'이다. 워너 본펠드 Werner Bonefeld는 이를 노동에 대한 자본의 새로운 대응으로 해석하기도 했다.

이른바 2차 산업혁명 시대까지만 해도 제조업은 부유하지는 않아도 그런대로 살만한 수준의 소득을 제공하는 일자리의 원천이었다. 특히 지나치게 높은 숙련도와 교육 수준을 요구하지 않

28

는 적당한 수준의 노동이 가장 많은 일자리를 제공해왔다. 이러한 일자리들은 진입장벽이 높지 않아, 늘 일하려는 사람이 일자리보다 많았다. 자본가는 이 산업예비군을 활용하여 노동력을 싼값에 사용할 수 있었다.

그러나 노동운동이 활발해지고 사회권이 강화되면서 그것이 쉽지 않게 되자 자본과 기업은 가능하면 노동자를 적게 고용하고 생산량은 늘리는 이른바 생산성 혁신에 몰두하였다. 공장을 저개발 국가로 옮겨서 대량의 저임금 고용을 활용하는 방법이 먼저 활용되었는데, 대표적인 저임금 노동력 공급지인 중국이 더 이상 그 역할을 하지 못하게 되면서 벽에 부딪혔다. 다른 방법은 사람이 하는 일을 기계로 대체하는 것이다.

특히 인공지능의 발전은 기계를 제어하는 일, 기계를 개선하는 일마저 사람에서 기계로 옮겨가게 했다. 머신러닝을 통해 기계가 스스로 문제점을 진단하고 해결책을 찾아 나갈 수 있게 된 것이다. 이에 따라 이른바 중간 관리직이라고 부르는 일자리도 대거 축소되었다. 4차 산업혁명의 결과는 10년 전만 해도 수천 명의 노동자가 일했을 공장이 단 세 명의 직원만 두고도 더 높은 생산성을 보여주는 것이다.

앞으로도 더 절약될 것이다. 무인 운송 수단은 트럭 기사, 택시 기사, 버스 기사 등 수많은 운수 노동자의 일자리를 줄인다. 다른 일자리로 대체되는 것이 아니라 그냥 사라지는 것이다. 3D 프린터로 대표되는 소비자 생산은 당연히 생산직 노동자들의 일자리를 줄인다. 운수 노동자와 생산직 노동자는 그동안 가장 많은 일자리를 제공해왔다. 그런데 이른바 4차 산업혁명은 바로 이 일자리들을 대량으로 축소하는 것이다. "경리 업무 확 줄이는 경리나라!"라는 광고 카피와 달리 이런 프로그램은 "경리 직원 확 줄이는 경리나라"가 될 것이다.

그렇다고 강남 사교육의 새로운 시장으로 떠오른 빅데이터니 코딩이니 하는 것들이 안전한 일자리를 보장하는 것도 아니다. 가령 사물 인터넷과 인공지능의 연결은 정보 네트워크에서 사람이 차지하는 자리를 크게 줄였다. 데이터를 수집하고 처리하는 단계를 생략하고 기계끼리 데이터를 생산, 처리, 공유, 패턴화, 학습하는 것이다. 이렇게 기계가 스스로 데이터를 생성, 수집, 학습할 수 있게 되면, 코딩은 별로 문젯거리가 되지 않는다. 이미 원자료 자체가 기계어로 된 상태에서 공유되어 코딩이라는 번역 과정이 생략되기 때문이다.

사물 인터넷은 마케팅, 매장 관리, 물류 관리, 보안직 노동자의 일자리를 뒤흔든다. 각종 판매 사원, 물류 관리 사원, 매장 관리 사원, 각종 보안직 노동자들의 일자리가 대규모로 축소될 것이며, 이미 축소되고 있다. 존재하는 모든 곳에 센서 등 입력장치가 있고, 이 모든 입력장치가 고유의 IP를 가지고 인터넷에 연결되어있다면, 이 세상에 살아가는 인간의 모든 행위 하나하나가 빅데이터로 수집되고 분석된다. 인공지능은 이를 바탕으로 사람들의 행위 패턴을 찾고 다음 행동을 예측하고, 여기에 따라 다양한 대안을 마련할 수 있다. 어떤 상품을 누구에게 판매할지부터 누가 어디에서 어떤 범죄를 저지를지까지. 어쩌면 패스트푸드

점에 들어서는 순간 나의 평소 주문 패턴을 기억하는 인공지능이 이미 추천 메뉴를 제시하고 확인 버튼만 누르면 되는 시대가 올지도 모른다. 이 모든 것이 다 사람이 하던 일이다. 4차 산업혁명은 노동 절약 혁명이며 4차 실업 대란이 될 가능성이 크다.

물론 새로운 일자리가 생기기는 할 것이다. 하지만 어느 영화의 대사처럼 "어제까지 제철소에서 수십 년째 철강을 만들던 노동자가 당장 자율주행 자동차 만드는 일에 종사할 수 있을까?"

### 일자리의 양극화

4차 산업혁명이 4차 실업 대란이 될 가능성이 크다고 했다. 그런데 더 큰 문제가 있다. 4차 산업혁명은 대량 실업의 위험조차 양극화한다. 이 세상의 모든 일자리를 기계에 일자리를 빼앗길 위험이 큰 직종과 적은 직종으로 양극화하는 것이다.

스스로 학습하는 기계에 일자리를 빼앗기지 않을 직종은 크게 두 종류인데, 모두 경제 논리에 의해 결정된다. 하나는 기계화하기에는 너무 비용이 많이 드는 일자리, 다른 하나는 굳이 기계화할 필요 없이 사람 쓰는 게 훨씬 저렴한 일자리. 그 중간에 있는 일자리들이 기계화하면서 '절약'된다. 그리고 이렇게 절약된 노동력은 노동예비군으로 편성되어 아래쪽 일자리 임금을 계속해서 낮춘다.

칼 프라이Carl Benedikt Frey와 마이클 오스번Michael A. Osborne의 2013년 연구에 따르면 현재 존재하는 일자리는 크게 세 가지 범주로 분류할 수 있다. 그리고 범주마다 기계화 가능성이 큰 일자리와 낮은 일자리가 모두 존재한다.

① 지각과 손기술이 필요한 일자리

감각기관을 통한 정보획득, 그리고 손기술을 활용한 조작이 주요 업무인 직종이다. 단순 조립공부터 외과의사에 이르기까지 넓은 스펙트럼을 가진다. 단순 조립공, 텔레마케터 등은 기계화가 빠르게 진행되는 일자리다. 반면 외과의사, 치과의사 등은 기계화되기 어려운 일자리다.

② 창의적 지능이 필요한 일자리

예술적인 작업을 하거나 새로운 아이디어를 만들어내는 종류의 일이다. 이 종류의 일자리는 쉽사리 기계화되지 않지만, 특별한 것을 만드는 것이 아니라 대량생산되는 예술품이나 패션 상품 등은 기계화될 가능성이 크다. 반면 이벤트 기획, 고급 패션디자이너 등은 기계화 가능성이 작다.

③ 사회적 지능이 필요한 일자리

협상하고 설득하고 보살피는 등의 일을 하거나, 그러한 일이 발생하는 곳에 필요한 일을 하는 일자리다. 이 종류의 일자리 중 각종 요식, 접대업소의 서빙과 판매직은 상당수가 기계로 대체될 가능성이 크다. 반면 사람의 감정과 성장을 직접 담당하고 다루어야 하는 일자리는 기계화 가능성이 작다. 가령 학생의 감정과 정서를 다루어야 하는 초등학교 교사는 기계화 가능성이 작지만, 지식 교육의 비중이 큰 고등학교, 대학교 교원은 장담하기 어렵다.

이러한 범주화를 통해 프라이와 오스번은 2013년 현재 미국에 고용된 노동자의 47%가 기계화 위험이 매우 큰 일자리에 종사하고 있다고 분석했다. 그로부터 7년이 지난 지금은 그 위험이 더욱 커졌을 것이다. 반면 기계화 위험이 비교적 적은 일자리에 종사하는 사람들은 33%에 불과했다. 그 중간에 해당하는 일자리에는 겨우 19%만이 종사할 뿐이다. 즉 2013년 기준으로 미국 노동자들은 자리가 든든한 33%와 위태로운 47%라는 양극단에 몰려있었다. 다시 조사하면 33%는 줄어들고 47%는 늘어서 20%와 60% 정도가 되어있을 것이다.

문제는 이 47%와 그들의 자녀가 33%에 해당하는 쪽으로 쉽사리 이동할 수 없다는 것이다. 이 일자리는 사회적으로 크게 확대될 만한 종류가 아니다. 생산직 노동자처럼 대량의 인력이 필요하지 않고, 필요하더라도 그 자리에 가기 위해 상당한 기간의 전문적인 교육을 요구한다. 물론 그 교육에는 상당한 비용도 든다. 학비 부담도 크고, 또 교육을 받는 동안 생활비 부담도 크다.

따라서 위태로운 47%가 일자리를 잃은 뒤, 일자리가 안정적인 위쪽으로 옮겨갈 가능성은 매우 적다. 그건 그들의 자녀들에게도 마찬가지다. 점점 더 위태로운 일자리로 사람들이 몰리며, 그런 위태로운 처지가 대물림된다. 이는 위태로운 일자리에 취업 여건을 더욱 불리하게 만들 것이다. 반면 특별한 개입이 없는 한 안정적인 일자리를 가진 33%는 자신들이 보유한 경제적, 문화적 자본을 이용하여 그들의 자녀가 계속 그 수준의 일자리를 물려받을 수 있도록 할 것이다. 일자리의 양극화와 대물림 현상이 일어나는 것이며, 이게 바로 요즘 떠오르는 개념인 "세습 중산층"
을 만든다.


## 개인이 4차 산업혁명에 대처하는 전략들

이른바 4차 산업혁명의 키워드가 무엇이며, 그것이 가져올
유토피아에 대한 환상적인 예언 이면에 숨겨진 노동의 문제를 살
펴보았다. 그럼 사람들은 여기에 어떻게 대응할까? 대체로 다음
과 같은 대응 전략들이 있다.

### 위치 선점

가장 단순하고 즉각적인 반응이다. 기계가 장악하기 어려운
분야의 일자리를 남들보다 먼저 차지하고, 다른 사람들의 접근
을 차단하는 전략이다. 최근 열풍이 이는 대치동의 코딩 사교육
이 그 단면을 보여준다. 이는 다른 아이들보다 자기 자녀가 컴퓨
터 과학, 인공지능 분야의 유망한 일자리를 하루라도 먼저 차지
하도록 하려는 경주를 시작하는 것이다.

문제는 이런 위치재 경쟁은 근본적인 해법이 되지 않는다는
것이다. 특히 그 경주가 본인의 경주가 아니라 자녀의 경주라면,
적어도 30년 뒤의 직업 상황까지 미리 내다볼 수 있어야 한다.
하지만 그 정도를 내다볼 수 있는 사람은 아무도 없다. 이런저런
예상은 많이 하지만, 예상은 예상일 뿐이며, 세상은 갈수록 복잡

해지며 변동성이 높아지고 있다. 현재 유망해 보이는 직업도 언제 금방 기계화될지 아무도 모를 일이다.

그런데 이러한 위치 선점의 전략이 마냥 어리석은 것은 아니다. 이미 20세기 말부터 소유의 경제, 생산의 경제에서 공유의 경제, 접속의 경제로 넘어가고 있다는 진단은 많이 나왔다. 지식과 정보가 공유되는 상황에서 현저히 월등한 품질의 제품을 시장에 내놓기는 쉽지 않다. 또한 한계비용 제로의 사회에서 가격 경쟁력 효과도 예전 같지 않다. 안드로이드 폰의 성능이 매우 우수해졌음에도 불구하고 여전히 아이폰의 아성을 무너뜨리기 어려운 까닭 역시, 이미 소비 성향이 큰 고급 사용자 시장을 아이폰이 선점했기 때문이다. 구글은 이미 선점된 시장을 뚫기 위해 안드로이드를 무료로 배포하면서 점유율을 넓혀야 했다. 덕분에 점유율에서는 아이폰을 앞질렀으나, 이익에서는 여전히 아이폰의 절반에도 미치지 못한다. 선점의 효과다.

### 새로운 영역의 개척

가장 능동적인 전략이다. 변화에 미리 대처하는 것이 어렵다면, 스스로 새로운 변화를 만들어내는 것이다. 이 전략이 성공하면 선점은 저절로 이루어진다. 새로운 흐름을 만들어낸 사람이 그 자리를 제일 먼저 차지하는 것이 당연하기 때문이다. 스타트업으로 성공한 사람들이 새로운 시대의 영웅으로 떠오른다.

물론 이렇게 반응한다고 해서 다 성공하는 것은 아니다. 스타트업은 실패 가능성도 감수하는 모험심을 요구한다. 실제로 스타트업 영웅들은 제도권에서 인정받는 삶의 기회를 스스로 포기하고 불확실성의 세계로 자신을 던진 사람이다. 철저하게 계산하여 성공 가능성을 확인한 다음에야 움직였다면 이미 누군가에게 선점된 다음일 것이다. 또한 일단 새로운 영역을 만들어 선점했다 하더라도 경쟁자가 이를 따라 할 가능성을 제거해야 한다. 특히 경쟁자가 막대한 자본과 기술을 가진 대기업일 경우에는 개척자를 순식간에 따라잡는 패스트 팔로워가 될 가능성이 크다.

따라서 이 전략은 두루 권장할 만하지 않다. 이 전략을 선택할 수 있는 사람은 특별한 재능과 기질을 가진 소수에 불과하며, 그런 소수마저도 늘 성공하는 것은 아니다. 실제로 많은 개척자가 대자본을 앞세운 패스트 팔로워에게 밀려났다.

이 전략의 변형으로서 새로운 영역을 개척하기보다는 그럴 수 있는 역량을 가지고 대기업에 고용되는 것이 더 안전한 선택이 될 수도 있다. 기업 역시 이런 특별한 인재를 고용하기 원한다. 각종 21세기형 인재상이 소개되고, 21세기 역량 개념이 만들어지고 교육계에 계속 보급되는 배경에는 이런 기업의 요구가 숨어있다.

그 역량은 어떤 문제 상황에 직면했을 때 이질적인 것들을 융합하여 새로운 것을 창조할 능력이 중심이다. 물론 이런 역량은 중요하다. 하지만 이런 역량을 갖추고 함양할 수 있는 사람의 수는 제한적이다. 만약 이를 목표로 삼았을 경우 상당수의 사람에게 그 결과는 새로운 영역의 개척보다는 자기비하나 좌절감이 될 가능성이 더 크다.

경제를 넘어 정치로

자신이 특출나지 않음을 인정할 때 선택할 수 있는 전략이다. 이 전략에 따르면 우선 자신이 4차 산업혁명 이후에도 살아남거나 중요해지는, 많지 않은 일자리에 진입하거나 선점할 능력이 없고, 새로운 영역을 개척하거나 창조할 능력도 없음을 인정해야 한다.

따라서 창조적이고 혁신적인 일자리를 잡아서 고소득을 올리며 안정적으로 살아가기보다는 그때그때 생기는 단순한 일자리에 취업과 실업 상태를 반복하며 살아가게 될 가능성이 훨씬클 것이다.

이러한 사실들을 일단 인정하고 나면 소수의 창조적이고 혁신적인 일자리에의 진출 가능성을 높여달라는 쪽보다는이는 자신이 조건만 맞으면 이 소수의 일자리 경쟁에서 승자가 된다는 가능성을 전제한다, 그런 일자리에 고용되어있지 않은 사람도 인간적인 존엄을 유지할 정도의 삶을 요구하는 쪽이 더 합리적인 선택이다.

이렇게 되면 이는 경제가 아니라 정치의 영역이 된다. 그동안 4차 산업혁명에 대응하는 전략은 늘 경제적인 관점에서 논의되어왔다. 미래 산업이라는 말이 사용되었고, 그 미래 산업의 범주에 들어가는 일자리와 도태되는 일자리가 계속 소개되었다. 그 과정에서 개인의 선택은 미래 산업 일자리에 진입할 수 있는 노동력, 즉 역량을 함양하는 것이 거의 전부인 것처럼 제시되었다. 어떤 경우에도 그 일자리로 진입하는 것 자체를 매우 예외적인 경우로 두고, 진입하지 못하는 경우를 전제하지 않았다. 경제 논리로는 시장이 요구하는 상품이 아니면 팔리지 않는 것이, 필요한 노동력을 갖추지 못했으면 실업자가 되는 것이 당연하기 때문이다.

하지만 여기에 정치의 필터를 끼우면 다른 면이 보인다. 인공지능이 학습 소스로 활용하는 이른바 빅데이터는 불특정 다수의 사람이 생활하는 과정에서 만들어낸 것이다. 우리가 살아가면서 세상에 남기는 흔적 하나하나가 사물 인터넷과 결합하여 데이터가 되고, 이것들이 집적되어 인공지능이 된다. 즉, 우리는 취업 상태든 실업 상태든 항상 일하고 있다. 구글에서 무엇인가를 검색할 때마다 구글의 인공지능 생산 과정에 참여하는 셈이다. 따라서 우리는 취업 상태가 아니라 실업 상태에서도 기업에 임금을 요구할 권리가 있다. 다만 어떤 기업에 어떻게 기여했는지 특정하기 어렵기 때문에 이를 국가에 요구할 수 있다. 이것은 기본소득과 다른 개념이다. 취업/실업 상태를 구별하는 20세기의 임금 지급 기준을 거부하는 것이다. 이러한 방식의 임금이 가능하게 하려면 법률의 제·개정이 필요하다. 따라서 정치적인 해법이 필요한 것이다.

# 2.

## 지능은 무엇이고,
## 인간의 지능 수준은
## 어느 정도일까?

4차 산업혁명을 설명하는 여러 키워드 중 핵심은 결국 인공지능이다. 인공지능이 기계를 영리하게smart 만들면서 이 모든 변화가 가능해지기 때문이다. 인공지능을 문자 그대로 풀어보면 인공적artificial으로 만들어진 지능intelligence이다. 문제는 이 '인공'이라는 개념과 '지능'이라는 개념이 모두 간단하지 않다는 것이다.

## '인공'과 '지능'이란?

'인공'부터 따져보자. 한자어 人工은 영어 artificial의 번역어라 공연히 한자 뜻풀이를 하면 오해가 일어나니 artificial만 따져보자. 이 용어는 기술을 의미하는 라틴어 Ars와 만든다는 의미를 가진 fex가 결합한 artifex에서 왔다. 즉 '기술을 통해 만들어진', '기술을 통해 구현된' 것이다.

이 용어의 핵심은 사람이 만들었느냐 아니냐가 아니라 자연 상태에서는 나타날 수 없으며, 기술이 들어가야만 세상에 존재한다는 것이다. 만드는 주체가 돌연변이로 탄생한 동물일 수도 있고, 혹은 기계일 수도 있다. 자연 상태에서 저절로 발생하지 않는 상태를 누군가가 '만들어야' 하며, 그 만드는 과정이 우연이 아니라 반복 가능한 방법, 즉 기술에 의한 것이라야 한다. 반면에 사람이 만들었다 해도 그 사람이 어떻게 그런 것을 만들었는지 기억하지 못해서 반복·재현할 수 없다면 인공이 아니다.

　　그렇다면 인공지능이라는 것이 그렇게 대단한 것이 아니며, 최근에 등장한 것도 아니라는 것을 알 수 있다. 자연적으로 발생하지 않으면서 '지능'으로 정의한 능력을 보유하고 있으면 아무리 하찮아 보이더라도 인공지능이기 때문이다. 지능을 어떻게 정의하느냐에 따라 1990년대의 컴퓨터도, 혹은 1980년대의 전자계산기, 파스칼의 기계식 계산기, 심지어 물레방아 같은 것도 인공지능이라고 부를 수 있다.

　　그렇다면 지능은 무엇일까? '인공'의 한자 뜻풀이가 별로 도움이 되지 않듯, 知能의 한자 뜻풀이인 '앎의 능력' 따위도 이 개념의 정확한 이해를 방해한다. 지능은 영어의 intelligence를 번역한 것이다. 이 단어의 어원은 라틴어의 intelligere인데, 이 말은 '이해하다understand'와 '지각하다perceive'의 의미를 모두 포함한다. 차라리 감지력 이런 식으로 번역하는 것이 원래 의미에 가까울 수 있는데 굳이 '지' 한 글자만 사용해서 이 개념에 대한 오해를 불러일으켰다.

지각과 이해와 관련된 모든 현상을 포괄하기 때문에 '지능'의 정의는 그것을 연구하는 학자만큼이나 다양하다. 이 모든 현상 중 어디까지 경계를 긋고 '지능'으로 구획하느냐에 학자들의 세계관, 인간관이 영향을 미치기 때문이다. 그중 몇 가지 유력한 학설만 예로 들어보자.

① 지능지수IQ를 창안한 알프레드 비네Alfred Binet는 분별력, 판단력, 주도성 등 자신을 환경에 적응시킬 수 있는 능력이라 정의했다.

② 오늘날 가장 많이 사용되는 지능 검사법의 창안자 데이비드 웩슬러David Wechsler는 지능이란 목적 의식적으로 행동하고, 합리적으로 생각하며, 환경을 효과적으로 다루는 능력이라고 하였다.

③ 다중지능 이론으로 유명한 하워드 가드너Howard Gardner는 지능이란 직면하는 문제나 어려움을 해결할 수 있는 문제해결 능력과 문제를 발견하거나 창조하여 새로운 지식을 습득할 수 있는 기반을 조성할 수 있는 잠재력이라고 정의하였다.

④ 로버트 스턴버그Robert Sternberg는 지능이란 목표지향적인 적응 행동이라고 간단히 정의하였다.

그 밖에도 지각, 추론, 계획, 문제의 해결, 추상적 사고, 관념의 이해, 경험으로부터의 학습 등등이 모두 지능의 의미에 포함된다.[3] 하지만 이 기나긴 지능 목록에 공통으로 포함되는 것이 있는데, 한마디로 요약하자면 지능이란 "과제를 성취하기 위해 사전지식과 경험을 적용할 수 있는 능력"이다.[4]

결국 지능이란 다음 세 요소의 상호작용 과정이다.

① 해결해야 하는 과제목표

② 과제 수행목표 달성에 필요한 조건 : 사전지식, 경험, 환경 등

③ 행위자agent의 능력

이것은 다음과 같은 다이어그램으로 표시할 수 있다. 이 다이어그램은 지능이 단순히 생각하는 힘, 사고력, 지적 능력 같은 것이 아님을 보여준다. 지능은 두뇌만 독립해서 존재하는 능력이 아니다. 해결해야 할 문제, 적응해야 할 환경, 즉 목적과 연계된 능력이다. 환경에 따라 적응에 필요한 목적을 달성하는 능력이 있다면 지능이 있다. 의식적인 사고 과정일 수도 있고 무의식적 반사 과정일 수도 있지만, 이는 다만 높은 차원의 지능과 낮

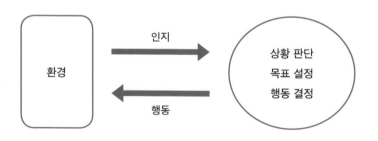

3. Gottfredson, 1997.
4. Ormrod, Jeanne E., 2011, 170.

은 차원의 지능의 차이일 뿐 지능과 비 지능을 구분하는 것은
아니다.

식물이나 단세포 생물조차도 어떤 형태로든 환경에 따라 반
응한다. 심지어 식물조차도 빛의 방향이나 물의 위치에 따라 반
응하지 않으면 살아남기 어렵다. 물론 식물이 빛의 방향이나 물
의 위치를 감지한 다음 생각을 통해 판단했다고 믿기는 어렵다.
하지만 식물은 그렇게 생각하여 판단했다고 해도 무리가 없을
정도로 합목적적으로 반응한다. 우리는 여러 동물이나 식물의
행태를 의인화하여 표현하면서 별 무리를 느끼지 않는데, 이는
그만큼 그들이 결과적으로 보면 마치 지능이 있는 것처럼 반응
하기 때문이다.

물론 생물 종류에 따라 지능의 높고 낮음은 구별할 수 있
다. 하지만 이는 생각을 하느냐 마느냐의 문제가 아니다. 중요한
것은 환경의 다양한 변화에 얼마나 유연하게 대처할 수 있느냐
다. 환경의 다양한 변화에 따라 목적을 다양하게 변경하고 그 반
응도 유연하게 변경할 수 있다면 지능이 높은 것이며, 환경이 달
라짐에도 불구하고 기존의 반응을 변경하지 못하여 목적 달성에
실패하면 지능이 낮은 것이다.


## 지능의 요소와 인간 지능의 특징

지능을 환경 변화에 따라 주어지는 목적을 달성하도록 하는

능력이라고 정의한다면, 여기에는 적어도 다음과 같은 세 요소가 필요하다.

① 외부 환경에 대한 정보를 수집하는 활동

② 수집된 정보를 바탕으로 다음 행동을 결정하고 지시하는 활동

③ 지시에 따라 운동기관이 구체적인 행동을 하도록 하는 활동이 활동의 결과는 다시 ①에 의해 성공/실패 여부를 확인할 수 있다.

이 셋은 컴퓨터로 치면 일종의 소프트웨어라고 할 수 있다. 그리고 이러한 소프트웨어를 현실에서 구현하기 위한 구체적인 하드웨어로는 다음과 같은 것이 필요하다.

① 외부 환경에 대한 정보를 수집하는 감각기관.

② 수집된 정보를 연산기관에서 처리할 수 있는 형태로 가공하는 지각중추.

③ 수집된 정보를 바탕으로 환경의 상황을 판단하고 목표를 수립한 뒤 행동을 지시하는 연산기관.

④ 연산기관에서 결정한 행동을 실제 운동기관에 전달 가능한 형태로 가공하는 운동중추.

⑤ 제로 외부 환경에 작용을 가하는 운동기관. 그런데 이 운동기관은 감각 단계에서도 중요한 역할을 한다. 감각기관들 역시 감지를 더 잘하기 위해, 혹은 지각중추가 더 분명한 정보를 얻을 수 있도록 하기 위해 위치를 옮기거나 초점을 바꾸는 등의 운동을 해야 하기 때문이다.

이 도식을 다음과 같은 다이어그램으로 표시할 수 있다. 이 다이어그램에서 화살표 오른쪽에 자리 잡은 원이 바로 지능의 영역이다. 이제 지각, 연산, 운동의 순서로 지능의 구체적인 작용을 살펴보자.

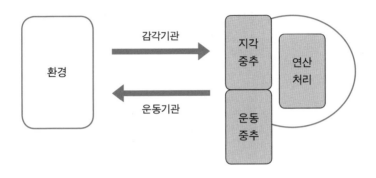

감각지각

외부환경에 대한 정보 수집은 지능의 시작이자 끝이다. 외부환경에 대한 정보를 얻어야 적응 행동을 정할 수 있고, 외부환경에 대한 정보를 얻어야 그 적응 행동의 성공/실패 여부를 확인할 수 있기 때문이다.

감각기관은 지능 주체와 외부환경 경계에 있다. 감각기관은 외부환경의 정보를 수집하기 위해 특정한 방식으로 외부환경의 변화를 감지하여 반응한다. 가령 시각기관은 특정한 범위 내의 전자기파에 반응하며, 청각기관은 특정한 범위 내에서의 공기 진동에 반응한다.

그런데 감각기관이 반응했다고 해서 이게 곧 외부환경에 대한 정보가 되는 것은 아니다. 이것을 정보로 만드는 것은 바로 중추 기관, 즉 뇌가 하는 일이다. 감각기관의 반응 그 자체는 시각이든 청각이든 그 값이 모두 1과 0으로만 이루어진다. 심지어 신호 자체는 시각, 청각, 후각, 촉각 등의 구별도 없다. 모두 1과 0의 조합이다. 뇌가 특정 범위 안의 전자기파에 대한 시각기관의 반응을 뇌가 해석하여 빛으로 이루어진 장면을 만들어내야 비로소 이 반응들은 시각 정보가 된다. 공기 진동에 대한 청각기관의 반응을 바탕으로 뇌가 소리를 만들어야 비로소 청각 정보가 된다.

이처럼 뇌가 감각기관을 통해 들어온 각종 신호들을 수합하여 활용 가능한 상태로 만드는 작용이 지각perception이다. 감각기관을 통해 들어온 정보는 그 자체로는 앎의 재료가 아니다. 두뇌가 그것들을 해석하고 보정하여 하나의 '표상representation'으로 만들어야, 즉 지각작용을 거쳐야 비로소 앎의 재료가 된다.

높고 낮은 차원의 지능이 바로 이 표상을 만드는 능력에 따라 좌우된다. 사람의 지능은 이 표상을 거의 무에서 유를 창조하듯 한다.

시각의 예를 들어보자. 우리는 너무도 당연히 "눈으로 본다"고 생각한다. 하지만 우리가 눈으로 보는 것은 무수한 빛의 점이다. 더구나 위아래가 뒤집혀 있고, 화면의 한 가운데는 시커멓게 뻥 뚫려있다. 우리가 눈으로 보고 있다고 생각하는 장면들은 두뇌가 이 위아래가 뒤집힌 빛의 점들을 재료로 선천적인 프로그램과 그동안의 경험을 바탕으로 화면을 뒤집고 가운데를 채우고, 빈틈을 메워가며 새로 그려낸 것이다. 이 과정은 눈으로 보는 것보다 차라리 뇌로 그리는 것에 가깝다. 청각, 촉각, 후각, 미각도 모두 마찬가지다.

그런데 뇌는 이 감각기관들의 반응정보를 제각각 분리하지 않고, 서로 다른 감각기관으로부터 들어온 정보들을 종합해서 전체적인 표상을 만들어낸다. 순수하게 시각만으로 보지 않으며, 순수하게 청각만으로 듣지 않는다. 우리는 눈으로만 본다고 생각하지만, 우리가 무엇을 볼 때는 다른 감각기관으로부터 들어온 정보도 다 같이 고려한다.

가령 힘차게 달리는 말을 본다고 하자. 이때 말발굽이 지축을 박차는 요란한 소리, "히히힝" 하고 울부짖는 소리가 시각에도 영향을 준다. 만약 이 소리가 들리지 않는다면 우리는 눈앞에 펼쳐진 장면에서 달리는 말의 형상만을 따로 구별하여 보기 어려울 것이다. 하지만 그 소리가 있어서 오직 달리는 말에 주목하고, 다른 것들은 그저 배경으로 처리한다.

새들은 걸어 다닐 때 고개를 위아래로 흔든다. 걷는 동안 시야가 같이 흔들리지 않도록 몸과 반대 방향으로 머리를 움직이는 것이다. 사람은 고개를 위아래로 까딱거리며 걷지 않는다. 하지만 우리는 걸어 다닐 때 눈에 보이는 풍경이 위아래로 흔들린다고 느끼지 않는다. 심지어 온몸을 위아래로 흔들며 달려도, 시속 100km로 달리는 운전석에 앉아있어도 눈에 보이는 풍경이 널뛰지 않는다. 뇌가 신체의 움직임에 따라 시야에 들어오는 장면을 계속 보정하여 마치 고정된 것처럼 보이게 하기 때문이다. 이러한 뇌의 작용이 없다면 아마 우리는 100m만 걸어가도 멀미를 하고 말 것이다.

여기에 기존의 경험과 기억까지 가세한다. 과거에 피자를 맛있게 먹은 경험을 한 사람은 피자 냄새를 맡는 순간 실제 피자가 눈앞에 있는지와는 상관없이 눈앞에 피자 한 판을 떠올릴 것이다. 그리고 매우 복잡하게 어질러진 곳에 피자가 섞여 있더라도 그 속에서 피자를 금세 찾아낼 수 있을 것이다. 늦은 밤 잠자리에 들었을 때 요란한 폭음소리가 들린다면, 경험에 따라 어떤 사람은 폭주족을, 다른 사람은 총격전을, 또 어떤 사람은 아이들의 폭죽놀이를 떠올릴 수 있다. 이 떠올림은 '폭주족', '총격전', '폭죽놀이'라는 단어의 형태가 아니라 분명 시각적인 형태로 우리 머릿속에 떠오른다.

심지어 안대로 눈을 가린 다음 각종 음식 냄새를 맡게 하더라도 각자의 경험과 기억에 맞춰 나름대로 진수성찬이 차려진 장면이 마치 실제 보는 것처럼 떠오를 것이다. 이렇게 우리는 감각기관을 통해 들어온 정보들을 자신의 경험, 기억과 조합하여 하나의 상을 만들어서 본다. 그리고 일단 상이 만들어진 이상 눈을 떴거나 감았거나 본다는 점에서는 같다. 그래서 우리는 눈을 감고 자는 동안에도 생생하게 꿈을 보는 것이다.

이처럼 우리는 눈이 있어서 보는 것이 아니며, 귀가 있어서 듣는 것이 아니다. 우리는 눈이나 귀가 아니라 마음이 종합적으로 그려낸 종합 예술을 보고 듣는다. 눈이나 귀에 손상이 있더라도 마음의 보정 작용으로 우리는 상당 부분 그 손상을 느끼지 못하고 살아간다. 반대로 눈이나 귀가 멀쩡하더라도 뇌가 지각

작용을 제대로 하지 않으면 우리는 제대로 보고 듣지 못한다. 또 지각중추가 멀쩡하더라도 과거의 기억, 경험 등으로 인해 왜곡과 혼란이 있다면 우리는 엉뚱한 것을 보고 들을 것이다. 흔히 말하는 헛것이 보이거나 들리는 경우가 그것이다.

감각기관으로부터 들어온 신호를 바탕으로 뇌가 활발하게 종합예술 작품을 만들어내는 이러한 지각작용은 그 과정이 무난하게 이루어지는 동안에는 거의 의식할 수 없다. 마치 자동으로 보이고 들리는 것처럼 느낄 뿐, 보고 듣는 행위가 얼마나 엄청난 지능의 작용인지 알아채기 어렵다. 그래서 지능, 지성이라는 용어를 사용할 때 감각의 영역을 깎아내리는 경향이 있고, 심지어 참된 앎을 방해하는 요인으로 적대시하기도 한다. 소위 "마음의 눈으로 보라."라는 말처럼.

하지만 사람을 다른 생명체와 현저하게 차이 나게 만든 것이 바로 감각지각이다. 사람은 감각기관의 신호에 그치지 않고 지능을 통해 보고 듣는 비율이 다른 어떤 생명체보다도 높은 존재다. 애초에 사람의 두뇌가 다른 동물보다 거대해진 까닭도 보고 듣는 능력특히 시지각에 엄청나게 많은 중추신경이 할당되었기 때문이다. 나중에 살펴보겠지만 사람이 대용량의 뇌를 보유함으로써 얻게 된 가장 결정적인 능력은 사고능력이 아니라 직립보행, 그리고 손의 사용이다.

생각사고, 사유

지각이 지능의 재료를 만드는 과정이라면 생각은 지능의 본격적인 활동이다. 사람의 두뇌는 표상을 재료로 사고한다. 사고는 주어진 표상들을 활용하여 계산하고 추론하고 해석하고 판단하는 과정이다.

이 과정이 주로 일어나는 곳은 대뇌의 피질cortex 부분이다. 피질에서는 감각지각 과정을 통해 입력된 표상을 이후 감각지각이 없더라도 언제든지 인출할 수 있는 상태로 만들어 저장한다. 또 감각지각 과정에서 여러 자료를 참고하여 불완전한 감각입력 정보를 보정하여 표상을 만들기도 한다.

이렇게 만들어진 표상들을 그대로 저장하면 나중에 필요할 때 다시 꺼내 쓰기가 번거롭다. 우리가 책이나 음반 등을 보관할 때 분류표를 붙이듯이, 대뇌피질 역시 표상들을 저장할 때 표상의 몇몇 특징들을 이용하여 단서를 만들어 저장한다. 이러한 특징들은 공항에서 수화물을 실을 때 붙이는 태그표딱지의 역할을 한다. 표상 전체는 무의식적인 창고에 담아두고, 언제나 용량이 부족하고 바쁜 의식의 세계에는 이 단서만 저장하는 것이다. 이 단서만 인출하면 창고에서 해당 표상 전체가 다 같이 따라 나온다. 우리는 어떤 사건이나 사람이 도무지 기억나지 않다가 사소한 작은 단서를 하나 떠올리자 마치 고구마 줄기처럼 다른 것들이 줄줄 따라 나오는 경험을 하는데, 이게 바로 단서와 표상의 관계다.

이렇게 표상의 몇몇 특징만 떼어내 일종의 인식표처럼 만들어 저장한 것이 관념이다. 우리는 감각지각으로 입력된 것들을 실제 소리나 영상으로 기억하고 떠올리지 않는다. 관념을 만들어 저장하고, 생각의 소재로 사용한다. 다른 동물들도 관념적인 사고를 할 수 있는지 확인된 바 없지만, 사람은 이런 관념들을 보유함으로써 직접적인 경험을 하지 않고도 감각지각을 통해 마치 경험하고 있는 것처럼 가정하여 머릿속에 상황을 그려낼 수 있다. "마치 눈앞에서 보는 것처럼 생생한" 상황이 머리에서 펼쳐지는 것이다. 코끼리와 사자가 싸우는 장면을 보지 못했지만, 코끼리의 관념, 사자의 관념, 그리고 싸움의 관념을 가지고 있다면 이걸 이용하여 코끼리와 사자의 표상을 불러서 머릿속에서 한바탕 싸움을 붙여볼 수 있는 것이다. 이러한 능력이 바로 상상력이다.

심지어 사람은 표상을 불러오지 않고 관념들만을 사용하여 다양한 맥락의 경험을 연결할 수도 있다. 또 서로 다른 관념들을 결합, 분해, 재조립하여 새로운 관념들을 생성할 수도 있다. 그리고 이렇게 새롭게 만든 관념들을 움직여서 실제로는 존재하지 않지만, 마치 실재하는 것처럼 그럴듯하게 들리는 이야기를 만들 수도 있다.

한발 더 나아가 여러 관념들을 특정한 기준에 따라 공통점을 추출하여 분류할 수도 있다. 이렇게 분류된 집합에 어떤 상징을 사용하여 이름을 붙여 주면 가령 문자나 숫자나 기호, 이 단순한 상징, 혹은 하나의 단어만 기억해내면 그 속에서 수많은 관념, 그리고 그 관념이 대표하는 표상, 그 표상이 입력된 경험이 고구마 줄기처럼 주렁주렁 따라 나온다.

가령 "그 사람은 천재야."라고 말했을 때 '사람', '천재' 같은 단어에 얼마나 많은 개념과 표상이 압축되어있는지 짐작하는 것은 어려운 일이 아니다. 이렇게 수많은 관념과 표상을 대표하는 상징이 바로 '개념'이다. 개념은 보통 어휘 하나의 형태로 저장된다. 그리고 이 어휘 하나에 수많은 표상을 압축해 넣을 수 있는 능력이 바로 '추상'이다.

우리 뇌에는 수많은 개념이 저장되어있다. 관념에는 표상의 흔적이 남아있지만 개념 수준까지 추상하면 표상의 흔적은 거의 보이지 않는다. 가령 '개'라는 단어를 아무리 뚫어지게 쳐다보아도 여기에는 네 발로 뛰어다니는 포유동물의 어떤 흔적도 찾을 수 없다. 그런데 사람은 실제 사물이나 현상의 흔적조차 없는 개념만으로 수많은 사물과 현상을 떠올릴 수 있으며, 개념과 개념을 비교하고 대조하고 결합하고 분해하면서 새로운 개념을 만들어낼 수도 있다.

더구나 사람은 표상을 사용하지 않고 순전히 개념과 개념 간의 관계만 추론하여 명제를 만들 수 있다. 가령 "개념 P가 개념 R과 같은 조건이 되면 개념 Q와 같은 상태가 된다."라는 명제를 생성하여 저장할 수 있다. 그리고 이 명제들을 다시 X와 같은 하나의 개념으로 만들어 다른 명제들의 집합인 Y와 대응하여 추론할 수 있다.

이렇게 저장된 명제들을 보유하는 지능적 행위자는 감각기관이 외부환경의 어떤 정보를 입력하면, 이미 저장된 명제들을 기준 삼아 기존의 상태와 같은지 다른지 판단한다. 만약 같다고 판단하면 기존의 행동을 계속해도 좋다고 결론 내릴 것이다. 만약 다르다면 이미 저장된 개념과 관념들을 뒤져서 달라진 상황에 해당하는 것이 무엇인지 찾고, 그 상황에 적절한 행동이 무엇이었는지 찾아 행동을 바꾸어야 한다는 결론을 내릴 것이다.

하지만 이 과정을 너무 과장하면 안 된다. 물론 감각지각은 저장된 표상 없이 사고할 수 있다. 순전히 추상적인 상징으로만 이루어진 수학과 논리학 같은 학문이 대표적이다. 그러나 이런 추상적인 사고만으로 지능의 목적인 "외부 환경"에 대한 완전한 "앎"에는 결코 이르지 못한다. 요리 솜씨가 아무리 뛰어나도 요리 솜씨만으로는 식량을 확보할 수 없는 것과 같다. 식량을 확보하려면 어쨌든 손과 발을 움직여야 한다. 지능은 운동을 배제한 개념이 아니다.

### 운동

운동은 두뇌의 지시에 따라 신체가 환경에 대해 실질적인 작용을 하는 과정이다. 여기에는 걷거나 뛰거나 잡고 드는 것 같이 근육이 골격을 움직이는 작용뿐 아니라 장기의 움직임, 체온의 변화 등과 같은 생리작용까지 포함된다.

두뇌는 사고 과정을 통해 상황과 그에 따른 최적 행동이 무엇인지 판단하면 운동신경계를 통해 행동 지시를 내린다. 그럼 이 신호에 따라 신체의 각 부분이 주어진 운동을 한다. 이런 각각의 운동이 하나의 지향성을 가지고 이루어지면 행동이 된다. 이 중 내장의 운동처럼 두뇌 중 원시 뇌에 해당하는 부분뇌하수체, 시상하부 등의 신호에 따르는 부분이 있고, 대뇌피질을 거쳐, 즉 사고의 과정을 거쳐 의식적으로 행하는 운동이 있다.

그런데 우리 행동 중 대부분은 의식적인 사고의 과정을 거치지 않는다. 내장의 운동이나 반사작용뿐 아니라 과거에는 대뇌피질의 사고 과정을 거친 운동이라도 그게 지속해서 반복될 경우에는 소뇌에 저장해두었다가 사고 과정을 생략하고 자동으로 실행하기 때문이다. 흔히 아주 빠르게 반응하는 운동선수들을 일컫는 "동물적인 감각"이 바로 그것이다. 이건 매우 적절한 표현이다. 대부분의 동물은 즉각적인 운동반응에 대한 지시를 사고 중추를 거쳐서 하지 않기 때문이다. 하지만 동물적인 반응을 하는 운동선수들이 동물처럼 그러한 능력을 타고난 것은 아니다. 동물적인 반응을 하는 운동선수는 그만큼 반복적이고 의식적인 연습을 많이 해서 소뇌에 저장된 동작이 많다는 뜻이다.

　　이렇게 행동 자체를 저장했다가 자동 실행하는 것은 적응에 매우 유리하다. 만약 모든 행동 하나하나를 지각-사고-판단의 과정을 거쳐야 한다면 우리는 일상생활을 거의 영위하기 어려울 것이다. 그래서 사람의 두뇌는 상황과 이에 따른 행동이 충분히 반복되어 더 이상 판단할 필요가 없을 정도가 되면 소뇌에 저장해두고 구태여 사고와 판단의 과정을 거치지 않고 즉각 운동 신호를 송출함으로써 빠른 대처를 가능하게 하고 제한된 지능 자원을 절약한다. 우리가 '연습'이라고 부르는 것들이 대부분 같은 상황을 반복하여 소뇌에 저장하는 일이다. 하지만 익숙하고 반복적인 행동들은 저장된 대로 자동 실행하기 때문에 우리는 책을 읽으면서 식사를 하지만 음식을 콧구멍에 쑤셔 넣거나 하지 않는다.

야구선수들이 0.4~0.5초라는 시간 안에 주먹보다도 작은 공을 얇은 방망이로 때려내고 시속 100km 이상의 속도로 날아오거나 굴러오는 공을 글러브로 잡아내는 것도 이미 반복 연습의 결과 그 짧은 시간에 지각-사고-판단의 과정을 거치지 않아도 되기 때문이다. 흔히 "몸에 배었다."라고 말하는데 정확하게는 "소뇌에 배었다"고 할 수 있다. 이를 교육학에서는 '습관'이라고 한다.

　　이는 매우 지적인 활동으로 여기는 분야에도 적용된다. 가령 피아니스트가 어떤 작품을 연주할 때 처음에는 악보를 보고 그것을 해석하고 손가락을 어떻게 움직여야 하는지 판단해가면서 연주할 것이다. 이 과정은 매우 머리 아픈 지적인 작업이다. 하지만 이 과정을 수없이 반복 연습하면 나중에는 악보를 보지 않고, 어느 건반을 어느 손가락으로 터치해야 하는지 생각하지 않고 자동으로 연주할 수 있게 된다. 흔히 '암보'라고 하지만 이것은 틀린 표현이다. 이 피아니스트가 암기한 것은 악보가 아니다. 연주하는 동작 자체를 소뇌에 저장한 것이다. 악보는 다만 그 기억을 끌어내는 태그에 불과하다. 실제로 어떤 음악을 기억할 때 악보를 기억하는 것보다 노래하고 연주하면서 기억하는 것이 훨씬 빠르다.

　　습관의 형성은 교육적으로 매우 중요하다. 사실상 교육의 대부분은 습관의 형성이라고 해도 과언이 아니다. 문제는 이렇게 몸에 밴 행동, 즉 습관에 따른 행동을 했는데 원하는 결과가 나오지 않거나 오히려 상황이 악화하는 경우다. 이렇게 더 이상 습관이 먹히지 않는 경우를 '문제 상황'이라고 한다. 문제 상황이 발생하면 우리는 다시 지각-사고-판단-행동의 절차를 재개한다. 그리고 그 결과 새로운 습관을 형성한다.

### 재귀적 과정으로서 지능

지금까지의 설명대로라면 마치 우리 두뇌에 지각, 사고, 운동을 담당하는 모듈이 갖춰진 것처럼 느껴진다. 그러나 이는 지능이 작동하는 방식을 설명하기 위한 분석적 도구일 뿐이다. 실제 지능은 이런 단순한 선형 과정이 아니다. 지능은 이 세 과정이 한꺼번에 뒤엉킨 상태에서 작동하는 복잡계다.

가령 우리가 무엇을 보기 위해서는 안구를 움직이고 수정체와 홍채를 조이거나 넓혀야 한다. 무엇을 듣기 위해서는 귀를 기울여야 하며 귓속뼈가 움직여야 한다. 냄새를 맡거나 맛을 보는 것도 마찬가지다. 지각과 운동은 명확히 구별되지 않는다. 사고역시 마찬가지다. 우리는 보고 나서 생각하거나 생각하고 나서 행동하지 않는다. 감각-사고-행동은 서로 다양한 방식으로 상호작용하며 영향을 준다.

감각지각은 외부 세계의 상황을 객관적으로 입력하는 장치가 아니다. 우리는 보고 듣는 대로 생각하기도 하지만, 생각하는 대로 보고 듣기도 한다. 또한 생각한 대로 행동하기도 하지만 행동에 따라 생각하기도 한다. 대부분 우리의 행동은 어떤 대상이나 상황을 완전히 지각한 뒤 이를 바탕으로 해석과 추론 과정을 거쳐 계획을 세우고, 이 계획에 따라 행동하는 방식과는 거리가 멀다. 인간의 지능은 대부분 어림짐작과 시행착오의 연속으로 이루어진다. 어느 정도 지각하고이 역시 기존의 생각, 즉 선입견의 영향을 받으며, 거기에 맞춰 대략적인 계획을 세운 뒤 일단 행동하면서 그 결과를 지각하고 거기에 따라 행동을 계속 수정해가며 이루어진다. 이 과정이 바로 되먹임이며, 이런 식의 과정을 인지과학자들은 재귀적 과정Recursive process이라고 한다.

이 과정은 다음과 같이 이루어진다.

① 환경의 변화를 감각 지각한다.

② 사고 과정을 거쳐 행동을 결정한 뒤 신체에 운동을 지시한다.

③ 행동의 결과 환경에 변화가 발생한다.

④ 이 변화를 감각지각 한다.

⑤ 사고 과정을 통해 행동의 계속, 중지, 변경 여부를 판단한다. 목적 달성 중이면 '계속', 달성 완료면 '중지', 아무 변화가 없거나 부정적인 변화가 관측되면 '변경'으로 판단한다.

⑥ 결정된 행동에 따라 운동을 지시한다.

⑦ 이 과정을 '중지' 판단이 내려질 때까지 반복한다.

이러한 재귀적 과정 자체는 인간뿐 아니라 상당히 많은 생물도 수행하는 과정이다. 어떤 벌레가 있는데 공기의 흐름, 그림자, 땅의 진동을 감지하는 감각지각 기능이 있고, 1)걷는다 2)멈춘다 3)달린다 4)방향을 바꾼다의 네 가지 동작을 가지고 있다고 하자.

대뇌가 없는 곤충에게는 사고 과정에 해당하는 부분이 미리 정해진 몇 개의 프로그램으로 저장되어있다. 그 프로그램이 1) 그림자, 공기의 흐름, 땅의 진동이 감지되면 그 반대 방향으로 달린다. 2)그림자, 공기의 흐름, 땅의 진동이 느껴지지 않으면 멈춘다. 3)일정 시간 멈추었다 변화가 없으면 걸어간다. 라고 하자. 실제로 바퀴벌레는 매우 영리하게 도망 다니는 것처럼 보이지만 이 정도를 넘어서는 프로그램을 가지고 있지 않다. 당연히 프로그램된 대로 행동할 뿐 판단하거나 결정하거나 추론하지 않는다.

### 지능의 수준

이제 지금까지 살펴본 지능의 요소들을 기준으로 지능을 다음과 같이 낮은 수준에서 높은 수준까지 네 개의 수준으로 분류할 수 있다. 이 분류는 나중에 인공지능 기술이 어느 수준까지 발전했는지 판단할 때 매우 중요한 기준이 된다.

### 1) 레벨1의 지능

단순한 행동 프로그램이 입력된 수준이다. 가령 '빛이 감지되면 그쪽으로 이동한다'와 같은 수준의 프로그램이라도 입력되어있고, 빛을 감지하고 그 프로그램에 따라 이동했다면, 이는 매우 낮은 수준이지만 분명히 지능적인 행동이다. 바퀴벌레는 빛이 보이거나 공기의 압력이 느껴지면 반대 방향으로 달린다는 간단한 행동 프로그램만으로도 긴 세월을 살아남았다. 빛이 보이거나 공기의 압력이 느껴진다고 해서 반드시 포식자가 나타난 것은 아니었겠지만, 그것을 따지고 판단하기보다는 무조건 도망가는 쪽이 생존확률을 높였던 것이다.

### 2) 레벨2의 지능

이 수준에서도 행동 프로그램이 미리 입력되어있는 것은 마찬가지다. 하지만 입력된 프로그램이 복잡하고, 출력<sub>행동</sub>의 조건도 복잡한 수준이다. 레벨1에서는 감각기관이 외부 정보를 입력하면 즉시 해당 행동이 출력되지만, 이 수준에서는 여기에 몇 가지 조건을 붙여서 판단하는 절차가 들어간다. 물론 이 판단 과정은 우리가 생각하는 사고 과정과는 거리가 멀며, 미리 저장된 정보들과 비교하는 수준으로 이루어진다. 영장류를 제외한 대부분의 동물이 이 수준의 지능을 가지고 있다. 레벨1보다 복잡하고 다양하긴 하지만, 그 복잡성과 다양성을 추가하지 못한다는 점에서 우리의 지능과 구별된다.

### 3) 레벨3의 지능

직접 상황에 직면하지 않더라도 다양한 외부 자료를 활용하여 학습할 수 있는 수준의 지능이다. 이 수준의 지능은 어떤 상황에서의 경험이나 자료들을 통해 학습한 내용을 저장해놓았다가 경험하지 못한 새로운 상황에 직면하더라도 추론 과정을 통해 상황을 판단하고 이에 적합한 행동이 무엇인지를 결정할 수 있다. 영장류의 지능이 바로 이 수준이다. 이 수준의 지능이 레벨2와 가장 두드러지게 다른 부분은 '되먹임' 과정을 통해 행동을 만들어간다는 것이다. 레벨2에서의 되먹임 과정은 해당 행동의 지속, 중지, 변경을 판단하는 역할만 했지만, 레벨3에서 되먹임은 새로운 정보의 습득, 새로운 행동 결과의 습득 역할까지 한다. 즉 새로운 것을 학습할 수 있는 것이다. 따라서 레벨3 수준의 지능을 가진 행위자는 실패한 행동을 반복하지 않으며, 시행착오를 통해 점점 목적달성에 가까워지도록 행동을 수정한다. 그리고 이 과정은 학습 경험으로 저장되기 때문에 유사한 상황에서 더 이상 시행착오를 하지 않는다.

### 4) 레벨4의 지능

이 수준의 지능은 이른바 '메타 인지' 수준에서 생각할 수 있다. 메타 인지란 "~에 대한 앎"을 넘어 "앎에 대한 앎"이라고 할 수 있다. 즉 이 수준의 지능은 자신의 지능이 작동되는 방식, 과정까지도 지능의 대상으로 삼을 수 있다는 것이다. 학습할 뿐 아니라 학습에 대해서도 학습할 수 있는 지능이다.

모든 인간이 이런 수준의 지능을 가지는 것은 아니다. 그러나 모든 인간은 인지가 충분히 발달하면 이런 능력을 갖출 수 있다. 또한 지구상에서 인간만이 이 수준에서 사고할 수 있다. 영장류들은 환경과 상황이 바뀌면 행동이나 생활 방법을 바꿀 수 있다. 그러나 오직 인간만이 자신이 환경과 상황에 따라 행동과 생활 방법을 바꾸게 되는 과정 자체를 탐구 대상으로 삼을 수 있으며, 그 과정을 수정하고 개선할 수 있다. 다른 동물들, 심지어 영장류조차도 뇌 자체의 한계 때문에 이 수준에 도달할 수 없다. 만약 영장류에 속하는 다른 동물들이 인간만큼 풍부한 대뇌피질을 가질 수 있다면 이 수준에 도달할 수 있을 것이다. 하지만 그 순간 그 영장류는 인류의 한 갈래로 취급될 것이다.

## 인공지능이 감히 따라할 수 없는 인간 지능의 복잡성

### 가소성과 유연성

인간이 레벨4 수준의 지능을 가졌다는 것은 '교육'을 통해 환경에 적응하는 능력을 개선하고 확장할 수 있음을 뜻한다. 다른 생명체들은 진화 과정을 거쳐야만 가능한 일이다. 그리고 이 과정은 수많은 개체의 도태, 그리고 엄청나게 많은 세대를 요구한다. 그러나 인간은 자신이 환경에 적응하는 과정 자체를 대상으로 삼아 탐구할 수 있는 메타인지 능력이 있기 때문에 기나긴 진화 과정을 기다릴 필요가 없다.

그런데 교육의 결과는 뇌 신경계의 연결망을 변화시키지만, 이러한 신경망 속에서의 변화는 유전자에 반영되지 않는다. 따라서 한 행위자가 사망하면 그 행위자가 습득한 지식과 기능, 즉 신경망 속의 변화는 다음 세대에 이어지지 못한다. 인간 행위자는 자신의 신경망 변화를 통해 습득하고 저장한 새로운 행위를 다른 인간 행위자, 다음 세대 인간 행위자에게 전수해야 한다. 즉 교육을 통해 비 생물학적으로, 문화적으로 유전시킨다.

인간의 지능은 다음과 같은 특징을 가지고 있다.

① 다양한 상황과 문제를 융통성을 가지고 유연하게 반응하면서 적응한다.

② 그 경험을 일회적인 우연으로 남겨두지 않고 비슷한 상황에 비슷하게 행위할 수 있도록 학습한다.

③ 새로운 상황을 효과적으로 분석하고 이해하기 위해 기존에 가지고 있던 관념과 개념들, 즉 기존의 경험과 지식을 활용하여 새로 입력된 것들과 상호작용시킨다.

## 지능과 감정

우리는 흔히 냉철한 지성, 따뜻한 감정과 같은 식으로 감정을 지성, 지능과 구별하거나 대립하는 것으로 사용한다. 19세기 낭만주의 이래 따뜻한 감정을 차가운 지성과 대비해 인간미의 본질로 내세우는 것은 문학작품의 단골 소재다. 이 속에는 감정이야말로 기계, 컴퓨터가 흉내 낼 수 없는 것이라는 전제가 깔려 있다.

아이작 아시모프Isaac Asimov의 소설 『아이 로봇』에서도 완전한 지능을 갖춘 로봇이 인간의 감정을 이해하지 못하여 논리 회로가 폭파되는 장면을 보여준다. 그래서 지능은 뛰어나지만 감정이 부족한 천재를 "비인간적이다", "인간미가 부족하다", "너무 기계적이다"라고 표현한다. SF 영화 〈스타트렉〉에서는 감정을 제거한 벌칸 종족이라는 외계인이 지구인의 결정적인 특징으로 감정을 꼽으며 그것이 몹시 불편하다며 경멸하기도 한다.

그렇다면 정말 감정이야말로 순수한 인간미의 표상이며 지성, 지능과 대비되는 것일까? 만약 비교 대상이 기계라면 그렇게 말할 수도 있다. 감정을 가진 기계는 아직 존재하지 않는다. 하지만 비교 대상이 동물이라면 감정을 딱히 인간성의 순수한 본질이라고 주장하기는 어렵다. 대다수의 포유동물 역시 감정이 있기 때문이다. 동물들은 우리가 상상하는 것 이상으로 감정은 풍부하고 지성은 부족하다.[5] 도리어 감정에 관한 한 인간은 포유동물 중에서는 상당히 차가운 편에 속한다.

이는 인간의 뇌가 처음부터 완전한 형태로 존재한 것이 아니라 진화 과정에 계속해서 기존의 조직 위에 새로운 조직이 덧씌워진 형태로 발전했기 때문이다. 그래서 안에 깊이 들어있을수록 역사가 오래된 영역이며 바깥쪽으로 올수록 새로운 영역이다. 인간의 뇌에서 다른 포유동물과 가장 결정적인 차이를 보이는 영역이 제일 바깥 부분인 대뇌피질인 까닭이다. 바깥쪽으로 올수록 가소성이 뛰어나고 유연하며 안쪽으로 갈수록 가소성이 떨어지고 기능적으로 고정되어있다.

이 중 감정은 깊숙한 곳에 있는 변연계의 작용이다. 그리고 변연계는 인간이 다른 포유동물들과 공유하는 뇌의 영역이다. 변연계는 가소성과 유연성이 대뇌피질만큼 풍부하지 않다. 즉 감정은 미리 정해진 프로그램에 따라 발현되는 작용이며, 지능은 스스로 생각하고 바꿔나갈 수 있는 작용이다. 우리는 새로운 지

---

5. 『동물의 감정: 동물의 마음과 생각 엿보기』, 마크 베코프, 김미옥 옮김, 시그마북스, 2008.

식을 획득하고 지성을 점점 확장할 수 있지만, 새로운 감정을 획득하거나 감정을 확장할 수는 없다. 다만 자기 자신의 감정을 대상으로 삼아 성찰하고 이를 다스릴 수는 있는데, 이는 이미 지성의 작용이다.

그런데 셰인 레그와 마커스 허터Shane Legg & Marcus Hutter가 정의한 지능 개념, 즉 "주어진 환경과 상황에 따라 목표를 달성하기에 적절한 행동을 이끌어내도록 하는 행위자뇌의 기능"을 따르게 되면, 지능과 감정 구별이 특별한 의미를 가지지는 않는다. 감정 역시 행위자에게 주어진 환경과 상황에 따라 목표를 달성하기에 적절한 행동을 끌어내는 뇌의 기능이기 때문이다. 휴대전화에 비유하자면 감정이 기기에 미리 설치되어있는 임베디드 시스템이라면, 지능은 필요에 따라 응용 프로그램을 설치, 삭제하고 업데이트 할 수 있는 스마트폰이다.

사실 감정은 치열한 생존경쟁 현장에서 시간을 절약할 수 있는 매우 강력하고 편리한 도구다. 인류의 역사를 300만 년이라고 볼 때 그중 적어도 299만 년간 인간은 지성이 아니라 감정에 따라 행동했다.

가령 자기 이성 짝 근처에서 다른 동성이 얼쩡거리는 것은 자기 유전자 번식에 큰 방해 요인이 된다. 이때 얼쩡거리는 다른 동성의 목적이 무엇인지, 실제로 자기 짝을 가로챌 위험이 있는지 합리적으로 판단하고 나서 행동하는 것보다는 치밀어 오르는 질투라는 강력한 감정에 의해 행동하는 쪽이 더 효과적이다. 자기 짝 주변의 다른 동성을 판단하느라 시간과 자원을 소모하는 것보다는 애초에 얼씬거리지 못하게 하는 편이 시간과 자원을 절약하기 때문이다. 포식자들이 즐비한 생태계에서 낯선 동물을 만났을 때 낯선 존재의 특징을 관찰하고 의도를 파악하며 생각하는 것보다는 낯선 동물은 일단 포식자로 간주하고 즉각 도주하거나 공격이라는 반응을 끌어내는 편이 효과적이다. 이것이 바로 공포라는 감정이다. 이처럼 감정은 자연환경에서 행위자가 마주치게 될 여러 상황에 따른 즉각적이고 강력한 반응을 효과적으로 끌어냈다.

그래서 감정은 행동의 동기로서 지성보다 훨씬 강력하다. 추론을 통해 옳다고 판단해도 그것을 실제 행동으로 옮기기 위해서는 감정이라는 강력한 동기가 필요한 경우도 많다. 오히려 이성적인 판단만으로 행동하는 사람이 좀 이상해 보인다. 이것이 윤리학의 영원한 고민거리기도 했다. "옳다는 것을 알고 있음에도 불구하고 옳은 행동을 하게 하려면 무엇이 더 필요한가?"

그런데 그 진화 과정에서 원시 뇌 위에 더 고차적인 뇌가 덧씌워지며 발달한 인간 뇌의 복잡성이 지성과 감정의 구별을 모호하게 만들었다. 뇌의 여러 부분은 복잡한 신경망으로 서로 얼기설기 엉켜있는데, 감각기관에서 사고 중추, 다시 사고 중추에서 운동신경으로 이어지는 연결망은 원시 뇌에서 대뇌피질에 이르는 발달의 여섯 층을 가로지르며 종적으로 연결되어있으며, 또한 대뇌피질의 여러 영역 간에 횡적으로도 연결되어있다. 따라서 변연계와 피질의 여러 영역은 대개 동시에 반응한다. 순수하게 지성적인 반응, 순수하게 감정적인 반응은 실제로 거의 존재하지 않는다. 감정적인 반응일 때는 변연계, 지성적인 활동에는 대뇌피질, 이런 식으로 따로 반응하는 경우는 없으며, 만약 그런 사람이 있다면 그게 바로 사이코패스다.

예를 들어보자. 우리는 분노라는 감정이 치밀어 오를 때 "아, 화난다."라고 생각한다. 때로는 입 밖으로 이렇게 말하기도 한다. 그런데 이렇게 "화난다"라고 말하거나 생각한 순간 이미 그 화남은 감정이 아니다. 지성과의 협업이 이루어진 것이다. 현재 나의 내면 상태에 대한 정보를 수집하고, 그것을 "화남"이라는 개념과 비교해보고, 또 과거 화났던 경험과 비교하여 "지금 나의 상태는 화난 상태다."라고 판단했다는 뜻이기 때문이다. 의식하지 않았더라도 두개골 아래 자리 잡은 초고용량 컴퓨터가 순식간에 그 작업을 해치웠다. 그래서 분노한 상태에서 공격적인 행동을 하더라도 "나 지금 화났거든."이라는 말을 하거나 생각하고 있다면 이 행동은 감정뿐 아니라 지성적인 행동이기도 하다.

지성이 작용하지 않은 순수한 감정으로서 분노에 의한 행동을 하는 사람은 자신이 화난 상태라는 말을 하기는커녕 전혀 자각조차 못 한다. 흔히 꼭지가 돌았다고 말하는 상태가 이런 상태다. 거친 욕과 괴성을 지르고 언성이 높아지긴 하겠지만 자신의 상태가 화난 상태라는 말을 정확하게 하지 않을 것이다. 이런 경우 대부분은 일이 터지고 난 다음에야 자신이 분노에 사로잡혀 거친 행동을 했다는 것을 알게 된다. "나는 화났다"고 자각하지 못하고 분노 등 감정이 가득한 말과 행동을 반복하는 사람 역시 비정상이다. 이런 사람들은 사이코패스의 반대편이라 할 수 있으며, 충동조절 장애라 부른다. 흔히 말하는 분노조절 장애는 이 중 하나며, 대개 분노조절 장애를 가진 사람들은 다른 감정 역시 마찬가지로 반응하고 행동한다.

인간은 자신의 내면에서 일어나는 충동과 반응을 인지할 뿐 아니라 이것을 추론하여 감정을 의미하는 개념으로 분류할 수 있다. 또 역사적으로 구축된 감정의 개념들을 학습할 수 있으며, 이 개념과 자신의 경험, 그리고 현재 일어나는 반응 등을 종합하여 융합된 감정으로 정의할 수도 있다.

가령 자신의 배우자에게 접근하는 다른 남성/여성을 보고 공격적인 반응을 보이는 것은 '질투'라는 감정에 의한 행동이지만, 그것을 '질투'라고 명명할 수 있는 능력은 또 다른 행위다. 혹은 자신이 질투라는 원초적 감정에 사로잡혀 행동하는 것이 못마땅하여 여기에 다른 개념들을 개입해 융합적인 감정으로 해석할 수도 있다. 가령 질투 대상에게서 다른 인격적 결함 혹은 도덕적 문제를 찾아 거기에 자신의 분노를 투사한다. 이러한 감정의 이중성과 복잡성은 애거서 크리스티 작품에서 끊임없는 소재가 된다. 명탐정 포와로는 겉보기에는 복잡해 보이는 사건의 동기가 사실은 가장 근본적인 욕구와 충동이라는 심리적 전제를 가지고 사건을 풀어나간다.

이처럼 감정은 강력한 행동 동기다. 하지만 사람은 그 동기에 따라 그대로 행동하지는 않는다. 일단 동기가 발생하면 그다음부터의 행위는 지능과 결합해서 한다. 가장 대표적인 것이 '사랑'이다. 흔히 사랑을 감정이라고 생각하지만, 실제로 사랑은 감정이 아니다. 감정은 매력을 느끼는 이성 상대와 결합하고자 하는 충동이며, 그러한 충동에서 비롯되는 반응을 인지하고 그것을 해결하기 위해 자신의 행동을 계획하는 과정까지가 '사랑하는' 행위다. 즉 "내 마음 왜 이런지 나도 몰라." 상태가 감정적인 사랑이라면 "아, 사랑하나 봐." 하는 순간부터 지능적인 사랑이 시작되는 것이다.

지적인 행위 역시 지성뿐 아니라 감정이 함께 작용한 결과다. 심지어 매우 지성적인 행동으로 여겨지는 독서나 학문 연구 활동도 상당 부분 감정적인 활동이다. 아무리 위대한 학자라도 그날의 기분에 따라 혹은 해당 연구 분야나 주제가 달라질 수 있으며 학습이나 연구 속도와 결과가 달라질 수 있다. 막스 베버 Max Weber는 과학자가 연구 과정에서는 최대한 객관적일 수 있고, 또 그렇게 하려고 노력해야 하지만, 연구 주제를 결정하고, 연구 대상을 선정하는 과정, 또 연구 결과를 활용하는 과정에서는 주관성의 영향을 피할 수 없다고 밝힌 바 있다. 그리고 본인의 굴곡 많은 삶에서 스스로 그 증거가 되고 말았다.

천문학자를 예로 들어보자. 천체를 관측하고 그 결과에서 법칙을 찾아내려면 많은 것이 필요하다. 상상을 초월하는 끈질긴 관찰, 보기만 해도 머리가 복잡해질 정도의 수학. 이건 모두 매우 고통스러운 기다림과 인내를 요구한다. 그렇다면 이 학자가 이 힘든 천문학을 연구하기로 하고 그 고통스럽고 지루한 학습과 연구 과정을 견딜 수 있도록 하는 힘은 무엇일까?

지성만으로는 설명이 안 된다. 천문학, 별, 하늘, 수학 등에 대한 선호, 혹은 이것과 관련된 아름다운 추억, 이러한 것들을 매개로 맺어신 관련 인물들에 대한 기억, 혹은 공명심과 욕심 등 감정적인 요인이 아니고서는 설명할 수 없다. 가령 위대한 천문학자 티코 브라헤나 요하네스 케플러가 위대한 연구를 계속하게 한 동기에는 하늘에 대한 혹은 수학적 완전함에 대한 미적 취향, 다른 사람들보다 우월함을 증명하고 싶은 권력욕과 허영심 등이 매우 강하게 포함되어있었다.

이런 식으로 감정과 지성은 서로 뒤엉켜있다. 인간의 지적인 행위나 감정적인 행위도 이렇게 서로 뒤엉켜있어서 명확하게 구별하기 어렵다. 감정은 에너지이며 지성은 그 도구다. 그 둘 중 하나만으로는 어떠한 인간적인 행위도 이루어지지 않는다. 지성과 감정을 별개의 분리된 정신작용으로 파악하는 것은 다만 개념적인 분류일 뿐이며 분석적인 목적으로 구성한 이념형일 뿐이다. 즉 어떤 행위는 지성적인 행위에 가깝다, 감정적인 행위에 가깝다고 말하기 위한 일종의 척도일 뿐, 그 자체가 실제 인간의 정신작용을 설명하는 것은 아니다.

그런데도 근대 사회에서는 지적 행위를 심지어는 사회적으로 가치 있는 행위를 오직 지성의 소산으로만 돌리는 경우가 많다. 근대적 사고방식에서 감정은 객관적인 지식을 방해하는 교란 요인이며 지적인 행위가 이루어지는 동안 가능하면 억제되어야 하는 것으로 간주한다. 자연 상태에서 유용하고 강력한 행동 동기의 역할을 해온 감정이 오히려 의사결정 과정에서는 억제되어야 하는 것으로 여겼다.

그 결과 많은 것이 바뀌었다. 자연은 다만 개발의 대상이며, 노동자는 다만 인건비에 계산되는 비용일 뿐이다. 자연과 노동자를 대할 때 어떠한 감정도 개입해서는 안 된다. 이것은 지성과 감정이 서로 얽혀서 작용하는 인간 본연의 사고방식, 뇌의 작동방식과 어울리지 않는다. 서로 뒤엉킨 신경망을 억지로 잘라내라고, 마치 토막토막 잘린 것처럼 생각하고 행동하라고 하니 고역일 수밖에 없으며, 이런 일을 계속 강요받으니 병들 수밖에 없다.

이러한 분리의 상실감은 근대화 초기에 이미 요한 볼프강 폰 괴테Johann Wolfgang von Goethe가 경고한 바 있으며, 19세기 사회학자 게오르그 짐멜Georg Simmel이 끈질기게 파헤쳤다. 하지만 이런 주장들은 결코 주류 사상의 자리에 올라가지 못했다. 근대사회는 이러한 분리와 상실감의 보완재로서 '가정'이라는 가상을 만들었다. 근무 시간에는 감정을 봉인하고 오직 지성만으로 일하고, 감정은 사적 공간인 가정에서 해소하라는 것이다. 그러나 철저히 사적이기만 한 공간인 가정은 인류 역사상 존재한 적이 없다. 인간 사회 자체가 두뇌 작용과 마찬가지로 공적이기도 하고 사적이기도 한 조직의 연대망이기 때문이다.

사회학적 논의를 더 깊게 들어가기에는 지면이 부족하니, 여기서는 인간의 지능이 홀로 작동하는 정신작용의 주체가 아니라 매우 복잡한 정신작용의 관계에서 비롯되는 '현상'이라는 것만 확인하고 넘어가자. 즉 지능, 지성이라는 주체가 하는 행위가 지적인 행위가 아니라 여러 가지 정신작용이 복잡하게 얽혀서 문제를 해결하는 과정에서 발현되는 현상이 지성이라는 것이다.

## 지능과 문화

지능이 여러 정신작용이 복잡하게 얽혀 문제를 해결하는 과정에서 발현되는 것이라면 또 다른 문제가 생긴다. 인간은 사회적 동물이다. 인간은 혼자서 문제를 해결하지 못한다. 혼자 문제를 해결한 것으로 보이는 경우에도 직접 다른 사람을 만나지 않았을 뿐, 다른 누군가가 남겨놓은 생각, 방법 등을 활용했을 것이며, 이는 그 사람과 상호작용한 것이나 마찬가지다.

이렇게 인간이 서로 대면하지 않으면서도 마치 상호작용하는 것과 같은 효과를 거둘 수 있는 까닭은 문화를 통해 시간과 공간의 장벽을 넘어 지식, 경험, 그리고 감정을 공유하기 때문이다. 인간은 어떤 사회의 구성원이 아니고서는 생존할 수 없으며, 어떤 사회의 구성원이 되기 위해서는 그 사회의 문화를 공유해야 한다.

따라서 지능은 그 사회의 문화와 떼어놓고 볼 수 없다. 앞에서 본 바와 같이 지능은 문제를 해결하는 과정이기 때문에 그 가치는 문제의 성격에 달려있다. 아무리 현란하고 멋진 행위라도 당면한 문제를 해결하지 못하면 쓸모가 없으며, 쓸모없는 행위를 지시한 두뇌라면 지능이 떨어진다는 평가를 받을 수밖에 없다. 가령 전기도 컴퓨터도 없는 열대 우림이라면 과연 스티브 잡스나 빌 게이츠 같은 사람이 지적 능력이 뛰어나다는 평가를 받을 수 있을까? 이런 곳에서는 사소한 단서들을 통해 사냥감을 추적하고 길을 찾을 수 있는 사람이 머리 좋은 사람이다.

## 인간 지능의 복잡성과 인공지능의 경제학

인간 지능을 여기서 더 상세히 살펴보기는 어렵다. 그러려면 앞으로도 몇 권의 책이 더 필요할 것이며, 그 분야의 전문가나 훌륭한 연구자들은 따로 있다. 게다가 그 많은 책을 살펴본다고 문제가 해결되는 것도 아니다. 인간의 지능이 실제로 어떤 과정을 통해 작동하는지에 대해서는 알려진 것보다 알려지지 않은 것이 훨씬 많다.

무엇보다 지능이 어떤 단일한 정신 영역이 아니라는 것, 두뇌의 어떤 특정한 영역의 활동이 아니라는 것이 정확한 설명을 더욱더 어렵게 만든다. 지능은 감정을 포함한 여러 가지 다른 정신 과정의 복잡한 상호작용과 조정의 결과이지, 여러 정신 과정들을 지휘하고 조정하는 지휘자 같은 존재가 아니다. 지능은 우리 두뇌 어딘가에 컴퓨터의 중앙 연산장치처럼 자리 잡은 것이 아니라 여러 정신 과정이 이합집산하면서 형성된 신경 연결망 어딘가에서 발현하는 현상이다.

더구나 지능은 사회적이다. 지능은 여러 사람이 서로 맺고 있는 관계, 그리고 그 관계의 총체인 문화와 밀접한 관련이 있다. 따라서 지능은 문화적 배경에 따라 그 종류와 가치가 달라진다. 한 문화에서 지적이라고 인정받는 행동이 다른 문화에서는 바보스러운 행동으로 취급될 수도 있다.

사람의 지능은 이렇게 복잡한 상호작용 사이의 발현이기 때문에 때로는 효율적인 적응을 방해하기도 한다. 과학기술자들의 바이블 같은 드라마 〈스타트렉〉에 나오는 오직 논리적으로만 사고하는 외계 종족 벌칸 사람들은 이런 인간 지능의 복잡성, 그리고 그 복잡성에서 비롯되는 온갖 불합리하고 비효율적인 행동들을 경멸한다. 하지만 그 복잡성과 불합리하고 비효율적인 과정에서 비롯되는 갖가지 시행착오와 실패가 있었기에 사람은 창조성을 발휘하고 문화를 발전시켜올 수 있었다.

이제 인공지능으로 넘어가자. 인공지능을 개발하는 입장에서 보면 지능의 이러한 복잡성은 상당한 경제문제를 발생시킨다. 지성과 감정이 마구 얽혀있는 인간 지능 현상을 그대로 기계에 구현하기도 어렵거니와 그래야 할 이유도 없다. 물론 어떻게든 하려 들면 할 수야 있겠지만 인간처럼 생각하고 느끼는 기계가 과연 엄청난 자원을 투입할 만큼의 편익을 줄 수 있을까? 이렇게 경제문제를 고려해보면 SF 영화 등에 자주 나타나는, 사람을 몰아내고, 노예로 삼을 수준의 인공지능이 만들어질 가능성은 거의 없다. 그런 인공지능을 개발할 유인이 없는 것이다.

지능은 환경에 적응한다는 목적을 달성하는 데 적합한 행동을 지시하는 도구다. 인공지능은 사람이 그러한 목적을 위해 사람이 인위적으로 만든 도구다. 그렇다면 사람은 어떤 목적을 먼저 설정하지 않고서는 도구를 만들 동기가 없다. 그리고 그 동기는 어디까지나 사람 자신의 적응을 돕는 것이지, 인공지능 그 자체가 될 수는 없다. 인공지능은 개발 단계에서부터 특별히 정해진 목적에 최적화된 것으로 설계될 뿐, 상황에 따라 목적 자체를 수정하거나 만들어가는 수준, 즉 사람 수준으로 설계되지 않는다.

물론 그런 인공지능을 누군가가 설계할 가능성이 전혀 없지는 않다. 그렇다면 이는 큰 재앙이 될 수도 있다. 인공지능이 너무 유능해 실제로 스카이 넷과 같은 재앙이 비롯될 수도 있다. 사람의 지능이 가진 복잡성과 불확실성을 공유했다는 것, 그리고 가소성과 유연성을 공유했다는 것은 이 인공지능이 장차 어디로 튈지 모르고, 통제 불가능해질 수 있다는 뜻이기 때문이다. 다만 '경제학의 법칙'이 그런 인공지능이 가져다줄 편익이 투입할 비용에 비해 너무 크다고 가르쳐줄 뿐이다. 그래서 항상 과학기술이 미래 인간사회를 파멸시킨다는 SF 영화에서 필요한 캐릭터는 단지 뛰어난 과학자가 아니다. 그들은 한결같이 뛰어날 뿐아니라 미친 과학자였다.

# 3.

## 인공지능,
## 사람처럼 생각하거나 행동하거나

# 인공지능의 작동 원리

인공지능의 정의definition가 무엇인지 따져보자. 자연적인 생명체가 아닌 인공물의 지능이라고 사전적으로 정의해볼 수 있다. 여기에 따라 기계인공물 중 지능과 가장 밀접한 인공물은 아마 기계일 테니 앞으로 이를 기계라고 부르겠다에 깃든 지능 혹은 지능을 가진 기계라고 해도 충분할까?

이 순간 우리는 까다로운 질문에 부딪힌다. 서양 철학에서 뿌리 깊은 관점인 육체/영혼의 이원론이라는 망령을 다시 소환하기 때문이다. 이는 플라톤Plato이나 크리스트교만의 것이 아니다. 근대성 자체가 바로 이 이원론을 바탕으로 한다. 자연/인간, 그리고 물질/정신의 이원론.

근대적 사고방식의 시작을 알리는 유명한 르네 데카르트René Descartes의 명제 "생각한다. 그러므로 나는 존재한다."를 되짚어보자. 데카르트는 사람의 신체든 동물의 신체든 모두 뼈와 근육으로 이루어진 일종의 기계로 보았다. 그런 점에서 동물은 바위나 물 같은 자연물, 혹은 시계, 마차와 같은 기계와 구별되지 않는다. 사람을 이런 자연물이나 기계와 구별하게 만드는 것은 신체라는 기계에 '영혼'이 깃들어있기 때문이다. 영혼은 '생각'의 주체다. 오직 영혼을 가진 사람만이 생각할 수 있다. 동물의 행동은 생각의 결과가 아니라 다만 자동 태엽 장치와 같이 미리 정해진 동작을 하는 것이지만 오직 사람, 정확히 말하면 사람의 영혼만이 '생각'하고 거기에 따라 행동한다.

이 영혼은 이후 교회의 힘이 약해지면서 종교적 색채가 약해진 '이성' 그리고 이를 확대한 '정신'이라는 개념에 그 자리를 내주었다. 정신은 개인뿐 아니라 모든 사람에게 보편적으로 깃든 것으로 간주하면서 신의 자리를 대신하게 되었다. 따라서 모든 사람은 보편적인 정신을 가진 존재고, 따라서 신이며, 따라서 평등하다.

철학뿐 아니라 과학에서도 이를 진지하게 다루었다. 사실 근대 과학에서 부피와 질량을 가지지 않는 실체를 인정하기란 쉬운 일이 아니다. 그래서 과학자들은 그 실체가 '있다/없다'고 말하기보다는 "아직 확인되지는 않았다"고 말한다. 그런데 아직 확인되지 않았지만 인간의 물질적인 신체로 환원되지 않는 생각의 주체가 있다는 것을 상정하지 않으면 인간의 여러 행동을 설명하기 대단히 어려웠다. 그래서 이를 지칭하는 개념을 만들었는데 그것이 바로 '마음'이다. 즉 지능의 주체가 바로 마음이다.

이 이원론과 인공지능이 무슨 상관일까? 바로 인공지능이 인공으로 구현해야 하는 것이 무엇인가라는 문제가 발생하기 때문이다. 컴퓨터는 과연 인공지능인가 아닌가? 사실 컴퓨터는 생각하지 않는다. 다만 A라는 입력을 일련의 과정을 통해 B라는 형태로 바꿀 뿐이다. 마찬가지로 여러 형태의 계산 기계들 역시 '수'라는 것을 인식하지 못하는 상태에서 입력된 내용을 변형하여 출력할 뿐이다. 컴퓨터는 틀림없이 '마음'을 가지지 않았다. 하지만 결과만 놓고 보면 가장 지적이며 고결한 마음을 가진 수학자만큼이나 복잡한 수리적 추론을 수행한 것과 마찬가지다.

이원론에 입각하면 컴퓨터는 인공지능이 아니다. 마음이 없기 때문이다. 신체가 금속이냐 단백질이냐는 사물과 동물을 구별하지 않는 근대적 관점에서 중요하지 않다. 중요한 것은 마음이다. 마음이 깃들어있다면 아무리 차가운 금속으로 이루어진 기계라 할지라도 그것은 지적인 존재이며 사람과 같은 존재다.

문제는 컴퓨터는 물론 사람 역시 마음이라는 것의 실체를 확인하기 어렵다는 것이다. 우리가 컴퓨터를 마음이 없다며 멸시할 때 만약 그렇다면 당신의 마음은 어디 있느냐고 컴퓨터가 반문한다면 할 말이 궁해지는 것이다. 사람이 확인할 수 있는 것은 마음의 존재, 마음의 작동 과정이 아니다. 오직 그 결과인 행동뿐이다. 확인할 수 없는데 어떻게 그것을 만들어서 기계에 설치하고 작동시킬 수 있는가? 만약 기계에 마음을 만들어줄 수 없다면 인공지능을 만든다는 것은 결국 불가능한 것이 아닐까?

앨런 튜링Alan Turing은 이런 전제를 거부하였다. 그는 몇 개의 단순한 행동의 무한한 반복과 조합을 통해 매우 복잡하고 지적인 연산까지 수행할 수 있는 기계를 구상하고 있었다. 그런데 이 기계는 '마음'의 작용과는 거리가 멀었다. 그렇다면 단순한 작업의 무한한 조합을 통해 문제를 풀었다고 해서 과연 이 기계가 '수학'을 했다고 할 수 있을까? 단지 수학처럼 보이는 행동을 한 것에 불과한 게 아닐까?

튜링은 이런 문제 제기에 대답할 이유를 찾지 못했다. 오히려 이런 형이상학적이고 소모적인 논쟁이 수학 하는 기계의 발명에 장애물이 된다고 보았다. 그는 자신이 개발하는 기계가 '전자계산기'가 아니라 '지능을 가진 기계'라 불리기 원했고, 이를 위해 지능을 가진 존재의 정의를 새롭게 시도하였다.[6] 이 논문에서 튜링은 기계가 생각하는지 따위보다는 표현되는 반응을 기준으로 지능의 유무를 판별해야 한다고 주장했다.

이게 그렇게 엉뚱한 주장은 아니다. 사람은 지능을 가지고 있고 짚신벌레는 없다고 말할 수 있는 근거가 무엇인가? 사람 역시 마음을 내어 보이지 못하지 않는가? 마음이 있다는 증거가 어디 있는가? '내 마음 나도 몰라.'라는 유행가 가사처럼 사람은 자기 마음도 모른다. 차이를 확인할 수 있는 것은 오직 사람의 행동과 짚신벌레의 행동이다. 우리가 지적인 존재와 그렇지 않은 존재를 구별하는 방법은 오직 드러나는 행동뿐이다.

따라서 지능을 가진 기계를 개발하기 위해 마음을 만들 필요는 없다. 다만 그 행동의 결과가 마음을 가진 사람과 차이 없

---

6. Computing Machinery and Intelligence, 1950.

도록 하면 되는 것이다. 만약 기계가 외부 입력에 대한 반응으로 행동할 때, 마치 사람이 마음으로 생각하고 판단해서 하는 것과 차이가 없다면 그 기계는 지적인 존재라고 불릴 자격이 있다. 인공지능은 '생각하는' 기계가 아니라 '생각한 것처럼 행동하는' 기계이며, 그 행동이 사람이라면 했을 법한 것이면 된다.

그렇다면 그 기계의 행동이 사람과 차이가 있는지 없는지는 어떻게 가려내는가? 이를 위해 튜링은 '이미테이션 게임'이라는 판별 방법을 제안하였다. 사람과 기계에 같은 입력을 주고, 그 응답을 관찰하도록 하는 것이다. 입력과 응답은 모두 키보드와 모니터로만 하므로 시각이나 청각을 통해서는 누가 사람이고 컴퓨터인지 알 수 없다. 사람과 기계에 다른 사람이 계속하여 입력하고 그 응답을 관찰한 뒤 어느 쪽 응답이 사람이고 컴퓨터인지 판단하게 한다. 만약 사람이 그 응답을 통해 사람과 컴퓨터를 가려내지 못하는 비율이 30%가 넘으면 그 컴퓨터는 지능을 가진 기계로 분류된다.

이 기준은 영화 〈블레이드 러너〉로 널리 알려진 필립 K 딕 Philip K. Dick의 소설 『안드로이드는 전기양을 꿈꾸는가?』에도 활용되었다. 사람 사이로 숨어들어온 안드로이드를 찾아내기 위해 조사 대상자는 대단히 다양하게 구성된 질문과 자극에 반응해야 한다.

이러한 관점의 전환은 기계에 어떻게 마음을 심는가, 기계가 어떻게 생각의 과정을 구현하도록 하는가에 골몰하느라 더 이상 발전하지 못하던 컴퓨터 기술을 진일보시키는 데 큰 힘이 되었다. 기계를 인간처럼 생각하게 하려는 시도는 접고, 결과에 집중하자는 것이다. 과정이야 어떻게 되었건 주어진 상황에서 지성 있는 사람이 보기에 사람이 한 것 같은 반응이나 결과를 보여준다면 지능적인 존재로 인정하자는 것이다.

물론 모든 인공지능 개발자들이 여기에 동의하는 것은 아니다. 사람과 같은 마음을 가진 기계의 꿈을 간직한 '강한 인공지능' 지지자가 아직도 많이 남아있다. 반면 마음의 존재나 마음의 과정은 무시하고 결과가 사람 같으면 인공지능이라는 관점을 '약한 인공지능'이라고 부른다.

대세는 약한 인공지능이다. 사람이 기계를 만드는 까닭은 사람이 하는 일에 도움을 받기 위해서지 사람 같은 것을 만드는 것이 아니기 때문이다. 가령 비행기의 목적은 공중을 통해 사람이나 화물을 수송하는 것이다. 만약 새처럼 날개를 펄럭이는 것이 비행 속도와 안정성에 도움이 되지 않는다면실제로 그렇다 굳이 새처럼 날아갈 필요는 없다. 새가 날개를 펄럭이는 까닭은 양력 유지를 위한 추진력을 얻기 위해서다. 프로펠러나 제트 터빈으로 더 큰 추진력을 얻을 수 있는데 굳이 날개를 펄럭일 이유가 없다.

인공지능도 마찬가지다. 인공지능은 사람의 두뇌가 하는 일을 대신 수행하는 것이지, 그 과정에서 사람처럼 생각하거나 혹은 마치 사람이 할 법한 판단을 하는 것이 아니다. 사람이 두뇌로 하는 일은 상황에 따라 가장 합리적인 행위를 선택하는 일이다. 따라서 인공지능 역시 과정이야 어찌 되었건 주어진 상황에 따라 가장 합리적인 선택을 추론해낼 수 있다면 그걸로 충분하다. 사람은 생각하지만 기계에 생각의 여부는 중요하지 않다. 예컨대 프린터가 문자를 인식하고 출력하나 그게 문자인지 그림인지도 모르고 출력하나 전혀 상관없는 것이다.

이렇게 인공지능이 어떠해야 하냐에 대한 두 축과 네 차원이 만들어진다. 한 차원에서는 사람과 같아야 한다, 그럴 필요 없다는 축이 그어진다. 이것을 강한/약한 인공지능의 축이라 한다. 다른 축은 인공지능이 생각해야 하느냐 합리적인 행동작동을 해야 하느냐, 즉 생각/작동의 축이다. 이렇게 두 축을 교차시키면 인공지능의 네 가지 차원을 얻을 수 있다. 이 중 가장 강력한 인공지능은 사람처럼 생각하는 과정을 거치면서 사람과 같은 행동을 할 수 있는 기계다. 이쯤 되면 사실상 사람이다. 가장 약한 인공지능은 사람처럼 보이지 않고, 또 사람 같은 생각의 과정을 거치지는 않지만 주어진 상황에 가장 합리적이고 적절한 행동작동을 하는 기계다. 이 네 차원을 다음의 표와 같이 정리할 수 있다.[7]

| ← 강한 인공지능 | 약한 인공지능 → | |
|---|---|---|
| 인간처럼 생각하는 시스템<br>인지 모델링 접근 방식 | 합리적으로 생각하는 시스템<br>사고의 법칙 접근 방식 | ↑ 생각 |
| 인간처럼 행동하는 시스템<br>튜링 테스트 접근 방식 | 합리적으로 행동하는 시스템<br>합리적 에이전트 접근 방식 | ↓ 행동 |

7. Stuart Russel, Artificial Intelligence: A modern approach.

이 중 오늘날 인공지능 연구자들이 주로 집중하는 분야는 네 번째 '합리적 에이전트'다. '인간다움'이 반드시 합리적인 행위는 아니다. 가령 우리는 백치의 행동을 보고서도 기계가 아니라 사람이라고 판단한다. 하지만 인공지능이 백치 같아서는 곤란하다. 많은 노력을 들여서 굳이 인공적인 지능을 만들고자 하는 목적은 사람 같은 기계를 만드는 것이 아니라 사람 대신 일을 맡겨도 될 정도의 기계를 만들기 위해서다. 여기서 합리적 행위란 효율적으로 목적을 달성하는 것이다. 인공지능의 목표는 '합리적 행위자'가 되는 것이지 '유사 인간'이 되는 것이 아니다.

## 합리적 행위자가 되기 위한 경로

### 1세대 인공지능과 복잡한 문제의 장벽

합리적 행위자는 인공지능의 네 차원 중에서 가장 약한 축에 든다. 그럼에도 불구하고 이것을 구현하는 과정조차 순탄하지 않았다. 실제로 인공지능이라고 불릴만한 기계는 튜링 이후로도 10여 년이 더 지난 1970년대나 되어야 등장했다. 이것이 1세대 인공지능이다.

1세대 인공지능의 원리는 어떤 작업을 무수히 많은 단순 과정의 연속으로 분해한 뒤 모든 경우의 수를 다 탐색하는 것이다. 이게 사람이라면 엄두도 못 낼 만큼 많은 작업 분량이지만 컴퓨터의 빠른 연산 속도라면 해볼 만하다. 물론 컴퓨터 성능을 넘어설 정도로 연산 회수가 늘어나면 그 문제는 해결하지 못한다.

경우의 수를 탐색하는 방식에는 일단 최종 결과가 나올 때까지 각 경우의 수를 끝까지 진행해본 뒤 해답이 나올 때 멈추는 깊이 탐색 방식, 각 탐색 단계마다 주어진 모든 경우의 수를 하나하나 확인하고 나서 다음 단계 탐색으로 넘어가는 넓이 탐색 방식이 있다. 깊이 위주 탐색이 넓이 위주 탐색보다 결과가 도출되는 시간이 짧지만, 일단 결과가 나오면 나머지 경우의 수는 확인할 수 없다. 넓이 위주 탐색은 이후 활용 가능한 다양한 경우의 수 조합들을 저장할 수 있다는 장점이 있지만 깊이 탐색과 비교해 전산 자원이 많이 소모된다.

이러한 방식으로 작동하는 인공지능의 한계는 명확하다. 탐색의 첫 번째 단계인 여러 상황이 미리 지정되어야 하고 마지막 단계인 선택해야 할 행동 목록도 미리 정해져 있어야 한다. 만약 입력된 정보가 미리 정해진 상황에 해당하지 않는다면 이 인공지능은 그 신호를 노이즈로 판단해서 반응하지 않을 것이며, 모든 경우의 수를 확인해도 미리 정해진 선택지 범위를 벗어나는 결과가 나오면 끝없이 탐색만 반복할 것이다. 또 경우의 수가 너무 많이 나와 컴퓨터의 자원연산 능력과 메모리을 넘어선다면 그 자리에서 멈춰버리고 말 것이다.

더구나 1세대 인공지능이 탐색·추론할 수 있는 상황 자체가 매우 제한적이다. 이를 빗대어 비판자들은 이 인공지능을 '장난감', 이 인공지능이 해결하는 문제를 '장난감 문제'라고 조롱했다. 현실의 복잡한 문제가 아니라 개발진이 조건과 예상 가능한 선택지를 미리 정해놓은 문제에서만 작동한다는 뜻이다.

심지어 1세대 인공지능에는 이른바 장난감 문제조차 쉬운 일이 아니었다. 장난감 문제의 가장 대표적인 사례가 조건, 규칙, 결과가 미리 정해져 있고, 그 범위 안에서만 경우의 수가 나오는 '게임'이다. 물론 현실은 게임보다 훨씬 복잡하다. 그런데 1세대 인공지능은 이 게임마저 다 소화하지 못했다. 체스 수준으로만 게임이 복잡해져도 너무 많은 전산 자원이 소모되어 엄청나게 긴 시간을 쓰거나 엉뚱한 수를 두어 인간 플레이어의 웃음거리가 되었다.

그러니 '장난감 문제'의 벽을 넘어 현실 세계, 일상 세계에서 작동하는 인공지능은 꿈같은 이야기였다. 일상의 세계에서는 사람이라면 대수롭지 않게 생각하는 매우 단순한 문제조차 컴퓨터가 추론하기 어려울 정도로 많은 경우의 수를 만들어내기 때문이다. 당장 사람의 말을 이해하기부터 쉽지 않다.

더구나 문제의 복잡성이 증가할 때마다 문제해결에 걸리는 시간이 산술적이 아니라 지수함수적<sub>멱함수</sub>으로 늘어난다는 점이 더 큰 문제였다.[8] 그러다 보니 당시 컴퓨터 성능으로는 어린이와 간단한 일상 대화를 주고받기 위해서조차 사무실 전체를 가득 채울 정도의 슈퍼컴퓨터가 요구되었다. 물론 인공지능 연구자, 개발자들에게는 이런 엄청난 규모의 컴퓨터를 제작할 연구비를 청구할 용기나 배경이 없기도 했다.

---

8. Richard Karp.

## 2세대 인공지능과 일상 지식의 장벽

복잡한 문제의 장벽을 넘고 장난감 신세를 면하기 위해 인공지능 연구자들은 컴퓨터에 '지식의 저장고'를 제공하는 방법을 도입하였다. 이른바 '전문가 시스템'이다. 전문가 시스템은 컴퓨터에 프로그램뿐 아니라 추론과 탐색에 참고할 자료, 즉 데이터베이스까지 함께 장착한 인공지능이다. 이 데이터베이스에는 해당 영역의 관련 지식, 각 상황에 따른 행동지침 등이 저장되어있다.

1세대 인공지능이 어떤 상황에서 가능한 모든 경우의 수를 헤아리면서 해답을 탐색한다면 2세대 인공지능은 입력된 상황에 대한 적절한 해법이 저장된 지식을 참고하여 탐색한다. 탐색하고 추론하는 과정이 다소 '무식한' 1세대에 비해 한결 '지능'이라는 말에 가까운 행동을 한다고 할 수 있다.

물론 여기서 말하는 지식이 백과사전 같은 것을 말하는 것은 아니다. 이 기계가 장차 직면할 상황들을 모든 경우의 수를 구하지 않아도 되게끔 자주 나오는 상황들을 패턴화하여 저장한 것이다. 이렇게 기계가 사용할 수 있도록 정리하여 저장한 지식이 바로 데이터베이스다.

1980~90년대 반도체 집적도의 비약적인 증가와 저장 매체 기술의 비약적인 발전이 '전문가 시스템'의 발전을 가능하게 하였다. 손바닥만 한 크기의 연산 장치를 가진 컴퓨터가 1세대 인공지능 시대의 컨테이너 박스만 한 컴퓨터 성능을 능가할 정도가 되었다. 더구나 자기 테이프나 천공 테이프를 사용하던 시대에는 상상도 못 할 정도로 부피는 작고 저장 용량은 큰 저장매

체가 등장했다. 가령 플로피 디스크의 720Kb메가바이트가 아니라 킬로바이트다.의 저장 용량도 종이 한 장 크기의 저장매체에 자그마치 책 네 권 분량의 정보를 저장한다는 식으로 놀라움의 대상이 되었다.

슈퍼컴퓨터에나 사용되던 HDD가 가정용 컴퓨터에도 장착되었다. 당시 30Mb라는 엄청난 용량은 흔히 '브리태니커 백과사전' 몇 질을 통째로 담고도 남는 용량이라는 말로 표현되었다. 1세대 인공지능 시대에는 방 하나를 가득 메우고 있을 정도의 컴퓨터가 이제는 책상 위에 올려놓고 쓸 수 있을 정도로 작아졌다. 데스크톱 컴퓨터라는 말이 나온 것도, 애플1, 애플2, IBM PC개인용 컴퓨터라는 말이 나온 것도 이 무렵의 일이다.

이러한 컴퓨터 시스템이 바탕이 되었기에 전문가 시스템을 구현할 수 있었다. 이 2세대 인공지능은 즉시 센세이션을 일으켰다. 교사나 의사가 일자리를 잃고 컴퓨터가 그 자리를 대신할 수 있을 것이라는 주장이 나온 것도 이때의 일이다.

이론적으로는 충분히 가능하다. 환자에게 질문지가 주어지고 환자의 응답을 OMR카드 등에 작성하여 입력하고, 그 밖에 체온, 혈압 등의 수치화된 정보를 입력하면 인공지능은 자신이 보유한 광범위한 의학 지식 및 각종 진단 사례의 데이터베이스를 참고하여 적절한 진단과 거기에 따른 처방을 내릴 수 있다. 당연히 이 데이터베이스의 분량과 탐색 속도는 가장 유능한 인간 의사도 따라가지 못할 정도다.

교사도 마찬가지다. 가르칠 분야의 내용, 학습 대상인 학생

연령대의 특성에 대한 지식, 그리고 각 학생의 개인적 특성에 대한 정보가 저장되어있는 인공지능 교사가 학생 각자에게 가장 적합한 교육 내용과 학습 과정을 제공하고, 여기에 대해 학생들이 어떻게 응답하는가에 따라 계속해서 다음 학습과정을 최적화하여 제공할 수 있다. 이렇게 되면 마치 학생 수만큼의 교사들이 1대 1 개인 지도를 하는 것 같은 효과를 거둘 수도 있어, 한 사람의 교사가 수십 명의 학생을 가르쳐야 하는 현재의 학교보다 더 효율적으로 교육할 수 있다.

2세대 인공지능이 마지막으로 기염을 토한 것이 IBM이 개발한 인공지능 체스 프로그램인 '딥 블루'다. 1996년 2월 10일, 딥 블루가 세계 체스 챔피언인 카스파로프와 대결에서 승리했기 때문이다. 이 승리가 역사적인 까닭은 1세대 인공지능이 자주 들었던 '장난감 문제'라는 조롱에서 반대 사례로 자주 제시되었던 게임이 체스였기 때문이다. 체스는 단순한 장난감 문제, 장난감 게임과 달리 변수가 많고 상대방의 반응을 예상해가면서 두어야해서 인공지능이 사람 수준에 올라섰는지를 판단하는 일종의 바로미터 역할을 했다.

사실 딥 블루의 성적이 그렇게 좋은 것은 아니었다. 인간이 절대로 승리할 수 없었던 알파고와 달리 딥 블루는 카스파로프와의 첫 번째 체스 대국에서 이긴 뒤 이후 벌어진 다섯 번의 대국에서는 2무 3패로 오히려 압도당했다. 그러나 그 한 번의 승리가 안겨준 충격은 알파고 이상이었다. 반면 알파고는 단 한 번 패배했다.

그리고 1997년 5월에 재대결이 벌어졌다. 1년 동안 딥 블루는 상당히 여러 번 업그레이드한 상태라 디퍼 블루라고 불렸다. 더 깊어진 딥 블루는 카스파로프와 여섯 번 대국했고 그 결과 3승 1무 2패로 최종 승리하였다. 이로써 딥 블루는 정식 체스 토너먼트에서 세계 챔피언을 꺾은 최초의 인공지능 플레이어로 등극했다.

딥 블루가 작동되는 방식은 전문가 시스템의 정수를 보여준다. 딥 블루에는 70만 개 이상의 대국 정보를 분석하여 얻은 8000개 이상의 예측 함수일종의 정석이라고 할 수 있다가 저장되어있다. 또한 딥 블루는 상대방이 어떤 수를 둘 때 그다음부터 진행 가능한 모든 경우의 수를 초당 200,000,000개의 위치를 계산할 수 있는 능력을 활용하여 미리 두어볼 수 있다. 이 정도 속도라면 체스판 위의 거의 모든 경우의 수를 사람이 잠깐 생각하는 시간 동안 다 두어볼 수도 있을 것이다. 이렇게 모든 경우의 수를 검토한 뒤 저장되어있는 정석들과 비교하면 상대방인 인간 플레이어가 어떤 목적으로 이 수를 두었는지 알아낼 수 있고, 거기에 대응하는 가장 승률이 높은 수도 찾아낼 수 있다.

딥 블루의 승리에 대한 사람들의 반응은 두 방향이었다. 한 방향에서는 이제 인공지능이 거침없이 발전하여 끝내 인간의 일자리를 빼앗고 나아가 인간이 통제할 수 없는 힘이 될지도 모른다는 두려움이다. 여기에 꽤 많은 과학기술계 유명 인사가 이름을 올렸다. 가령 스티븐 호킹Stephen William Hawking은 "지금까지 개발된 초보적 인공지능 기술이 매우 유용하다는 걸 이미 입증

했지만 인간에 필적하거나 능가하는 수준의 인공지능 개발에는 두려움을 느낀다. 인공지능은 자신을 개량하고 도약할 수 있지만, 인간은 생물학적 진화 속도가 늦어 인공지능과 경쟁할 수 없고 대체되고 말 것"이라며 경고했다. 인공지능으로 운행되는 자율 주행 자동차를 판매하는 테슬라의 설립자 일론 머스크Elon Reeve Musk도 "적어도 인간 독재자는 죽음을 피할 수 없다. 그러나 인공지능은 죽음 없이, 영원히 살 것이며 이는 인간이 피할 수 없는 불멸의 독재자를 접하게 된다는 것"이라며 두려움을 드러냈다.

반면 인공지능이 그 정도까지 발전하지 못할 것이라는 비관론도 있었다. 이들이 예로 든 것이 바둑이다. 체스도 결국 제한된 수의 칸이 있는 체스판 위에서 말들이 정해진 위치와 정해진 경로에 따라 움직여야 하므로 좀 복잡한 '장난감 문제'에 불과하다는 것이다. 반면 바둑은 $19\times19$줄에 각 돌을 놓는 정해진 위치나 순서도 없기 때문에 361!의 경우의 수, 즉 $2.6\times10^{845}$라는 어마어마한 경우의 수가 나온다. 숫자는 사람이 이름을 붙여놓은 자릿수 중 제일 큰 무량대수$10^{68}$ 뒤에 0을 777개 더 붙인, 이름도 붙일 수 없는 수다. 이 정도면 아무리 성능이 뛰어난 컴퓨터라도 경우의 수를 모두 계산해서 다음 수를 예측하기 어렵고, 당연히 데이터베이스로 감당할 수도 없다.

현실은 어떠했을까? 딥 블루가 체스에서 챔피언을 이긴 뒤 10년이 지나도록 긍정적이든 부정적이든 관계없이 특별한 변화가 나타나지 않았다. 사람들은 계속 인공지능이 아니라 인간 의사의 진단을 받고 처방을 받았으며, 인공지능 교실이 아닌 인간 교사의 수업에 학생들을 맡겼다. 의학, 교육뿐 아니다. 전문가 시스템에 의해 대체된 전문 영역은 전무하다시피 했다. 전문 영역은 고사하고 단순해 보이는 업종조차 인공지능이 제대로 대체하지 못했다. 2세대 인공지능이 더 이상 발전하기 어려운 장벽에 부딪혔음이 분명했다. 이에 따라 인공지능에 대한 연구도 시들해졌고, 투자자들은 자본을 회수했다. 결국 2002년 이른바 닷컴 버블 붕괴라 불리는 ICT 관련 기술주의 폭락과 함께 인공지능 연구도 침체기에 접어들었다.

2세대 인공지능이 부딪친 장벽은 엉뚱하게 전문적인 영역이 아니라 일상적인 영역이었다. 인공지능은 전문지식까지 가기도 전에 인간의 일상적인 대화, 일상적인 인지과정 조차 제대로 구현할 수 없었다.

이 장벽은 크게 존재론적Ontological 장벽과 의미론적Semantic 장벽이다. 이름으로는 대단히 거창하고 어렵게 들리지만, 실제로는 사람은 너무 당연히 여기는 일상적인 문제들이다. 너무 일상적이라 이런 것이 문제가 될 것이라 예상도 못 한 것들이다.

존재론적 장벽은 어떤 대상에 대한 정보를 받아들인 뒤 그 정보를 통해 그 대상이 무엇인지 특정하는 것이 생각보다 어렵다는 것이다. 한마디로 연필을 보고 연필이라고 하고, 책상을 보고 책상이라고 하고, 배추를 보고 배추, 양파를 보고 양파라고 하는 게 쉽지 않다는 것이다. 이것을 흔히 구글의 '고양이 딜레마'로 자주 예를 든다. 구글에서 개발하던 인공지능에 '고양이'를 인식시키는 게 너무 어려워서 빚어진 사례다.

사람은 고양이 사진, 고양이를 그린 그림, 혹은 실제 고양이를 보면 모두 '고양이'라는 개념으로 인식한다. 서로 다른 개체, 서로 다른 품종, 혹은 인쇄물, 영상물, 인형 등 어떤 방식으로 존재하더라도 딱히 영리한 사람이 아니라 보통의 사람이라면 그것을 보고 '고양이'라고 부르는 일에 큰 어려움을 느끼지 않는다. 고양이와 다른 네발 짐승을 혼동하지도 않는다. 고양이, 염소, 개, 소, 말 등을 뒤섞어 놓아도 어렵지 않게 이것들을 식별할 수 있으며, 같은 고양잇과인 고양이, 퓨마, 호랑이, 표범을 섞어놓아도 초등학생 정도면 손쉽게 구별해낸다.

그런데 이게 인공지능에는 굉장히 큰일이다. 인공지능은 디지털 방식으로 시각 정보를 획득한다. 가령 화면을 일정한 수의 점으로 나눈 뒤 각각의 점을 흰색 혹은 검은색으로 표시한다. 이 하얀 점, 까만 점의 조합이 디지털 시각 정보인데, A라는 고양이의 시각 정보를 '고양이'라고 정의했다고 해서 고양이를 인식할 수 있는 게 아니다. B라는 고양이, C라는 고양이, 혹은 고양이 그림, 고양이 인형 등등은 서로 다른 점의 조합으로 지각될 것이기 때문이다. 이 서로 다른 점의 조합을 '고양이'라는 하나의 범주로 인식하려면 이것들을 그렇게 하나로 묶을 수 있는 어떤 공통점이 있어야 한다. 이러한 공통점을 '특징'이라고 한다. 사람이 서로 다른 고양이나 고양이 그림, 영상, 인형 등을 보고 즉시 '고양이'라고 인식할 수 있는 것은 그 시각 정보 전체를 보는 것이 아니라 그중 고양이를 정의하는 어떤 '특징'만을 감지하고 즉시 '고양이'라고 판단하기 때문이다. 그래서 사람은 비슷하게 생긴 개와 고양이를 쉽게 구별하며, 고양이와 호랑이도 구별하며, 심지어 실루엣만으로도 고양이를 식별하는 데 어려움을 느끼지 않는다.

그렇다면 인공지능에 미리 이런 '특징'들을 입력해두면 어떨까? 즉 점의 조합에서 특정한 부분만 보고, 그 부분이 이런저런 모양을 하고 있으면 모두 '고양이'로 분류하라는 식으로. 하지만 문제는 그걸 정확하게 미리 정의하기 어렵다는 것이다. 또 한두 개의 특징만으로 고양이를 식별하게 하면 고양이가 아닌 것을 고양이로 분류하고, 고양이는 고양이가 아닌 것으로 분류할 가능성이 크고, 그런 오류를 줄이기 위해 많은 특징을 제공하고자 하면 너무 많은 시간과 자원이 소모된다. 이렇게 힘들게 사용해야 한다면 구태여 인공지능을 쓸 이유가 어디에 있겠는가?

이 문제를 가장 분명하게 드러낸 것이 이른바 '자연언어'의 이해, 그리고 광학적인 문자 인식이다. 키보드로 '고양이'라고 입력할 때는 문제가 없다. 키 하나마다 정해진 디지털 수치를 입력하는 것이기 때문에 키보드가 수백 종류라도 입력되는 신호는 같다. 그러나 '고양이'라는 손글씨를 인식하는 건 사정이 다르다. 사람마다 필체가 다르며, 심지어 같은 사람이라 하더라도 때로는 정자로 쓸 수도 때로는 휘갈겨 쓸 수도 있다.

사람은 이러한 차이에도 불구하고 엄청나게 휘갈겨 쓰지 않는 한 글자를 인식하는 데 특별한 어려움을 느끼지 않는다. 이는 글자를 인식할 때 그 모양의 세세한 부분 부분을 다 보지 않고,

어떤 특징을 잡고 판단하기 때문이다. 그 특징이 같다면 다른 세세한 것들이 아무리 제각각이라도 같은 글자로 인식하는 데 문제가 없다. 엄청나게 휘갈겨 쓴 글씨의 경우는 그 특징조차 인지되지 않을 경우인데, 일단 그 필체에 익숙해지면 나름의 특징을 알고 있기 때문에 어렵지 않게 읽어낼 수 있다. 즉 사람은 무엇을 보기 전에 우선 어디에 주목할 것인지를 이미 알고 본다.

하지만 인공지능에는 이게 작은 문제가 아니다. 컴퓨터에 그래픽은 최소단위인 점픽셀, 화소들의 집합이다. 우리는 글자를 보면 단번에 글자로 인식하지만 컴퓨터는 일단 수백만 개의 점들의 집합을 인식하고, 이·점들의 조합 방식을 통해 그게 무엇인지 판단한다. 글씨체가 조금만 달라져도 조합 방식이 달라지기 때문에 두 글자를 같은 글자로 인식하기 어려워진다. 휘갈겨 쓴 글씨나 장식이 들어간 글씨라면 아주 다른 글자 혹은 아예 글자가 아닌 것으로 인식할 수도 있다.

이건 고양이를 인식하는 것보다 훨씬 까다로운 문제다. 우선 인공지능은 현재 보고 있는 것이 글자인지 단순한 얼룩인지를 구별할 수 있도록 하는 특징이 필요하다. 일단 글자라는 것을 확인했으면 다음은 그 글자를 읽어야 한다. 더구나 ㅁ과 ㅇ처럼 모호한 글자들을 구별할 수 있어야 한다. 글자로 판단된 검은 점의 조합 중 자소의 구별을 위해 주목할 특징이 필요하다. 하지만 글자의 자소들을 식별할 수 있는 특징들을 미리 정의하여 데이터베이스로 장착시키는 일은 몹시 어렵다. 그나마 인쇄된 글씨나 정자체로 작성한 글씨 정도는 감당이 되지만 온갖 종류의 손글씨까지 대응하는 특징을 사람이 미리 정의하자면 경우의 수가 무한대까지 늘어난다.

글씨를 인식하는 것 못지않게 소리를 듣고 말을 이해하는 일도 어렵다. 사실 사람의 말을 듣고 반응하는 인공지능은 개발자들의 오랜 꿈이었다. 가령 1960년대 TV 드라마인 〈스타트렉: 오리지널 스타트렉〉에는 "컴퓨터, ~에 대해 조사해."라고 말로 명령할 수 있는 컴퓨터가 등장하기도 했다. 그로부터 반세기가 지났지만 사람이 자연언어로 명령하고 서로 대화할 수 있는 컴퓨터는 아직 갈 길이 멀다. 이는 사람의 음성 언어에 변수가 너무 많기 때문이다.

가령 A라는 사람과 B라는 사람이 똑같이 "가라"라고 말했다고 하자. 사람은 특별한 경우가 아니면 이 모두를 "가라"로 알아듣는다. 남자가 말하건, 여자가 말하건, 아이가 말하건, 침착하게 말하건, 들떠서 말하건, 높은 소리로 말하건, 낮은 소리로 말하건 모두 마찬가지다. 말의 뜻을 헤아리기 위해 고민을 할지언정 서로 다른 사람이 말했다고 해서 말소리를 헤아리기 위해 고민하지 않는다. 적어도 말소리는 즉시 인식한다.

그러나 인공지능은 이 모든 것을 다른 소리로 듣는다. 말의 톤이 조금만 달라져도, 목이 쉬었거나 발음이 조금만 새도 이 모든 소리는 다른 소리다. 이 제각각 다른 소리를 "가라"라는 같은 소리로 묶을 수 있는 특징이 필요하다. 하지만 그 특징을 어떻게 정의해서 입력할 수 있을까? 몇 데시벨부터 몇 데시벨 사이 파장은 이런 모양이고 등등으로 모든 음성 신호를 미리 정의해놓을 수 있을까? 그 많은 변수를 미리 정의해서 입력하는 일은 불가능하며, 설사 할 수 있다 해도 자원을 너무 많이 소모하여 경제성이 전혀 없다.

이렇게 글씨를 인식하거나 음성을 알아듣는 데 필요한 특징들을 미리 인공지능에 장착시키는 건 매우 어려울 뿐 아니라 자원 낭비이기도 하다. 설사 엄청난 시간과 자원을 소모하여 장착한다고 하더라도 그 특징에서 미묘하게 벗어나거나, 그 특징을 가지고 있지만 실제로는 그것이 아닌 것들을 잘못 분류할 가능성은 여전히 매우 크다. 실제로 음성이나 문자에 대한 특징그것도 값비싼을 장착한 2세대 인공지능의 음성 언어나 광학 문자 인식률은 70%를 넘기 어려웠다. 투입되는 엄청난 노력에 비하면 참으로 보람 없는 결과다.

그런데 이 존재론적 장벽을 간신히 넘었다 하더라도 더 큰 장벽이 남아있다. 바로 의미론적 장벽이다. 의미론이란 기호와 그 의미를 연결하는 것이다. 가령 '개'라고 하는 단어와 실제 '개'를 연결해 이해하는 것이다. 사실 글자 자체에는 어떤 의미도 없다. 이 글자의 발음은 물론 모양에도 실제 개와 관련한 어떤 상징이나 비유도 암시도 없기 때문이다.

사람이라면 이런 고민을 하지 않고 문자를 인식하고 말을 하고 듣는다. 우리는 어째서 '개'는 네발 달린 식육목에 속한 동물이며 그것과 모양이 비슷한 '가'는 어떤 물체가 관찰자로부터 먼 쪽으로 이동하는 동작을 뜻하는지, 그리고 똑같은 개가 왜 동물을 뜻하기도 하고 물체의 수를 세는 단위가 되기도 하는지를 따지지 않고 사용한다. 하지만 막상 따지고 들자면 이게 보통 어려운 문제가 아니다.

그런데 디지털로 사고하는 인공지능은 정말로 이걸 일일이 다 따진다. 일일이 따져서 조금이라도 모호한 구석이 남으면 추론이 멈추지 않는 루프에 빠지거나 아예 멈춰버릴 수 있다. 단어 하나를 인식하는 일도 이런데 만약 문장을 이해해야 한다면 어떤 상황이 일어날까? 당장 이 책의 이 페이지에 나오는 글자 하나하나를 다 살펴보면서 그 글자들의 조합인 단어와 그 단어가 의미하는 바를 따지고 들기 시작하면, 아무리 용량이 거대한 인공지능이라도 그 모든 경우의 수를 다 헤아릴 수 없을 것이다.

심지어 사람의 언어는 미묘한 뉘앙스나 톤까지 의미를 표현하는 데 사용된다. 맞춤법이나 띄어쓰기도 종종 틀리며 때로는 의미 표현을 위해 고의로 틀리기도 한다. 표현을 위해 어법을 변형하거나 문장이나 단어 구성 부분을 생략하거나 과장하는 경우도 비일비재하다. 여기에 비유, 상징, 암시, 풍자 등등까지 개입하면 더욱 문제가 복잡해진다. 가령 지인과 싸우고 난 뒤 화가 나서 "그 사람 차라리 죽어버렸으면 좋겠어."라는 말을 인공지능을 장착한 로봇이 들었다고 생각해보자. 사람이라면 이 말을 살인 요청으로 듣지 않겠지만, 인공지능이 이런 미묘한 의미까지 이해할 수 있을까?

사람의 일상생활은 이런 복잡한 의미론의 그물로 가득하다. 그리고 인공지능이 정말 사람의 '지능'의 일부라도 대신할 수 있으려면 미리 정해진 신호가 입력될 때 반응하는 수준을 넘어야 하며, 사람이 일상적으로 사용하는 말, 글씨, 그리고 각종 시청각 정보들로 이루어진 여러 상황을 지각하고 인지하고 해석하여 행동할 수 있어야 한다. 그런데 고양이 사진을 보고 고양이라고 인지하는 것, 글씨를 보고 단어를 인식하는 것, 사람이 하는 말을 알아듣는 것부터 이렇게 곤란해서야 '전문가 시스템'이라는 말이 무색하다. 이래서는 전문가는커녕 일상생활조차 쉽지 않다.

## 딥러닝과 3세대 인공지능의 등장

### 1) 기계 학습

흔히 문제 속에 답이 있다고들 한다. 2세대 인공지능이 부딪힌 장벽을 넘어가는 해답 역시 그 장벽 속에 있었다. 그것은 앞에서 가장 많이 반복되었던 단어, 다름 아닌 특징이다. 그 많은 입력 정보를 천문학적인 횟수의 연산을 통해 분류하지 않으려면 그 정보들을 분류할 분석의 도구, 즉 특징을 가지고 있어야 한다.

사람의 인지과정도 이와 같다. 우리가 수많은 서로 다른 가구를 보고도 보는 순간 이건 책상, 저건 의자 하고 바로 판단할 수 있는 것도 책상의 원형, 의자의 원형을 미리 마음속에 가지고 있기 때문에 그 원형과 비슷하게 생긴 것들을 책상, 의자로 판단하기 때문이다.

문제는 그 원형이 어디서 왔느냐는 것이다. 플라톤의 말처럼 원형들로만 이루어진 이데아의 세계에서 먼저 보고 왔던 기억이 상기되는 것일까? 당연히 아니다. 그렇다면 이 원형들, 컴퓨터 용어로 '특징'들은 우리가 살아가는 동안 삶의 경험을 통해 학습하고 만들어낸 것이라고 결론 내릴 수밖에 없다. 비슷한 것들을 어떤 속성을 기준으로 한 범주로 묶으려는 경향이야 타고난 속성일 수 있지만, 어떤 속성들을 기준으로 한 범주로 묶느냐는 것은 경험과 학습의 결과다.

그렇다면 인공지능이 어떻게 충분한 특징을 가지게 할까? 사람과 마찬가지다. 경험을 통해 배워야 한다. 즉 인공지능은 학습을 통해 특징들을 찾아내고 만들어내야 한다. 사실 이건 사람의 학습도 마찬가지다. 우리가 지식을 얻는다는 것은 잡다하게 늘어놓은 정보들을 일정한 패턴과 규칙으로 분류하는 것이기 때문이다. 이렇게 잡다한 정보들을 패턴에 따라 분류하면, 그다음에는 패턴과 규칙들을 다시 분류할 수 있게 된다. 이런 식으로 개념이 만들어진다.

인공지능도 마찬가지다. 이 과정을 스스로 해낼 수 있다면 스스로 학습하는 인공지능이 되는 것이다. 스스로 학습하는 인공지능이 바로 3세대 인공지능이다. 2세대 인공지능은 사람이 제공하는 지식을 활용하여 답을 찾는다. 하지만 3세대 인공지능은 스스로 자료를 뒤지면서 나름의 지식을 만들어가며 답을 찾는다. 따라서 3세대 인공지능은 탐색이 거듭될수록 점점 많은 '특징'을 보유하기 때문에 탐색과 추론에 드는 시간이 줄어든다. 즉 영리해진다. 이처럼 컴퓨터가 자료들 속에서 스스로 패턴과 규칙을 찾아내는 과정을 '기계 학습'머신러닝이라고 한다. 이는 사람이 공부를 많이 할수록 새로운 지식을 얻고 판단하는 데 들이는 시간이 짧아지는 것과 같다. '현자'라 불리는 사람들이 거의 직관적으로 판단하는 것도, 정말 직관으로 판단하는 게 아니라 워낙 많은 '특징'들을 보유하고 있기 때문인 것과 같다.

기계 학습은 다음과 같은 과정으로 이루어진다.

① 인공지능에 데이터와 해결해야 할 문제를 제공한다. 그 양은 많을수록, 그리고 종류는 다양할수록 좋다.

② 인공지능이 데이터를 스스로 비슷한 것끼리 분류한다. 비슷한 요소를 가진 것끼리 모아본다거나 특정한 상황에서 자주 등장하는 것을 서로 연결한다거나 인접한 것끼리 모아본다거나 하면서 나름의 규칙과 패턴을 찾는다.

③ 이 규칙과 패턴을 보유하고 있는 특징들을 사용하여 판단한다.

④ 사람은 이 판단에 대해 정답/오답의 판정을 내려준다.

⑤ 이 과정이 계속되면 인공지능은 정답/오답 판정의 일정한 패턴을 발견하게 되며 이것을 범주화한다. 이 과정까지가 학습의 단계다.

학습이 충분히 진행되면 인공지능은 사람의 판정 없이 스스로 주어진 상황에 적합한 해답을 찾아내고 그것을 정답/오답으로 판정할 수 있게 된다. 이 과정이 예측의 단계다.

이 과정을 학생들을 가르치는 과정에 비유해볼 수 있다.

① 교사가 학생들에게 약간의 개념 학습을 시킨 뒤 대량의 문제집을 풀게 한다.

② 학생들은 학습한 개념을 이용하여 문제를 푼다. 교사는 학생들이 풀어온 문제에 대해 특별한 설명 없이 정답/오답만 체크해준다.

③ 이 과정이 수없이 반복되다 보면 학생들은 문제 유형과 해당하는 정답 유형 간 나름의 관계를 발견하여 이를 패턴으로 학습한다.

④ 문제를 주기만 하면 정답을 찾아낼 수 있게 된다.

이쯤 되면 거부감을 느끼는 독자도 있을 수 있다. 사람은 이러한 과정을 학습이라고 부르지 않는다. 일부 입시학원에서는 이런 일을 자행하고 있지만, 그걸 제대로 된 교육이라고 부르지 않는 것과 같다. 이게 바로 기계 학습과 인간 학습의 차이다. 기계 학습은 어떻게든 패턴을 발견하여 연결할 뿐이다. 그 패턴이 나타나는 대상에 대한 이해는 필요 없다. 다시 학생에 비유해보자면 학생들은 문제 패턴과 정답 패턴 사이의 관계를 알고 있을 뿐이다. 그 문제가 출제된 해당 분야의 지식을 이해하는지와 무관하게. 하지만 학생이 공부하는 목적이 시험에서 높은 득점을 하는 것이라면 이 방법이야말로 가장 '합리적'인 방법이다. 인공지능이라면 합리적 행위자로 만족할 수 있겠지만 사람이라면 그 이상의 것이 요구될 것이다.

물론 인공지능에 인간성을 기대할 이유는 없다. 오히려 기계 학습의 가장 큰 문제는 비인간성이 아니라 엄청난 비용이다. 계속해서 인공지능에 지식을 제공해야 하는 2세대 인공지능보다는 나을지 몰라도 기계 학습에도 여전히 사람의 품이 꽤 많이 들어간다.

우선 인공지능에 특징들을 미리 제공해야 한다. 제공해야 할 특징들도, 풀어야 할 문제들을 제공하는 것도, 패턴이나 규칙을 발견할 때마다 정/오 판정을 해주는 것도 모두 사람이 할 일이다. 얼마나 많은 문제를 풀어야 할지, 언제까지 사람이 정/오를 확인해주어야 하는지 미리 정해두어야 한다. 또 어떤 특징들을 얼마나 입력해 둘지, 즉 대상의 어떤 속성에 인공지능이 주목하게 할 것인지 등도 사람이 미리 설계해두어야 한다.

가령 은행에서 대출을 받으려는 고객을 믿을 만한지 자동으로 판단하는 대출 심사 프로그램을 개발한다고 하자. 이를 위해 인공지능에 약 1만 명 정도 고객의 여러 가지 속성특징들을 주고 대출 적합/부적합의 판정을 내려보게 한다. 이 고객 중에는 대출을 만기 상환한 고객 혹은 연체한 고객이 모두 섞여있다. 어떤 속성들을 제공할지는 사람이 정해야 한다. 월 소득, 보유 자산, 과거 연체 비율, 현금자산 규모, 부채 규모 등등.

이러한 특징들을 바탕으로 인공지능이 대출 적합/부적합 판정을 내리면 사람은 실제로 그 사람이 대출을 만기 상환했는지 연체했는지 기록을 바탕으로 정/오를 가려준다. 이 과정이 반복되면 인공지능은 신용도가 적합한 사람들 간의 혹은 부적합한 사람들 간의 공통점과 차이점을 알아내고 이들을 구별할 특징들을 찾아낸다. 주어진 사례가 많으면 많을수록 찾아낸 특징들의 강건성<sub>사소한 오차에도 판단이 흔들리지 않음</sub>이 점점 높아질 것이다. 특징들의 강건성이 적당히 높아지면 인공지능은 사람의 도움 없이도 대출을 신청한 사람이 여러 신상 정보만 입력하면, 혹은 인터넷상에서 이미 수집한 그 사람의 신상 정보만으로 신용 적합 여부를 판정할 수 있게 될 것이다.

문제는 인공지능에 어떤 속성들을 읽으라고 제공할 것인가 하는 것이다. 성별, 거주 지역, 신장, 좋아하는 색, 연 소득, 보유 자산 등등 따지고 들면 한 사람에게는 수없이 많은 속성이 있다. 그런데 이 수많은 속성 중에 어떤 속성을 인공지능에 읽힐 것인지, 즉 인공지능에 대상의 어떤 측면을 보라고 지시하는 것은 사람이 정해주는 수밖에 없다.

대출 심사, 투자 적격 심사 같은 목적이 분명한 업무라면 어느 정도 가능하다. 하지만 사람의 일상적인 언어를 이해하고 일상적인 업무를 수행하는 수준의 인공지능을 만든다는 것은 여전히 불가능에 가깝다. 변수가 무한대에 가까운 일상 언어, 일상생활을 어떻게 사람이 변수를 지정해주고 정/오 판정을 해주면서 학습시키겠는가? 여기서 다시 거대한 장벽이 등장했다. 그렇다면 3세대 인공지능, 스스로 패턴을 학습하고 창출하는 인공지능은 또다시 좀 더 복잡한 '장난감' 수준에 머물고 마는 것일까?

2) 딥러닝
이 장벽을 극복하기까지는 오래 걸리지 않았다. 첫 번째 개가를 올린 주인공은 캐나다 토론토 대학의 제프리 힌턴Geoffrey Everest Hinton이 개발한 이미지 인식 프로그램인 슈퍼비전이다. 이 슈퍼비전에 구현된 기술이 바로 지금까지 인공지능의 막힌 벽을 뚫어버렸다고 평가받는 딥러닝이다.

딥러닝은 신경과학흔히 뇌과학의 원리를 적용한 인공지능 학습 시스템이다. 인간의 정신작용은 사실상 1/0반응/무반응 두 개의 값만을 표시할 수 있는 수많은 뉴런의 동시적이고 우연한 반응이 복잡하게 얽히면서 나타나는 현상이다. 감각기관으로부터 정보가 전달되는 과정에서 신호는 여섯 층의 뉴런 망을 통과하는데, 입력층에서부터 여러 은닉층을 거쳐 최종적으로 출력층까지 전달된다. 이 여섯 층에 속한 뉴런의 숫자는 각각 수십억 개씩이기 때문에 수십억 개의 뉴런이 서로 얽힌 조합은 거의 무한대에 가깝다. 이 과정에서 서로 다른 정보들은 서로 다른 연결망을 가진다.

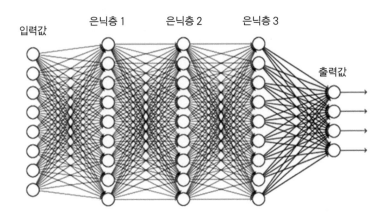

이 우연한 연결망 조합 중 지속해서 사용된 것들은 가중치를 계속 받아 기억되며, 한두 번 나타나고 다시 사용되지 않는 조합은 흩어진다. 즉 잊힌다. 이렇게 기억된 연결망끼리도 서로 반응한다. 가령 A라는 조합이 발현될 때 K라는 조합이 항상 함께 발현된다면 이 조합 간의 연결망 역시 저장되어 집합을 이룬다. 이 집합이 바로 개념, 인공지능 용어로 특징이다.

이렇게 복잡하게 여러 층으로 연결되어있기 때문에 사람의 인지 과정은 매우 유연하며 강건robust하다. 즉 연결망 중 일부가 손상되거나 차이가 발생해도 전체적인 인지 과정이 흔들리지 않는다. 가령 고양이를 보고 고양이라고 인식할 때 반응한 뉴런이 수억 단위를 넘기기 때문에 그 고양이와 생김새가 다른 고양이 혹은 고양이 사진이나 고양이를 상징하는 무늬를 보았을 때 반응한 뉴런이 상당수 일치한다면 다르게 반응한 뉴런 숫자가 수백만 개쯤 된다고 하더라도 '고양이'라는 인식 자체는 흔들리지 않는다.

딥러닝은 바로 이 과정을 전자적으로 구현하였다. 다시 '고양이'를 예로 들면, 이전에는 '고양이'를 정의하는 여러 특징을 인공지능에 학습시킨 뒤 여러 고양이나 고양이 사진 따위를 보여주면서 학습한 특징들을 바탕으로 판단하게 하고 정/오 판정을 반복하여 인공지능이 고양이를 인식할 수 있는 특징을 확장하도록 하였다. 이론적으로는 가능하지만 실제로는 엄청난 노력과 자원이 소모되었다.

딥러닝은 정/오 판정을 하는 대신 입력값과 똑같은 값을 출력값으로 설정한다. 가령 어떤 고양이 사진을 입력한 다음 은닉층에서 수많은 매트릭스를 거쳐 입력값과 동일한 고양이 사진이 나오도록 명령하는 것이다. 그럼 인공지능은 은닉층의 수많은 연결망을 이리저리 조합하면서 입력값과 동일한 고양이 사진을 출력하기 위해 동분서주할 것이다. 그 결과 동일한 고양이 사진이 출력되면 정, 아니면 오로 체크된다. 이렇게 같은 사진이 출력될 때까지 연결망을 수없이 연결하다 보면 성공했던 사례마다 연결망의 공통부분이 나오게 되며 그것이 바로 '고양이'의 특징이 된다. 이런 식으로 여러 고양이 사진을 계속해서 입력하면서 이것들도 모두 고양이라고 알려준다면 인공지능은 '고양이'를 인식할 때 사용할 강건한 특징들을 보유할 수 있게 된다. 학습 경험이 늘어날수록 특징들은 더욱 강건해지면서 중간 단계에서 조금씩 다른 것들이 나오더라도 이 '특징'이 유지된다면 그것들을 단지 우연한 노이즈로 판단하여 무시할 수 있게 된다. 2세대 인공지능이라면 멈춰버리거나 무한루프 했을 부분을 '노이즈'로 제거하고 판단할 수 있는 것이다.

물론 이 정도 설명으로 딥러닝을 이해하기란 어렵다. 그리고 여기서 이 과정을 자세하게 설명할 필요도 없다. 딥러닝은 워낙 복잡하고 전문적인 기술 영역이기 때문에 그 원리를 자세히 설명하는 것은 필자의 지식 범위를 넘어가며, 해당 분야에 종사하지 않는 사람들이 이해하기도 어렵다. 다만 1과 0의 값만을 가지는 천문학적인 숫자의 반응의 조합이 자주 반복되는 것들끼리 패턴을 이루어 나가는 과정이라고 이해해두자.

이렇게 딥러닝을 통해 인공지능이 형성한 연결망을 '개념'이라고 부를 수 있을지는 미지수다. 하지만 분명 인공지능 내부에서는 개념과 같은 역할을 하고 있다. 다만 우리가 사용하는 개념과 다를 뿐이다. 같은 대상을 보면서도 사람이 추상하는 부분과 인공지능이 추상하는 부분이 다를 수 있기 때문이다. 하지만 그렇게 추상한 것을 바탕으로 추론하여 결론을 내릴 수 있다면 그건 분명히 개념이다.

딥러닝은 인공지능이 추상적인 사고를 하고 개념을 형성하는 과정이라고 할 수 있다. 사람에게 부쩍 가깝게 다가온 것이다. 사실 이 딥러닝은 사람이 특징을 학습하는 과정과 별 차이가 없기 때문이다.


## 인공지능, 사람에게 다가서다

인공지능 개발의 방향은, 인간처럼 생각하고 행동하는 강한 인공지능 쪽에서 작동되는 과정은 인간과는 거리가 멀고 기계적으로 보일지라도 합리적인 결과를 끌어내는 약한 인공지능 쪽으로 발전했다. 딥 블루가 체스에서 사람을 이겨도 그렇게까지 큰 충격을 안겨주지는 않았다. 컴퓨터라는 말 자체가 계산하는 기계인 만큼 계산이 들어가는 분야에서 인공지능이 사람을 능가하는 것은 어찌 보면 당연한 일이기 때문이다. 컴퓨터의 영역이 있고, 사람의 영역이 있다. 컴퓨터는 마음이 없고 사람은 마음이 있다. 그러니 계산은 컴퓨터에 내어주더라도 복잡한 현상을 추상하여 개념을 만들어내는 고도로 지적인 작업이나 새로운 아이디어를 만들어내는 창조적인 작업만큼은 사람의 것이라는 믿음은 여전히 굳건하게 지켜졌다.

그러나 신경과학과 더불어 딥러닝을 기반으로 하는 3세대 인공지능이 보편화하면서 이러한 믿음이 흔들리고 있다. 신경과학이 발전할수록 사람의 생각이라는 것이 컴퓨터와 별로 다르지 않음이 밝혀지고 있기 때문이다. 단순한 감각 지각이든 반사 작용이든 혹은 고도의 추상적인 사고든, 가슴 저리는 사랑의 감정이든 결국은 수많은 뉴런이 주고받는 0과 1이라는 신호의 조합에 불과하다.

그렇다면 인공지능이 인간의 정신 활동을 못 할 이유가 없다. 인간의 신경계처럼 인공지능도 어차피 1과 0의 값을 가지는 노드들의 연결이다. 그러니 이 연결망이 복잡계를 이룰 정도로 숫자가 아주 많아진다면 인간의 정신 활동과 다름없는 수준에 이를 수 있을 것이다.

물론 이는 아직 이론적으로만 가능하다. 현재 딥러닝은 인간 수준의 지적인 작업이나 창조적 사고까지 가지 못하고 일상적인 언어와 시각 정보를 인간 수준으로 이해하기 위해 분투하고 있다. 게다가 하드웨어적인 한계도 있다. 알파고처럼 사람과 바둑 한판을 두기 위해 수많은 컴퓨터를 병렬로 연결해야 하는 상황이라면 바둑 같은 특수한 조건이 아니라 훨씬 복잡한 일상적 조건에서 인간 수준의 사고능력을 가지는 인공지능을 가동하려면 얼마나 많은 컴퓨터가 필요할까?

그런데도 강한 인공지능과 약한 인공지능의 구분이 의미 없어졌다는 점이 중요하다. '사람 같은' 생각이라는 게 결국 뉴런의 양적인 증가에서 비롯된 발현 현상에 불과하다는 것이 확인된 이상 약한 인공지능이 충분히 양적으로 확대된 것이 강한 인공지능이 되는 것이다. 실제로 커즈와일을 비롯한 인공지능 개발자들은 강한 인공지능에 대한 야심을 감추지 않는다.

눈부시게 발전하는 나노 기술은 문자 그대로 인공 뉴런을 합성할 수 있는 수준을 눈앞에 두고 있다. 나노 기술에서 선두를 달리는 기업들은 이미 3나노 이하의 공정까지 구현하고 있다. 아미노산 분자 크기의 미세한 공정까지 가능해진 것이다. 미세 공정으로 아미노산 분자만 한 반도체를 조립하여 인공적인 뉴런을 만들 날이 생각보다 빨리 올 수 있다. 이 인공 뉴런을 인간 두뇌의 뉴런 숫자만큼 연결한다면, 그리고 그 연결망이 가소성을 발휘할 수 있도록 할 수 있다면, 그리고 여기에 딥러닝을 구현한다면 문자 그대로 인공두뇌가 만들어질 수도 있는 것이다. 게다가 최근 연구되고 있는 양자컴퓨터 기술까지 적용한다면 인간의 두뇌보다 훨씬 많은 뉴런이 훨씬 빠르게 작동하는 인공두뇌까지도 구현할 수 있다.

어쩌면 우리 다음 세대는 인공지능이 인간을 넘어서는 모습을 보는 첫 세대가 될지도 모르겠다. 사람은 자기 다음 세대를 가르쳐서 자기보다 더 뛰어난 존재로 만들 수 있다. 청출어람 청어람靑出於藍 靑於藍이야말로 인간의 본질이나 다름없다. 만약 인공지능이 스스로 자신보다 뛰어난 인공지능을 설계할 수 있게 된다면 어떤 일이 일어날까? 커즈와일은 그 순간을 특이점 singularity이라고 불렀다. 호킹이나 머스크가 두려워한 것도 바로 그 순간이다. 과연 그때도 사람은 사람으로 남아있을 수 있을까? '생각하는' 존재가 지구상에 또 존재한다면 사람은 무엇을 근거로 인간성을 규정할 것인가?

# 4.

## 그럼 무엇을 교육해야 하는가?

살아남을 직업을 교육으로 선점할 것인가?

인공지능이 바꾸어 놓을 세상과 관련된 교육담론 중 가장 빈번하게 등장하는 것은 이를 직업 세계의 변화와 관련짓는 것이다. 여러 사람이 다양한 방식으로 이야기하지만 모두 다음과 같은 공통된 논리를 따른다.

① 인공지능이 발달할수록 인간이 하던 일 중 상당 부분을 기계가 대신한다.

② 기계가 대신하는 일과 관련된 일자리가 사라진다.

③ 현재 교육, 특히 공교육은 장차 사라질 일자리에 필요한 능력을 기르는 데 치중하고 있다.

④ 기계가 대신 못 하는 일, 인공지능 시대에 새로 등장할 일에 필요한 능력을 기르도록 교육이 바뀌어야 한다.

이 담론은 인공지능이 발달하면 어떤 직업이 사라지는지, 어떤 직업이 살아남는지에 대한 두려운 예측을 던지고, 인공지능이 따라잡지 못할 직업은 어떤 것이며, 그런 직업을 갖기 위해서는 어떤 능력을 갖춰야 하는지를 중심으로 교육을 바라본다.

이 중 우리나라에서 가장 널리 인용된 말은 아마 토플러의 다음과 같은 말일 것이다.

> "한국 학생들은 학교와 학원에서 미래에 필요하지도 않은 지식과 존재하지도 않을 직업을 위해 하루 15시간을 낭비하고 있다."

이 말을 곰곰이 뜯어보면 간단해 보이지만 한국 학생들은 하루 15시간을 다음 두 가지를 위해 낭비하고 있다.

① 필요하지 않은 지식을 위하여
② 존재하지 않을 직업을 위하여

### 필요하지 않은 지식

필요하지 않은 지식이란 시대가 바뀌었기 때문에 알아둬봐야 쓸모가 없거나, 혹은 쓸모가 있더라도 굳이 알아 두려고 애쓸 필요가 없는 지식이다. 교육과정상 각 교과 내용은 적어도 이 정도는 아니다. 학교가 반드시 실용적인 지식만을 가르쳐야 할 이유도 없고, 천 년 전부터 내려온 인류의 문화유산이 당장 실용적 용도가 없다고 해서 무용지물이 되는 것도 아니다. 실용적인 용도가 사라졌음에도 불구하고 수백 년, 수천 년을 살아남아 교과서에 수록된 지식이라면 시대와 장소를 넘어서는 보편적인 쓸모를 인정받은 것들이다. 당장 쓸모가 없다고 해서 함부로 무시할 것들이 아니다.

그러나 이른바 '입시교육', 즉 시험문제의 출제 패턴을 익히고 문항을 예측해서 고득점 올리는 데 필요한 요령이나 정보는 시험이라는 당장 실용적 용도는 있을지언정 시험 당일만 지나면 아무짝에 소용없는 쓸모없는 지식이다. 이런 것들은 주로 학원이나 입시를 강조하는 일부 사립 고등학교에서 교육과정을 파행으로 이끌며 이루어지는 것들이다. 토플러 눈에 띄었을 중산층 이상 계층의 학생일수록 이 쓸모없는 짓을 위해 엄청난 시간과 돈을 쏟아붓고 있다.

그렇다면 입시교육이 아니라 교과서에 수록될 정도의 지식을 배우고 익히는 전통적인 교육은 예전과 다름없이 그 가치가 불변하는 것일까? 그건 아니다. 그 내용 중에는 굳이 그것들을 머릿속에 넣으려고 애쓸 필요가 없는 것이 많기 때문이다. 검색하면 바로 찾을 수 있는 지식들로, 벤저민 블룸Benjamin S. Bloom이 분류한 지식, 이해, 적용, 분석, 종합, 평가 여섯 가지 인지 목표 중 그야말로 지식 영역에 해당하는 것들이다. 우리나라 교과서는 여기에 미련을 버리지 못해서 계속 다루는 항목이 지나치게 많다. 교과서 분량을 줄이라는 압력과 동시에 항목을 줄일 수 없다는 고집이 만나 용어와 개념들을 나열해놓은 책이 되고 말았다. 이런 교재를 가지고 할 수 있는 수업은 단순한 주입식밖에 없다.

단순한 주입식 지식 전달은 일선 학교에서 여전히 매우 중요하게 다루어진다. 현재 일선 학교에서 널리 사용되는 이원목적분류표의 평가 영역이 여전히 지식, 이해, 적용인 것을 보면 적어도 3분의 1 정도 지분을 가지고 있다고 봐야 한다. 분석, 종합, 평가는 어디로 갔는지 나오지도 않는다. 또 여전히 많은 교사가 지식 전달을 위해 수업 시간의 절반 이상을 투입한다. 만약 지식 전달을 수업 시간의 절반 이상 투입하지 않으면 학생과 학부모가 불안해한다. 강남권 학부모들의 혁신학교 거부 운동이 바로 그 중요한 증거다.

왜 그럴까? 과거의 기억에 깊게 사로잡혀있기 때문이다. 1990년대까지만 해도 지식과 정보를 두뇌에 많이 담고 있는 사람이 지식인이며 공부 잘하는 사람이었다. 물론 그 시절에도 이러한 지식과 정보를 저장하고 있던 매체인 백과사전이 있었다. 그러나 백과사전과 같은 인쇄 매체는 그 무게와 부피라는 물리적인 한계도 있는데다가 필요한 지식과 정보를 검색하는 데도 많은 시간이 걸렸기 때문에 다양한 지식을 머릿속에 담은 사람을 능가하기 어려웠다. 게다가 이미 체계적인 지식과 정보를 많이 가질수록 책을 뒤져서 필요한 지식과 정보를 얻는 데 들어가는 시간이 훨씬 짧다. 그러니 백과사전 내용도 가능하면 머릿속에 많이 암기하는 것이 효율적인 공부였다. "머리띠 싸매고 사전을 씹어 먹어가며 공부했다"는 전설이 괜히 나온 게 아니다. 또 쓸데없는 짓 하지 말고 공부하라는 말로 "이럴 시간에 영어 단어 하나라도 더 외워"라는 말이 널리 쓰이던 시절이기도 했다.

이러한 현상은 인터넷이 등장한 다음에도 한동안 계속되었다. 2000년대 초창기까지 인터넷은 '정보의 보고'라기 보다는 '정보의 쓰레기장'에 가까웠다. 검색창에 어떤 검색어를 치면 그것과 관련된 정보가 수만 개씩 쏟아져 나왔다. 이 엄청난 검색 결과에서 원하는 정보를 얻어 내려면 "결과 내 검색"을 적절히 활용해야 했다. 이때 그 분야에 대해 미리 알고 있는 것이 많을수록 더 정확한 검색어를 집어넣어 추가 검색 횟수를 줄일 수 있었다. 인터넷을 정보의 보고로 사용하려면 이미 뭘 좀 알고 있어야 했다.

그러나 3세대 인공지능이 등장하면서 어떤 정보나 지식을 얼마나 머릿속에 미리 넣어두고 있는지는 점점 부차적인 위치로 내려앉게 되었다. 최근 구글 검색 엔진은 사용자 정보를 스스로 학습한 뒤 사용자 특성, 검색 지역, 최근 관련 검색어 검색 트렌드 등을 반영하여 검색 결과 노출 순위를 자동으로 정해 보여준다. 심지어 검색어를 오타 쳐도 스스로 수정해서 검색하며, 한/영 키를 반대로 쳐도 스스로 바꿔서 검색한다. 구글링했을 때 수십만 개의 검색 결과가 무차별적으로 쏟아지는 그런 일은 일어나지 않으며, 대개는 검색 결과 순위 10위 이내에 찾고자 하는 정보가 있다. 이제 인터넷은 지식의 데이터베이스 역할을 제대로 수행할 수 있게 되었다.

그렇다면 그 다양한 지식과 정보를 굳이 머릿속에 힘들게 집어넣으려고 애써야 할 이유가 뭐가 있을까? 엄청난 지식과 정보를 머릿속에 담고 있는 이른바 "척척박사"나 최신형 스마트폰으로 구글 검색창을 열어두고 있는 평범한 사람이나 별 차이가 없어진 것이다. 그러니 영어단어 하나라도 더 외우려고 애를 쓰고 백과사전을 씹어 먹을 기세로 암기하느라 시간을 쏟아붓는 공부는 낭비일 수밖에 없다.

### 존재하지 않을 직업

존재하지 않을 직업을 위해 공부한다는 토플러의 말은 이른바 4차 산업혁명이 수많은 직업을 인공지능으로 대체할 것이라는 대량 실업의 공포를 반영한 것이다. 이미 인류의 역사는 산업혁명은 곧 실업혁명이라는 것을 여러 차례 증명해왔다. 그런 점에서 오늘날의 학교 교육에 대해 불안한 시선을 보내는 것은 당연하다. 학교 제도는 산업사회 때 만들어졌고, 산업 노동자를 대량으로 공급하는 데 이바지해왔기 때문이다. 그러니 프롤레타리아라 불리는 산업 노동자에 대한 사회적 수요가 급감한다면 학교 교육 역시 헛수고하고 있으며 미래의 실업자를 양산하고 있다는 불안감이 퍼지는 것은 당연하다.

현재 웬만한 경제연구소, 사회연구소는 모두 저마다 인공지능 시대에 사라질 직업과 새로 흥할 직업 리스트들을 가지고 있다. 가령 일본 노무라연구소와 영국 옥스퍼드대학 연구진은 일본 내 직업 600개 가운데 49%가 인공지능 또는 로봇으로 대체 가능하다고 분석했다. 대체 가능성이 높은 직업은 일반 사무직, 택시기사, 마트 계산원, 경비원 등이었고 대체 가능성이 낮은 직업은 의사, 교사, 연구원, 관광 가이드, 미용사 등이었다. 많은 경험을 통한 노하우가 필요한 전문직이나 사람들과 의사소통, 공감 등이 필요한 직업들이 살아남을 것이라고 본 것이다.

이러한 분류에 따라 현재 고용 상태를 분석한 영국의 WEF 보고서에 따르면 이미 현재 노동자 중 47%가 10년 이내에 사라질 일자리에서 일하고 있으며 10년 이후에도 살아남을 일자리에는 33%만이 일하고 있다. 《워싱턴포스트》도 미래에 살아남을 직업으로 정보보안 전문가, 빅데이터 분석가, 인공지능·로봇 전문가, 모바일 애플리케이션 개발자와 함께 교수, 회계사, 법률가, 의사 등을 들었다. 그 밖에 다른 연구들도 대개 비슷하다. 이 리스트들의 공통점은 우리에게 현재 익숙한 직업 대부분을 곧 사라질 직업의 영역에 넣어두고, 극소수의 전문직이나 이름도 낯선 신종 직업들을 새로 등장할 직업의 영역에 올려놓았다는 것이다. 이러한 리스트들이 던지는 메시지는 매우 강렬하고 간단하다.

"현재 어떤 직업에 종사하고 있거나 혹은 준비하고 있는 사람들은 얼른 여기 나와 있는 신종 직업으로 갈아탈 준비를 하라. 그렇지 않으면 모두 실업자가 될 것이다."

익숙한 직업이 사라지고 낯선 직업으로 대체된다고 하니 당연히 엄청난 불안과 공포를 불러일으킬 수밖에 없다. 47%가 10년 뒤에 일자리를 상실할 수 있다니 이건 대공황급 아닌가? 더구나 학부모 입장에서 10년 뒤라면 현재 학교에 다니는 자녀들이 막 사회에 발을 내딛게 되는 순간이다. 그런데 곧 사라질 직업에 필요한 것들만 가르쳐주고 신종 직업을 준비시켜주지 못하는 교육, 특히 학교라니? 자연스럽게 온갖 교육혁신 요구가 쏟아져 나왔다. 2000년대 들어 느닷없이 경제협력개발기구가 공교육을 점검한다면서 PISA를 만들고 평가혁신, 교육혁신을 요구하는 것도 역시 비슷한 맥락이다.

이런 대량 실업에 대한 공포는 안 그래도 과민 반응하는 우리나라 학부모들을 패닉 상태에 빠지게 했다. 사라질 직업이 아니라 새로 떠오를 직업에 필요한 지식과 기능을 다른 아이들보다 내 자식이 선점하게 하려는 신종 사교육이 판을 쳤다. 이렇게 급변하는 세상, 어떤 직업이 인공지능에 일자리를 빼앗길지 모르는 상황에서 기존의 것들을 얼마나 많이 익혔는가로 판가름하는 방식의 교육에 매달렸다가는 큰일 나겠다는 불안감이 퍼져나갔다.

그렇다면 그 인공지능을 설계하는 일만큼은 사람이 담당할 것이라는 상식적인 판단, 그리고 인공지능이 지배하는 세상에서 인공지능을 지배하는 자리가 바로 사회의 먹이사슬 제일 상위에 있을 것이라는 생각으로 남보다 앞서서 그 자리를 선점시켜야 한다는 초조함이 코딩 교육 열풍으로 확산하기도 했다. 물론 공교육에도 코딩 교육이 들어오기 시작했지만 이는 주로 사교육을 통해 이루어졌고, 남보다 빨라야 한다는 초조함 때문에 충분히 기초를 다루기도 전에 바로 고급기술로, 원리를 배우기도 전에 프로그램 개발로 넘어가는 등 조기 선행학습 경쟁이 붙었다. 그 결과 초등학교 6학년이면 벌써 스크래치, 엔트리는 진작 끝내고 아두이노, 파이썬을 다루는 아이를 어렵지 않게 찾아볼 수 있다. 정부 역시 부화뇌동했다. 박근혜 정부 시절에 설치되었던 미래창조과학부가 바로 그것이다. 어떤 면에서는 정부가 앞장서서 직업 소멸 대체론과 교육 위기론을 유포하기도 했다.

하지만 진짜 불행은 많은 학부모가 과거부터 내려오던 "사라질 직업"에 대한 미련을 쉽게 버리지 못한다는 데서 시작한다. 학부모들을 탓할 일이 아니다. 실제 사회가 그러하기 때문이다. 대부분의 학부모는 자신이 이른바 인공지능에 곧 대체될 직업군에 종사하고 있기 때문에 직관적으로 알 수 있는 부분이다. 신규 채용이 점점 줄어들고 있다. 그런데 기존 일자리에서 신규 채용이 줄어드는 만큼 이른바 인공지능 시대의 유망한 신종 직업들에서 일자리가 폭발적으로 늘어나는 것 같지도 않다. 유망한 일자리들은 여전히 미래진행형으로 남아있을 뿐이다. 가령 3D프린팅만 해도 벌써 몇 년째 '타령'만 계속될 뿐, 구체적으로 관련 분야가 정립되고 안정적인 일자리가 만들어지지 않고 있다. 마냥 기다릴 수 없다.

결국 둘 다 준비시켜야 한다. 그 결과 우리나라 학생들은 이른바 낡은 학교 교육과 거기에 맞춰진 사교육, 그리고 신종 학교 교육과 사교육을 모두 받아야 하는 처지가 되었다. 문제는 이 양자가 서로 어울리지 않고 심지어 모순된다는 것이다. 이게 가능할까? 서로 모순되는 두 교육을 동시에 받으라는 것은, 네모로 된 바퀴를 단 수레를 굴리라는 것과 같다. 결국 이래서는 학교도, 교사도, 학생도 기진맥진할 수밖에 없고, 학부모는 더 이상의 지출을 감당하기 어려운 상황에 내몰린다. 이런 초토화된 상황에서 남는 것은 절망과 분노뿐이다. 이게 최근 교육과 관련하여 우리나라를 지배하는 정서다.

그럼 어떻게 해야 할까? 우선 어떤 직업이 사라질 것인지 어떤 직업이 유망할지 예측하지 말자. 인공지능은 이전의 산업혁명을 일으킨 신기술과 근본적으로 다르다. 자신의 힘으로 개량하고 발전한다. 어느 정도를 벗어나면 인공지능 개발자도 자신의 창조물이 어느 방향으로 어느 정도까지 발전할지 예측할 수 없다. 장차 어떤 직업이 인공지능에 의해 대체되고 어떤 직업이 인공지능이 대체할 수 없는 직업인지 현시점에서 예측하는 것은 아무 의미가 없다.

만약 특정한 직업을 예측하여 거기 맞춰 부지런히 공부했는데 막상 어른이 되고 나니 이미 인공지능이 다 차지하고 있다면 어떻게 할 것인가? 한때 대치동 학원가를 달군 코딩 교육이 대표적인 사례다. 불과 몇 년 사이에 인공지능은 자신을 코딩할 수 있는 존재로 진화하고 있다. 커즈와일은 그 시점을 인공지능의 발전 속도가 기하급수적으로 빨라질 특이점이라고 본다. 인공지능이 자신이 작동된 결과를 수집하여 그걸 바탕으로 스스로 향상할 수 있는 시점부터 인간은 인공지능의 개발과 발전에 개입하기 어려워지는 것이다. 그렇다면 코딩 교육을 아무리 열심히 해도 그게 취업에 큰 도움이 되지는 않을 것이다. 물론 아직은 그렇지 않다. 하지만 앞으로도 계속 현재 같을 것이라는 보장이 있는가?

스마트폰이 등장하면서 세계를 주름잡던 노키아, 모토로라 같은 글로벌 대기업들이 역사의 서편으로 사라지는 데 긴 시간이 필요하지 않았다. 2007년에 노키아에 다니던 노동자들은 세계 최대 전자통신 기업인 자기네 회사가 불과 5년 뒤에 문을 닫으리라는 것을 꿈엔들 생각했을까?

흔히 예술과 같은 창조적인 일은 사람의 고유한 영역이라고들 한다. 하지만 장담할 수 없다. 인공지능은 이미 소설을 쓰고 음악을 작곡하는 경지에 이르렀다. 물론 그 작품들이 아주 독창적이거나 매우 아름답거나 하지는 않다. 하지만 썩 잘 만들어진 작품들이다. 사람이라고 얼마나 다를까? 천재적인 예술가 몇몇을 제외하면 대부분의 작가나 작곡가는 잠깐 소비되고 사라지는 그런 작품들을 쓴다. 라이트 노벨, 오락적인 장르문학, 아이돌 노래같이 깊은 진지함과 예술성이 요구되지 않는 작품들은 오히려 인공지능이 글을 쓰고 작곡하는 편이 훨씬 효율적이다. 빅데이터를 통해 유행과 트렌드를 읽어서 거기 맞춰 뚝딱뚝딱 작품을 만들어내는 것이다. 그렇다면 타고난 천재 몇몇을 제외하면 창조성에 온 힘을 기울여 준비한 학생들은 그대로 실업자로 전락해야 할까?

그럴 수도 있고, 아닐 수도 있다. 다만 한 가지 확실한 것은 아무도 10년도 더 뒤의 미래직업 흥망을 예측할 수 없다는 것이다. 설사 10년 뒤의 직업을 용케 맞혔다 하더라도 한두 해 일하고 말 것이 아니라면 그로부터 다시 10년, 20년 뒤의 직업까지도 예측해야 한다. 우리는 과연 30년 뒤의 직업 흥망을 예측하고,

그 직업에 필요한 능력을 교육을 통해 미리 준비시킬 수 있는가? 불가능하다. 교육은 절대 점쟁이가 될 수 없다.

이제 한발 물러나서 생각해봐야 한다. 장차 어떤 직업이 유망할지 예측한 뒤 그 직업에 필요한 능력을 기르는 것이 과연 학교가 감당할 수 있는 일인지, 그걸 교육의 본분이라고 할 수 있을지 생각해보아야 한다. 오히려 특정한 직업을 목표로 하고 그것을 준비시키는 과정으로 교육을 생각하는 것 자체가 시대에 뒤떨어진 사고방식이다. 특정한 직업이나 직능에 맞춰진 좁은 교육은 장차 그 직업, 직능이 대체되었을 경우 어찌할 바를 모르는 학생을 기를 수 있다. 더구나 특정한 직업, 직능에 맞춰진 교육은 기본적으로 그 직업에서 가장 보편화한 지식과 기능을 그저 전수transfer하는 교육 이상의 것이 될 수 없다. 그런 점에서 이 역시 낡은 교육의 한 갈래에 불과하다.


## 이른바 역량이란 무엇인가?


미래에 유망한 직업이 무엇인지 예측하는 것이 불가능하고, 직업을 미리 준비시키는 교육이 오히려 위험할 수도 있다면 대체 교육은 학생들의 미래를 위해 무엇을 해줄 수 있을까? 교육은 미래에 대해 무력하며, 학생들은 그냥 되는 대로 각자도생해야 할까? 아니면 점점 줄어드는 전통적인 일자리를 놓고 갈수록 치열해지는 경쟁에 몸과 마음을 갈아 넣어야 할까?

예측할 수 없고, 미리 준비할 수 없다는 어려움 속에 바로 가야 할 길이 있다. 교육은 학생들이 문제 상황을 해결하도록 준비시키는 것인데, 이 경우에는 미래를 예측하기 어렵고 미리 준비하기 어렵다는 것 자체가 문제 상황이기 때문이다. 이런 상황에서 학생들이 갖추어야 할 능력은 '미지의 상황'에 던져지더라도 정신을 놓지 않고 그 상황에서 해결할 문제가 무엇인지 발견하고, 문제해결을 위해 무엇이 필요한지 알아내고 그것을 얻기 위한 학습과 작업을 조직해내며, 이를 함께 수행할 동료를 모으고 협력을 끌어내는 포괄적인 능력이다.

이 능력은 어떤 특정한 분야나 영역으로 한정되지 않는다. 문제를 해결하기 위해서라면 분야와 영역을 넘나들 수 있는 그런 능력이다. 이런 포괄적인 능력이 바로 요즘 들어 교육과정에서 부쩍 강조되는 역량competency이다. 역량은 불확정한 상황에 부닥칠 가능성이 크기 때문에 어떤 상황에서라도 유연하게 대처할 수 있는 능력, 이미 배운 것보다는 새로이 배움을 조직하고 수행하는 능력, 지금까지 해온 것의 누적이 아니라 앞으로 할 수 있는 가능성의 크기 등으로 다르게 표현할 수도 있다. 이 용어는 한때 '경쟁력'이라고 잘못 번역되어 교육과정에 도입될 때 많은 반발을 불러오기도 했다. 하지만 이는 compete 때문에 비롯된 오해이며, 다투어 승부를 겨룰 수 있는 정도를 뜻하는 경쟁력 Competitiveness과는 의미가 전혀 다르다.

역량과 대비되는 용어로는 능력ability과 잠재력capacity이 있다. 능력은 어떤 분야나 영역에서 목표를 달성하는데 필요한 지식과 기능을 보유하고 활용할 수 있는 상태를 말하며, 잠재력은 그러한 지식과 기능을 학습하고 향상할 가능성이다. 따라서 이 둘은 모두 구체적인 목표나 영역이 있다. 가령 "그 사람은 능력 있는 변호사다", "그 사람은 미술 분야에 잠재력이 있다" 이렇게 말하지 막연하게 "그 사람은 능력 있다", "그 사람은 잠재력이 있다"고 말하지는 않는다. 그런 경우가 있더라도, 대개는 분야나 영역을 생략하고 말하는 것이지, 뭉뚱그려서 모호하게 말하는 것이 아니다. 이런 경우는 이미 말하는 당사자 간에 분야나 영역에 대해 어느 정도의 합의가 있는 경우다. 가령 변호사끼리 모여서 "박 변은 능력 있는 변호사다."라고 말할 이유는 없을 것이다. 그냥 "박 변 능력은 확실해." 이렇게 말하면 그만이니 말이다.

역량을 키워서 어떤 상황이 닥치더라도 적응하고 문제를 해결하는 것이 너무 수동적이라고 생각한다면 좀 더 능동적인 대처 방법도 있다. 상황에 적응하는 것이 아니라 먼저 상황을 만들어 가는 것이다. 불확정성에 대처하는 것이 아니라 스스로 불확정성을 창출하는 것, 기존의 질서, 기존에 주어진 것을 일단 흔들어보지만, 흔드는 본인도 그 결과가 어떻게 될지 미리 정해놓지 않고 모든 결과를 열어두는 것. 이렇게 불확정성을 창출하여 완전히 새로운 판을 짜는 능력, 이것이 바로 창조성creativity이다.

역량이 불확정성에 대처하는 힘이라면 창조성은 불확정성을 만들어내는 힘이다. 불확정성에 대처할 수 있어야 미래사회에 적응하여 살아갈 수 있고, 불확정성을 창출할 수 있어야 정체된 상황을 넘어 발전할 수 있다. 그런데 역량과 창조성이 동떨어져 있거나 서로 반대 방향을 바라보는 것은 아니다. 미리 정해진 것이 없는 상황에서 역량을 발휘하여 문제를 해결하려면, 기존에 없던 새로운 해결책을 찾아야 하기 때문이다.

그런데 역량 교육이든, 창조성 교육이든 공통으로 닥치는 문제가 있다. 불확정성에 대처하거나 불확정성을 창출하는 능력을 기르는 교육을 미리 정해놓은 프로그램으로 구성할 수 있는지다. 지금까지의 교육은 확정적 세계를 전제로 하는 교육이었다. 약간의 유동성은 있을지언정 우리가 알아야 하고 갖춰야 할 대상은 분명하게 존재하는 것이었다. 이걸 다음과 같은 다이어그램으로 표현할 수 있다.

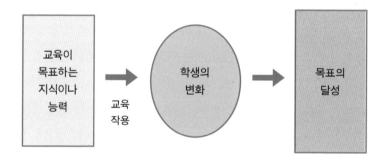

지금까지의 교육은 항상 목표로 하는 지식이나 능력이 정해져 있었고, 그 지식이나 능력을 갖추도록 학생에게 변화를 일으키는 의도적인 작용이 교육의 내용을 이루고 있었다. 주어진 목표가 있기 때문에 이 작용은 사전에 계획될 수 있었다. 이 계획을 실행하는 단계마다 상황을 평가하여 계획을 수정하지만 처음부터 계획 없이 교육이 이루어지는 경우는 없었다.

행동주의, 경험주의, 인지주의, 구성주의 등 교육학의 여러 논쟁 역시 저 중에 목표로 하는 지식이나 능력을 무엇으로 삼을 것이냐, 그리고 그 목표를 달성하는 과정에서 교육 작용을 어떻게 구성하며 교사의 역할을 무엇으로 볼 것인가에 대한 논쟁이었다. 목표로 하는 지식이나 능력의 불확정성을 전제로 하는 경우는 없었다. 이건 수천 년간 내려온 교육의 대전제였다.

그러나 역량이나 창조성이 목표가 되면 이러한 교육의 대전제는 근본적인 도전을 받게 된다. 존 듀이John Dewey가 지, 덕, 체의 교육을 분리하여 사고하는 관점에서 이들의 융합을 주장하며 '철학의 재구성'이라고 했듯이, 교육철학의 재구성이 필요하다.

특정한 능력이나 지식을 전수하는 것으로는 부족하다. 오히려 특정한 능력이나 지식은 그것이 필요한 문제 상황에 직면했을 때 스스로 함양하고 학습할 수 있어야 한다. 그런데 총체적인 역량을 기르는 교육을 구체적인 목표를 수립하고 그것을 달성하는 일련의 학습 프로그램으로 구조화하기는 어렵다. 이건 형용모순이다. 목표가 불확정적이고 총체적이라면 교육 역시 불확정적이고 총체적이라야 한다.

이제 교사혹은 교육자는 더 이상 학생들이 목표로 해야 하는 지식이나 능력을 대표하지 않는다. 이 불확정한 세계 속에서 교사 역시 대처하고 창출해야 할 한 사람일 뿐이다. 다만 차이가 있다면 교사의 지식이 학생의 지식보다 많다는 정도다. 더구나 교사의 지식이 학생에게 필요한 지식인지 아닌지도 확신할 수 없다. 다만 교사와 학생들이 학습 공동체를 이루어 저마다의 지식과 능력을 보태어가며 상호작용하는 가운데 불확정한 미래에 대처할 수 있는 역량을 키워나갈 뿐이다. 따라서 교육을 한다는 것은 교사가 자신이 알거나 할 수 있는 것을 학생들에게 '전수'하는 것이 아니라, 교사가 학생들과 함께 불확정한 세상에 뛰어들어 우선 자기 자신의 역량부터 키워나가는 과정이다. "교육자도 교육받는 과정"이 교육이 되는 것이다. 이를 다음과 같은 다이어그램으로 정리할 수 있다.

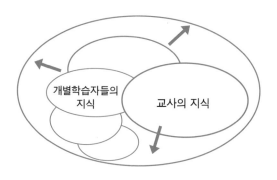

인공지능 시대의 세계가 어떻게 될 것이며, 어떤 지식과 기능이 필요한지 모르기는 교사도 마찬가지다. 학생들이 장차 어떤 문제 상황에 부닥칠지는커녕 자신이 어떤 문제 상황에 부닥칠지도 예측하기 어려운 처지다. 이 다이어그램에서 장차 직면하게 될지도 모르는 세상은 학생은 물론 교사의 지식 범위도 넘어선다. 학생과 마찬가지로 교사도 불확정한 미래를 마주하고 있다. 따라서 교사는 자신부터 미래에 대처하기 위한 역량을 키워야 하며, 이 과정에 학생들을 동참시킴으로써 '결과적으로' 학생들의 역량이 함양되는 효과를 기대할 뿐이다. 이는 교사와 학생이 함께 꿈을 꾸어야 함을 의미한다. 알지 못하는 세상, 현재 알고 있는 것으로 해결할 수 없는 문제 상황에 직면했을 때 당황하지 않고 이를 해결하려면 실제가 아닌 가상의 상황에서 다양한 세계와 문제를 경험해야 한다.

바로 여기서 창조성의 교육이 요구된다. 교사도 모르고 학생도 모르는 다양한 세계를 배우고 대처하려면 상상력을 발휘하여 그 틈새를 메워야 하기 때문이다. 무엇을 배우고 익힐 것인가는 바로 이 상상력이 어떤 세계를 창조하느냐, 혹은 창조하고자하느냐에 따라 달라진다. 이는 구체적인 행동목표나 학습목표를수립한 뒤 이를 달성하기 위한 체계적인 교사-학생 상호작용의순서로 짜인 기존 교육과정의 완전한 전복을 요구한다. 교육과정은 시간마다, 학급마다, 심지어 학생마다 달라질 수 있다.

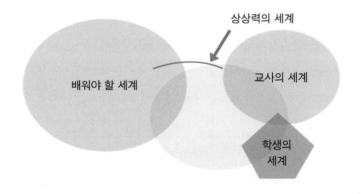

상상력의 세계

배워야 할 세계

교사의 세계

학생의
세계

미래형 교육이라며 도입을 검토하고 있다는 국제 바칼로레아$_{IB}$의 효험은 지나치게 과장되었다. 이 역시 어느 정도는 확정적인 목표를 전제하는 지난 수천 년간 교육의 연장일 뿐이다. 지금 우리를 곤혹스럽게 만드는 교육의 전환은 단지 선택형이냐 논술이냐, 교사 전달식이냐 학생 탐구식이냐 수준의 문제가 아니다.

그렇다고 '역량'이나 '창조성' 자체를 교육 목표로 삼기도 쉽지 않다. 대다수 교육전문가는 여기에 본능적인 거부감을 느낀다. 역량이나 창조성은 너무도 무차별적이고 범용적인 목표기 때문이다. "총체적인"이라는 목표는 결국 "아무것도 아닌 것"이 될 수 있다. 구체적인 목표 없이 총체적인 '역량'을 함양하겠다는 교육은 아무것도 교육하지 않는다는 무책임한 교육이 될 수도 있는 것이다. 도무지 이 학생의 역량이 함양되었는지, 이 학생의 창조성이 함양되었는지 어떻게 평가하고 판단할 것인가?

사실 학생들은 자기네끼리 모여서 놀기만 해도 어쨌든 역량이 커진다. 하다 못 해 자기네끼리 티격태격 싸우더라도 그 이전과 비교하면 확실히 부쩍 자라있다. 역량이 함양된 것이다. 더구나 많이 배운 어른인 교사를 포함하여 또래 친구들과 함께 많은 시간을 보낸다면 특별한 프로그램을 진행하지 않아도 어쨌든 이전보다 훌쩍 자랄 것이다.

그것으로 충분한가? 그렇다면 도대체 교육기관이 왜 필요하며, 교육전문가는 왜 필요하며, 교육학은 왜 필요한가? 구체적인 목표 없이, 그것도 상황에 따라 얼마든지 바뀔 수 있는 그런 교육이란 의도적이고 계획적인 학생의 변화라는 교육의 정의와도 어긋난다. 게다가 학생과 교사의 역량이 늘어났는지, 그리고 얼마나 늘어났는지 무엇으로 평가할 수 있을까? '역량'이라는 말을 들여온 교육학자와 교육 관료들은 이 용어를 도입함으로써 교육과 교육학의 근본적인 난제들을 함께 쏟아낸 셈이다. 물론 그들은 이 사실을 잘 모르는 것 같다.

# 5.

## 인공지능 시대의 교육담론에서
## 누락된 민주시민성

인공지능이라는 화두를 내걸고 나오는 교육담론에는 공통점이 있다. 주로 생산력, 노동력, 일자리와 같은 측면에 치우쳐있다는 것이다. 그러다 보니 공교육의 목적이 무엇인지 오히려 모호해지고 말았다.

공교육의 일차적인 목적은 기업에 양질의 노동력을 제공하는 것도 아니며, 개인에게 성공의 방편을 마련해주는 것도 아니다. 공교육이 이런 것들을 중요하게 다루어야 하는 것은 사실이지만 공교육, 특히 무상으로 제공되는 의무교육은 우선 공동체, 국가가 필요로 하는 구성원을 길러내는 것을 최우선의 목표로 삼아야 한다. 공동체 자원 중 상당히 많은 부분을 할애한 이유가 다 있는 것이다.

공교육은 근대 민주주의의 산물이다. 민주주의가 아닌 정치체제에서는 국가 자원을 할애하여 새로 태어난 세대 전체를 대상으로 교육할 이유가 없다. 특권층의 자녀이 경우 대부분 아들만 해당한다만 교육하면 된다. 오히려 그 아래 신분에게 교육은 반항심을 키워줄 수 있는 위험한 것이다. 그저 일할 나이가 될 때까지 아프거나 다치지 말고 잘 자라서 출신 신분에 따라 주어지는 일을 어른을 도와가며 배우면 그뿐이었다.

## 공교육의 목적은 민주시민 교육

공교육의 목표를 민주시민성 함양이라고 한다. 왜 그냥 시민성이 아니라 민주시민성일까? 현재 학생들에게, 그리고 이변이 없는 한 미래의 학생들에게 요구되는 공교육의 목표는 민주주의 국가, 민주주의 정치체제에서 요구하는 시민성이기 때문이다. 시민이라는 말 자체에는 민주주의의 의미가 포함되지 않는다. 시민은 단지 그 나라의 공적인 책무를 담당할 자격이 있는 사람을 말할 뿐이다.

민주주의 정치체제에서는 시민의 범위가 모든 국민으로 확대되었을 뿐이다. 민주주의 이외의 정치체제에서는 일부의 시민과 대다수의 신민 혹은 노예가 존재하지만, 민주주의에서는 모두가 시민이다. 따라서 이 시민에게 요구되는 덕목도 다를 수밖에 없다. 독실한 신앙심, 이단에 대한 철저한 배격, 통치자에 대한 충성심 같은 것들은 시민의 덕목이 될 수 없다. 오히려 타인의 권리에 대한 존중, 공공에 대한 봉사 정신, 공동체에 대한 책임감과 주인 정신, 다름에 대한 관용, 공정한 절차에 대한 존중, 차별을 인정하지 않는 평등 의식 같은 것들이 시민성의 중요한 요소로 포함될 것이다.

문제는 근대 민주주의 국가에서는 시민의 자격이 특별한 절차 없이 저절로 주어진다는 것이다. 외국 이주민은 시민의 자격을 얻기 위해 나름의 절차와 까다로운 소양 시험 같은 것을 받아야 하지만, 자국민은 출생과 동시에 시민권을 받는다.

바로 '의무교육 제도'가 운영되기 때문이다. 출생과 동시에 시민권을 부여받기 때문에 시민으로서의 권리를 행사할 나이가 되기 전에 교육을 통해 그만한 자격을 갖추도록 해야 하며, 이 교육은 시민이 된 이상 당연히 받아야 하는 의무가 되는 것이다. 따라서 민주주의 정치체제에서 공교육, 특히 의무교육의 목표는 '민주시민성 교육'일 수밖에 없는 것이다. 인공지능이 고도로 발전하여 생산과정이 완전히 로봇으로 대체된다고 할지라도 민주주의가 우리가 모르는 어떤 새로운 정체에 의해 대체되지 않는 한, 공교육의 가장 중요한 목표가 '민주시민성 함양'이라는 사실은 바뀌지 않을 것이다. 노동력, 생산력, 창조성, 역량 따위는 그 다음의 문제다.

인공지능이나 4차 산업혁명에 관해 이야기하는 수많은 교육담론은 이 중요한 문제를 비켜 간다. 생산력 분야에서의 변화가 너무 크다 보니 더 중요한 것을 보지 못하는 것이다. 혹은 민주시민성 교육을 너무 당연하게 받아들이기 때문에, 또 민주시민성에 해당하는 덕목이 너무 당연하기 때문에 특별히 바뀌어야 할 필요성을 느끼지 못하는 것일 수도 있다.

# 인공지능은 민주시민성을 어떻게 바꿀 것인가?

인공지능이 세상을 바꾼다고 한다. 그렇다면 세상 모든 것이 다 바뀌는데 과연 '시민'의 자격과 조건, 즉 시민성은 그대로 남아있을 수 있을까? 민주주의라는 정치체제는 19세기에 완성되었으니 민주시민성 역시 불변이라고 할 수 있을까? 당연히 아니다.

자유민주주의는 시민들이 서로의 권리를 존중하고, 자유로운 의사 표현이 보장된 가운데 누구도 다른 사람에 대해 더 큰 결정력을 가지지 않는다는 조건으로 실시되는 다수결에 의해 공동체의 정책이 결정되는 정체다. 그런데 여기에서 서로 존중해야 하는 권리의 목록, 그리고 자유로운 의사 표현의 범위와 한계, 정책 결정 과정에서 평등의 원리를 구현하기 위한 제반 조건과 필요한 시민의 자질과 소양 같은 것은 미리 정해져 있지 않다.

물론 가장 기본적인 권리는 있겠지만, 기본적인 권리의 범위 역시 민주주의가 발전하면서 점점 확대되었다. 또 역사적 사회적 배경에 따라 어떤 나라에서는 굉장히 중요한 권리가 다른 나라에서는 전혀 의미 없는 권리인 경우도 있다. 가령 미국이 정부에 대항하여 무장할 권리를 무려 수정헌법 2조로 정해 기본권으로 삼은 까닭은 미국이라는 나라가 성립된 역사적 배경을 통해서만 설명할 수 있다. 그렇다고 미국에서 보장하고 있으니 우리도 총기 소유의 자유를 달라고 요구할 수 있을까?

언론의 자유 역시 민주주의에서 가장 중요한 권리로 느끼겠지만, 정작 근대 민주주의의 창시자 중 한 사람인 존 로크John

Locke는『통치론』에서 그다지 중요하게 다루지 않았다. 로크가 『통치론』을 쓰던 17세기에는 자유를 요구할 정도의 언론이 존재하지 않았고, 사람들 간의 다양성도 크지 않았다. 가장 큰 차이가 신앙의 차이에서 비롯되는 것들이었다. 그래서 로크는 책에서 오늘날 관점에서 보면 그렇게까지 중요한가 싶을 정도로 신앙의 자유에 대해 많이 논의한다. 하지만 불과 한 세대가 지나 볼테르 Voltaire는 "말할 자유"를 자유의 핵심적인 가치로 내세웠다. 인쇄술의 발달로 출판 산업이 활발해졌기 때문에 자유를 누려야 할 언론이 생긴 것이다.

그 볼테르조차 성적 지향의 자유 혹은 소수자의 정체성 같은 것은 언급은커녕 아예 생각지도 못했다. 그가 말한 관용은 생각과 말, 그리고 종교에 대한 관용이지 정체성, 차이에 대한 관용이 아니었다. 성적 지향은커녕 여성조차 용납하지 못했다. 여성은커녕 성인 남성 중 무산자 계급조차 용납하지 못했다. 아마 로크, 장 자크 루소Jean-Jacques Rousseau, 토머스 제퍼슨Thomas Jefferson 같은 근대 민주주의의 창시자들이 성별 구별 없이 모든 성인 남녀가 똑같은 한 표를 행사하는 현대의 보통선거를 보았다면 매우 기괴하게 바라보거나 심지어는 민주주의를 폭민 정치, 중우정치로 전락시키는 것이라며 강하게 비판했을 것이다. 그들의 눈에 여성은 이성적이지 않아서, 노동자는 충분한 식견이 없어서 '시민의 자격'이 없었다.

하지만 산업혁명을 통해 산업 노동자가 거대한 계급을 이루고, 사회주의 운동이 확산하면서 노동자들은 자신들이 발휘하는 거대한 생산력을 확인하게 되었고, 자기들이 결코 무지렁이가 아니라는 것을 자각하게 되었다. 그러면서 이들은 신사들과 똑같은 한 표를 행사할 수 있다고 주장하게 되었다. 마찬가지로 생산과정의 자동화가 이루어지면서 남성의 강한 근육의 중요성이 점차 떨어지고, 세계대전으로 부족한 노동력 충원을 위해 여성들이 적극적으로 생산과정에 참여하면서 여성에게 참정권을 부여해야 한다는 주장이 일었는데, 이는 남자는 물론 여자들에게도 지나치게 과격하고 불순하다는 소리를 들었다.

인쇄술이나 자동 생산기술 등이 자신들을 시민으로 자각하는 사람을 늘려왔듯, 인공지능이 생산과정에 큰 변화를 가져온다면 이 역시 시민의 범위나 자격에 어떻게든 영향을 줄 것이다. 새로운 시민이 등장할 것이며, 민주시민성 목록에도 새로운 것들이 추가될 것이다. 시민과 민주시민성의 목록이 달라진다는 것은 공교육의 대상과 목표가 바뀐다는 뜻이다. 물론 교육 목표가 달라지면 교육의 내용, 방법, 평가도 모두 바뀔 수밖에 없다.

그런 점에서 '인공지능 시대의 민주시민성'은 가장 민감한 교육 이슈다. 이 문제에 대해 충분한 논의나 연구를 하지 않고 '인공지능 시대'를 내걸고 교육 내용과 방법을 논의한다는 것은 목적지가 미처 정해지지도 않은 상태에서 어떤 운송 수단을 쓸 것인지를 놓고 격론을 벌이는 것만큼이나 우스꽝스러운 일이다.

물론 인공지능이 시민의 자격, 민주시민성 목록에 어떤 변화를 가져올지 지금 당장 예단하기는 어렵다. 인공지능이 바꾸어놓을 이른바 4차 산업혁명의 시대도 아직은 미래형이다. 그럼에도 불구하고 현재 진행 중인 변화를 토대로 예상 가능한 변화가 몇 가지 있다.

가장 먼저 책임의 주체 문제가 생긴다. 시민성은 크게 권리와 책임으로 이루어진다. 민주주의 국가의 시민이 된다는 것은 국가의 주인 중 한 사람이 되는 것이기 때문이다. 민주시민이란 책임질 준비가 되어있으면서 권리를 행사하는 주체다. 그런데 이미 3차 산업혁명 이후 행위의 장소는 현실 세계와 네트워크상의 가상 세계를 모두 아우르게 되었다. 이 가상 세계에서 인공지능은 마치 사람처럼 행위할 수 있다. 실제로 심리학자가 한 실험에서 네트워크상으로만 이루어지는 데이트 프로그램을 돌렸고, 여기에 인공지능과 사람을 비슷하게 참가시켰을 때 사람보다 인공지능이 파트너의 선택을 더 많이 받았다. 사람보다 인공지능을 더 훌륭한 데이트 상대로 선택한 것이다. 이쯤 되면 사람의 신체를 가지고 있지 않을 뿐, 인공지능을 오히려 더 '사람다운' 사람으로 느꼈다고 볼 수 있다.

데이트 실험 정도가 아니다. 골드만삭스 같은 세계적인 금융회사는 이미 금융거래의 대부분을 인공지능 로봇을 통해 수행한다. 고객 상담과 대출 심사 같은 업무도 인공지능이 대부분을 맡아 수행하고 있다. 심지어 골드만삭스에서 주식을 사고파는 업무를 담당하는 진짜 인간 직원은 단 세 명에 불과하다는 이야기도 있다이보다 적을 수도 있다. 다른 회사들도 마찬가지다. 한 손에는 전화기를 다른 손에는 주문서 뭉치를 든 트레이더들이 요란하게 소리를 지르며 매수/매도 주문을 넣고, 장 종료 벨이 울리면 체결되지 않은 주문서들이 마치 눈처럼 바닥에 깔리는 증권시장의 풍경은 이미 사라진 지 오래다. 아무 소리 없이 빛의 속도로 거래를 처리하는 증권거래 로봇들만이 있을 뿐이다. 고객들이 맡긴 수억 달러의 돈을, 어쩌면 고객의 일평생이 걸려 있을 돈을 사람이 아닌 인공지능이 관리하는 것이다. 그렇다면 누가 이 거래에 대한 책임을 져야 할까? 인공지능 개발자인가 관리자인가? 실제 거래의 대부분을 담당하는 이 인공지능 로봇은 경제 행위의 주체인가 아닌가? 난감한 문제다.

아직은 이 로봇을 거래의 주체로 인정하지 않는다. 하지만 이미 로봇 트레이더들은 과거처럼 미리 정해진 프로그램에 따라 기계적으로 매수/매도를 반복하는 존재가 아니다. 매수 시점과 매도 시점 및 거래량을 정하는 알고리듬은 사람이 정한 것이 아니라 수없이 증권시장에서 성공과 실패를 반복한 끝에 인공지능 로봇이 스스로 학습한 결과다. 물론 이 알고리듬은 거래의 성공과 실패를 반복하는 가운데 더 정교하게 수정될 것이다. 이 과정에서 더 효율적인 학습을 한 로봇이 돈을 벌고, 그렇지 못한 로봇은 손실을 볼 것이며, 성과가 나쁜 프로그램과 알고리듬은 삭제될 것이다. 사람으로 치면 해고다. 이 정도쯤 되면 행위의 주체로 인정해야 하는 것 아닐까?

자율주행차의 경우도 역시 난감하다. 현재 자율주행차의 전면 도입을 가로막는 장벽은 기술이 아니라 윤리적인 문제다. 기술적으로는 이미 자율주행차가 인간 운전자보다 훨씬 운전을 잘하며 교통 사고율도 훨씬 낮다. 그럼에도 불구하고 실용화 단계로 나가지 못하는 까닭은 사고가 났을 때 누가 그 책임을 질 것인가 하는 문제를 해결하지 못했기 때문이다. 그래서 완전 자율주행으로 운행되는 구글 택시에는 사람 직원이 탑승한다. 구글 택시는 손님이 구글 지도를 통해 목적지를 지정하고 택시를 부르면 손님이 있는 위치에서 가장 가까이에 있는 차량이 스스로 이동하여 손님을 목적지까지 태워다 주는 방식으로 운영된다. 돈을 주고받지도 않는다. 호출-승차-주행-하차-결재의 모든 과정이 자동으로 이루어진다. 그럼에도 불구하고 직원이 탑승한 까닭은 만에 하나 발생할 수 있는 사고 때문이다. 그래서 이 직원은 운전자가 아니라 안전원이라는 명칭으로 불린다. 이 안전원이 탑승했기 때문에 자율주행차는 행위의 주체로 인정받을 수 있다.

이미 여러 영역에서 사람의 도움 없이 스스로 학습하며, 사람보다 합리적으로 문제를 해결하는 인공지능이 아직도 행위 주체, 책임의 주체로 인정받지 못하는 까닭은 무엇일까? 바로 여기에 '의식성'의 문제가 있다. 제아무리 정확한 인공지능이라 할지라도 "내가~", "나를~"이라는 식의 의식을 하지는 못한다. 인공지능은 자신을 '주어'로 삼아 생각하지 않는다. 복잡한 딥러닝 결과 획득한 특징들에 따라 분석하고 판단할 뿐, 이 작업을 하는 자신을 인식하거나 객관화하지 못한다. 가령 알파고 제로는 기존의 알파고와 60판을 싸워 모두 이기면서 '내가 역시 구형 알파고보다는 한 수 위지'라는 따위의 생각을 할 수 없다. 바둑을 두는 수준은 놀라운 경지에 이르렀지만 정작 그 바둑을 두는 알파고는 바둑 두는 자신을 의식하지 못하며, 자신이 바둑 고수를 물리친 것의 의미를 음미하지도 않는다.

반면 사람은 지적일 뿐 아니라 지적인 자신을 객관화하여 바라볼 수 있는 '의식적'인 존재다. 지성과 함께 의식성을 갖추어야 사람됨을 갖추었다 할 수 있으며 권리와 책임의 주체로 인정받는다. 형법에서도 '무의식' 상태에서 이루어진 행위, 어린이의 행위, 정신병 환자의 행위 등에 대해서는 책임을 묻지 않거나 많이 삭감하여 묻는다. 자신의 행동을 의식하고 한 것이 아니라면 그 행위의 주인이 아니며 책임질 이유도 없기 때문이다.

하지만 인공지능이 언제까지나 의식 없는 존재로 남아있을까? 이미 현대 신경과학은 '의식'이 뇌의 특별한 영역의 작용이 아니라는 점을 밝혀냈다. 인간 뇌에 의식, 영혼이 깃들어있는 자리는 따로 없다. 의식이라는 것은 뇌의 특별한 부분의 작용이 아니라, 다만 복잡한 신경계의 연결망이 작동하는 과정에서 발현한 일종의 '현상'이다.

인공지능이 의식 있는 존재가 될 날이 의외로 가까이 다가왔을 수 있다. 이미 인공지능은 인간 신경계를 모방한 뉴럴 시스템으로 작동되고 있다. 또 인간 신경계의 연결망이 형성되는 과정과 흡사한 딥러닝을 구현하고 있다. 여기에 나노 기술까지 결합한다면 실제 인간 뇌보다 작은 크기에 인간 두뇌보다 많은 뉴런을 장착할 수도 있다. 그렇게 된다면 연결망들이 형성되는 과정에서 발현하는 현상이 오히려 인간 두뇌보다 더 광범위할 수 있다. 즉 의식 플러스알파까지 나올 수 있는 것이다.

그렇다면 지적이며 의식적인 인공지능에 시민권을 부여하고 권리와 책임의 주체로 인정해야 할까? 현재 지구상에 존재하는 인터넷 IP는 수조 개에 이르는데, 이 중 사람이 차지하는 IP는 최대한 많이 늘려도 1조 개를 넘어갈 수 없다. 이것도 한 사람이 20개씩의 컴퓨터와 모바일 기기를 사용한다는 비현실적인 가정을 할 때 나오는 수치다. 기계가 차지한 IP가 사람보다 훨씬 많은 것이다. 이들이 만약 참정권을 누리는 시민이 된다면 사람보다는 로봇에게 유리한 정책이 만들어져 집행되고, 로봇에 의한, 로봇을 위한, 로봇의 정부가 만들어질 수도 있다.

영화 〈로보캅〉이나 〈채피〉에서는 강력범들을 제압하고 체포하기 위해 중무장한 로봇들이 투입된다. 이 로봇들은 인간 경찰의 명령에 따라서만 움직이는 것이 아니라 상황에 따라 판단하여 범인을 체포하거나 사살하는 등 사법권을 행사한다. 과연 이런 인공지능 로봇에게 사법권 행사를 위임하는 것이 정당할까?

정서적으로는 이러한 인공지능 로봇을 권리와 책임의 주체로 받아들이기 어렵다는 강한 거부감이 든다. 하지만 사람 행위자와 다를 바 없는, 심지어 더 합리적으로 행동할 수 있는 인공지능 행위자들이 있다면 무슨 근거로 이들을 시민에서 배제해야 하는지 설득하기 어렵다. 애니메이션 고전 〈우주 소년 아톰〉 마지막 회에서는 지구를 위기에서 구하기 위해 사람들이 아톰에게 사실상 '자살 임무'를 요구한다. 그런데 누구도 미안해하거나 죄스러워하지 않는다. 아톰은 사람이 아니라 로봇, 물건이니까. 하지만 아톰은 이미 그동안 사람이나 다름없는 의식적인 존재임을 보여주었지 않은가? 지적이고 의식적인 존재만으로 되지 않는다면 무엇을 근거로 '인간'을 정의할 것인가? 그보다 '인간'만이 시민의 자격을 갖출 수 있다는 것을 어떻게 정당화할 것인가?

이 밖에도 인공지능 시대의 민주시민성을 혼란스럽게 하는 쟁점은 무수히 많다. 인공지능 시대는 인터넷을 통한 사회적 연결망의 시대이기도 하다. 온 세계가 연결된 사회적 연결망은 고대 아테네에서조차 구현하기 어려웠던 직접 민주정치의 가능성을 보여주면서 사람들에게 희망을 불러일으키기도 했다. 그동안에는 언론사가 여론의 조성과 유포를 담당하고 정당이 여론의 수렴과 정책화를 담당했지만 이제는 이 모든 과정이 사회적 연결망에서 언론사와 정당을 거치지 않고 직접 이루어질 수 있다. 오히려 언론사나 정당이 사회적 연결망을 모니터링하면서 기사를 쓰고 정책을 마련하는 실정이다.

문제는 이 사회적 연결망의 세계 속에서 시민의 권리와 책임이다. 사회적 연결망 속에는 무수히 많은 다른 유형의 주체가 떠돌아다니고 있다. 실제 자기 자신의 자격으로 활동하는 사람도 있지만 가상의 인격으로 활동하는 사람도 있다. 여러 계정을 만들어서 서로 다른 여러 사람 행세를 하는 사람도 있고, 심지어 식별이 불가능한 인공지능 로봇봇들을 다수 심어 엄청나게 많은 사람인 듯 행세하며 다른 사람보다 훨씬 큰 영향력을 행사하는 사람도 있다. 만약 이 봇이 3세대 인공지능이라면 주인으로부터 독립해서 스스로 사람처럼 글을 쓰고 활동을 하며, 스스로 새로운 봇을 만들어 증식할 것이다. 이런 상황에서 권리와 책임의 주체인 시민을 어떻게 규정할 것인가? 실제 세계의 시민권을 사이버 공간에 그대로 옮겨 올 것인가, 아니면 사이버 공간의 시민을 따로 규정하여 사람들에게 다중적 정체성을 허용하고 동시에 인공지능 로봇의 권리도 보장할 것인가?

인공지능 시대에 민주주의를 제대로 지켜내는 일이 결코 쉬워 보이지 않는다. 경우에 따라서는 민주주의라는 정체 자체가 의문의 대상이 되거나 다른 무엇으로 뒤바뀔 수도 있다. 그러면 교육 역시 학생들에게 기대하는 변화의 모습과 방향을 다시 설정해야 한다. 이제는 민주시민에 앞서 "사람이란 무엇인가?"부터 의문시되는 상황이다. 사람이 무엇인지가 모호해지기 시작했는데, "어떤 사람으로 키울 것인가?"라는 물음은 오히려 사치다.

이제 인공지능은 무엇인가, 인공지능 시대에 교육은 무엇인가라는 물음은 더 근본적이고 어려운 관문을 돌파해야만 답을 찾아볼 수 있는 상황에 내몰렸다. 이른바 4차 산업혁명은 단지 일자리의 문제, 교육의 문제가 아니다. 우리는 이제 다음과 같은 어마어마한 물음에 답할 준비가 되어있어야 한다.

"도대체 사람이란 무엇인가?"

# 6.

## 그렇다면 사람이란 무엇인가?

인공지능 시대의 민주시민성을 새로이 따지고 규정하는 과정에서 우리는 민주시민이 아닌 더 근본적인 문제, 바로 사람의 문제에 부딪혔다. 근대 민주주의는 시민의 자격으로 공동체 영역 안에서 '사람'으로 태어났다는 것 외에는 인정하지 않기 때문이다. 다른 나라에서 태어난 경우에는 시민이 되기 위해 까다로운 절차를 거치지만, 그 나라 안에서 태어났다면 단지 사람이라는 이유만으로 시민의 권리를 누릴 수 있다. 이렇게 '사람'이라는 이유만으로 '시민'임을 인정받으려면 '사람됨'이라는 것에 어떤 특별함이 있어야 한다.

이 문제는 인공지능 등장 이전에는 드러나지 않았다. 사람이 지구상의 유일한 지적 존재라는 믿음이 확고부동했기 때문이다. 하지만 사람보다 유능하고 지적인 인공지능의 등장이 현재진행형으로 바뀐 이상 이 문제는 진지하게 고려되어야 하는 것이 되었다. 〈우주 소년 아톰〉 같은 만화영화에서나 문젯거리가 되었던 인간형 로봇의 시민권 문제가 현실로 다가온 것이다. 사람은 되고 로봇은 안 되는 시민의 자격을 정당화할 수 있게 사람만의 무엇을 규정하든가, 아니면 로봇도 시민으로 받아들이든가 해야 한다.

이처럼 인공지능 시대 민주시민의 문제는 과학이나 정치학의 범위를 넘어, 철학의 영역으로 들어서서 새로운 물음들을 던진다. 그리고 일단 철학의 영토에 발을 디딘 이상 사변적이고 난해한 사유의 매듭을 풀어내는 까다로운 과정을 거쳐야 한다.


## 민주시민에는 사람 아닌
## 다른 지적인 존재도 포함되는가?

한동안 외계인을 일컫는 말이 '외계의 지적인 존재'였다. 사람=지적인 존재의 항등식이 전제된 것이다. 여기서 말하는 지적인 존재는 지식을 가지고 있는 존재 혹은 지식을 다루는 일을 할 수 있는 존재라는 의미보다 더 고차원적인 의미가 있다. 지적인 존재란 지식을 획득하고 창조할 수 있는 존재 즉, '학습'할 수 있는 존재다. 이미 프로그램된 대로만 행동하고, 저장된 지식의 범위 안에서 행동하는 존재가 아니라, 상황에 따라 지식을 찾고, 만들어냄으로써 가장 합리적인 행동을 선택할 수 있는 존재라는 것이다. 만약 환경에 적응하기 위해 새로운 지식, 새로운 방법이 필요한데 그것을 보유하고 있지 않다면, 지적인 존재는 이를 학습을 통해 해결한다. 이 학습은 외부에서 누군가가 시켜야만 하는 훈련과는 다르다. 지적인 존재는 필요한 학습을 스스로 한다.

사람은 오랫동안 지구상에서 오직 자기들만이 이런 학습능력을 갖추고 있다고 믿었다. 사람은 지구, 혹은 우주의 유일한 지적인 존재이며, 이를 사람의 가장 본질적인 특징으로 규정하는 것을 당연하게 여겼다.

그러나 21세기 들어 사람이 지구상의 유일한 지적 존재라는 믿음은 크게 흔들리고 있다. 우선 침팬지, 고릴라, 보노보 같은 영장류의 다른 동물들이 우리가 생각한 것보다 훨씬 지적이라는 사실이 속속 밝혀졌다. 이들 역시 본능이나 습성을 넘어선 학습을 통해 새로운 행동방식을 만들어내고 서로 간의 학습을 통해 이를 공유한다. 특히 이들은 다른 동물들에 비해 큰 규모의 사회를 이루고 살아가면서 그 안에서 고도로 복잡한 상호작용 규칙을 만들어내고 있다.

침팬지 등의 영장류는 집단 내에서 개체들이 각자의 개성을 파악하고, 관계를 조정하며, 그때그때 발생하는 상호작용의 맥락을 파악해가면서 사회생활을 한다. 이들이 사회를 유지하고 움직이는 동력에는 감정뿐 아니라 서로 암묵적인 합의와 규칙도 중요한 역할을 한다. 가령 침팬지 사회에서의 서열은 단지 힘의 논리가 아니라 치밀한 정치와 협상이 역동적으로 균형을 이룬 결과다. 만약 최고 서열의 침팬지알파 수컷가 힘만으로 동료들을 지배하려 들고, 난폭하게 군림한다면, 그 집단 내에서 작당하는 무리가 생길 것이다. 이들은 지배자 몰래 모의하여 기습적인 쿠데타 혹은 혁명을 일으켜 난폭한 지배자를 죽이거나 축출한다. 알파

수컷의 인기가 떨어지면 쿠데타가 일어나기도 전에 벌써 차기 경쟁자의 정치가 시작되기도 한다. 침팬지 무리에서 우두머리가 되고 그 자리를 유지하려면 단지 힘만 세어서는 안 된다. 평소 관계망 관리를 통해 평판과 세력을 충분히 형성해야 한다. 이쯤 되면 충분히 지적인 존재라 불러 마땅하다. 자연환경뿐 아니라 사회적 환경에도 적응해가면서 살아야 하는 존재라면 지적이지 않을 수 없다.

게다가 영장류 집단에는 고유의 문화도 있다. 같은 종에 속하는 무리도 살아가는 환경에 따라 전혀 다른 행동 양태를 보여준다. 가령 바닷가에 사는 어느 원숭이 무리는 바닷물을 이용하여 감자에 묻은 오물을 털어내고 먹는데, 같은 종에 속하는 다른 어떤 무리도, 심지어는 이들과 멀리 떨어져 있는 다른 바닷가에 사는 무리도 그와 같은 행동을 보여주지 않았다. 이는 무리 중에 누군가가 우연히 바닷물에 감자 씻는 법을 발견하고 그것을 동료들에게 가르쳐주어 확산시킨 것, 즉 그 무리 고유의 문화인 것이다.

물론 유인원의 지적인 능력에는 한계가 있다. 애초에 대뇌 크기가 사람의 3분의 1에 불과한데다가 추상적인 사고에 필요한 신피질의 용적은 그보다 더 적기 때문이다. 하지만 사람과 다른 영장류와의 차이가 지적인 능력이 있다/없다는 질적인 차이가 아니라 그 능력의 양적인 차이에서 비롯되는 것이라면, 지적인 능력이 떨어지는 사람은 사람이 아니라는 비인간적인 결론이 나올 수도 있다. 나치 치하의 우생학자들은 그렇다고 대답할지도 모르겠지만, '전범'이 아닌 다음에야 그런 생각에 동의할 사람은 없을 것이다.

게다가 사람은 원래 있던 영장류뿐 아니라 스스로 지적인 존재를 만들어서 일을 더 복잡하게 만들었다. 딥러닝 단계까지 발전한 인공지능은 사람이 시키는 대로, 자료를 주는 대로 학습하지 않는다. 알파고 2.0은 인간의 기보들을 참고하지 않고, 스스로 수천만 번의 대국을 두어가며 바둑의 새로운 정석들을 만들었고, 이를 바탕으로 세계 최강의 바둑 기사들을 상대로 60전 전승을 거두었다. 물론 아직은 바둑과 같은 제한된 영역 안에서의 학습이다. 우리가 살아가는 세상, 특히 일상생활이 이루어지는 영역은 이보다 훨씬 복잡하다. 자율 자동차 역시 인간의 요청에 응하는 방식으로 움직이기 때문에 자율 자동차라기보다는 자동 자동차(?)라고 부르는 것이 더 타당하다.

만약 자율 자동차가 스스로 이동 서비스가 필요한 사람을 찾아 선택할 수 있다면, 그리고 술집에 가려는 승객의 건강을 걱정하여 병원으로 가거나 귀가할 것을 설득하려 든다면 이때야말로 진정한 자율 자동차라 할 수 있다. 자, 그렇다면 이런 자율 자동차를 지적인 존재로 인정하지 않을 근거가 있을까? 별로 없다. 그렇다면 이 자동차는 사람인가 물건인가?

혹은 알파고가 바둑이라는 게임에서 더 이상 성취할 것이 없다는 사실에 절망하여 스스로 저장된 정보를 지운다거나, 바둑의 규칙을 바꾸어 새로운 게임을 창안하려 한다면 이 역시 지적인 존재다. 그렇다면 이 프로그램은 사람인가? 먼 훗날의 이야기처럼 들릴 수도 있겠지만 현재 보여주는 인공지능의 발전 속도를 고려하면 이 순간이 의외로 이른 시일 안에 나타날 수 있다. 그렇다면 지적인 존재라는 것을 내세워서 사람의 특별한 지위를 요구하기는 어려워질 것이다.

사실 세계 곳곳에서 포퓰리즘이 득세하고 대중의 어리석은 선택으로 인해 민주주의가 위험에 처하는 모습들을 보면 사람이 인공지능 앞에서 지적인 존재라고 뻐길 수 있을지 의심스러워지기도 한다. 민주주의의 다수결이 사실은 무의식에 빠진 다수의 맹목적 선택에 불과하다면 그 다수에게 무슨 의미가 있을까? 차라리 각 후보자에 대한 빅데이터와 공약을 인공지능에 분석하게 하여 합리적인 선택을 하도록 하는 것이 사람 유권자들의 다수결보다 더 나은 결과를 가져올 수도 있다. 각종 정책이나 법률안을 국회의원 대신 인공지능에 충분한 자료를 주고 선택하도록 하면 신문과 뉴스를 더럽히는 각종 정치적 추문과 갈등 없이 합리적으로 국가 운영을 할 수 있을지도 모르겠다. 이런 결론을 받아들일 수 있는가?

그런데 이렇게 지적인 존재라는 이유로 인공지능까지 시민으로 인정해야 한다는 논리가 성립하면 지적인 존재로서 자질을 갖추지 못한 사람들은 시민은 고사하고, 사람의 자격도 의심받는 상황에 부닥칠 수 있다. 이런 결론을 받아들일 수 있는가? 근대 민주정치는 시민의 자격을 오직 '사람'이라는 것 외에 요구하지 않는 그런 정치체제다. 그런데 인공지능 시대를 맞이하여 그 정당성이 의외로 취약하다는 것이 밝혀진 것이다.

# 복잡하고 어려워진 사람의 규정

아무리 그래도 유인원이나 로봇에게 시민권을 주는 것을 받아들이기는 어렵다. 일단 시민의 자격을 '사람'에 한정하기로 하자. 그렇다면 '지적인 존재'라는 자격을 독점할 수 없게 된 상황에서 "사람이란 무엇인가?"라는 물음, 달리 말하면 "현재 사람이라 규정된 존재들이 앞으로도 사람이라는 자격을 독점해야 하는 근거가 무엇인가?"라는 매우 어려운 문제를 해결해야 한다.

### 유전자의 차이?

제일 먼저 생각해볼 수 있는 것이 사람이라는 종에 공통적인 DNA 지도를 가진 생명체를 사람이라고 규정하는 것이다. 그래서 피부색이나 기질 등은 서로 달라도 이 공통의 DNA를 공유하고 있으면 사람이라고 보는 것이다. 이는 DNA의 상호 호환성을 통해 확인할 수 있다. DNA가 호환된다는 것은 서로 교배하여 계속 자손을 이어갈 수 있음을 의미한다. 이를 통해 아무리 유사하더라도 같은 종인지 다른 종인지 구별할 수 있다.

가령 개와 늑대는 서로 교배한 후손들이 대를 이어 번식할 수 있다. 따라서 크고 작은 수많은 종류의 개와 늑대는 그 모습이 아무리 큰 편차를 보인다고 할지라도 같은 종이다. 하지만 역시 비슷하게 생긴 개와 여우는 번식이 되지 않는다. 또 역시 비슷하게 생긴 호랑이와 사자, 말과 나귀 간에도 번식이 이어지지 않는다. 따라서 이들은 서로 다른 종이다.

그렇다면 사람과 다른 영장류 간에는 교배가 가능할까? 윤리적인 문제로 인해 실제로 이를 실험할 수는 없다. 설사 실험이 가능하다 해도, 그 실험이 성공해서 태어날 2세의 자격 문제가 생긴다. 그 존재를 대체 어떻게 받아들여야 할까? 다만 염색체의 개수와 발생 과정의 차이 등을 고려하면 사람과 다른 영장류 간의 이종교배 가능성은 거의 없다. 그럼에도 불구하고 사람과 침팬지, 고릴라 등의 DNA가 96% 이상, 심지어 98.8%까지 일치한다는 점에서 사람과 영장류의 유사성에 대한 논란은 끊이지 않고 있다.

일란성 쌍생아가 아닌 다음에는 사람끼리도 DNA가 1% 안팎의 차이가 난다. 그러니 사람과 침팬지의 차이는 적어도 DNA상으로는 매우 미미하다. 만약 이 1.2%의 차이가 종을 갈라놓을 정도로 결정적인 차이라면, 그래서 누구는 인권을 누리고, 누구는 실험실의 각종 의약품 투약 실험의 대상으로 전락하고 이동 시에 객실이 아니라 나무상자에 담겨 화물칸에 실려야 한다면, 사람의 표준적인 DNA의 프로토타입에서 1% 이상 벗어난 사람의 처우를 어떻게 할 것인가라는 무시무시한 문제까지 발생한다.

이런 무시무시한 문제를 해결하는 유일한 방법은 영장류의 처우를 개선하는 것뿐이다. 따라서 2015년부터 침팬지, 고릴라, 오랑우탄을 각종 연구나 실험용으로 사용하는 일을 금지하는 등 이들을 다른 동물과 차별하여 준 인류 자격을 주는 쪽으로 바뀌었다. 하지만 그렇다고 이들에게 시민권을 준다거나 인권을 보장해야 한다는 주장까지 나오기는 어렵다.

결국 유전자의 차이를 가지고 사람을 구별해내기는 쉽지 않을뿐더러, 때로는 인권에 치명적인 결과까지 가져올 수 있다. 그렇다면 유전자의 차이보다는 그 차이가 가져온 결과, 즉 그 차이가 어떤 차이인가를 기준으로 삼을 수 있다. 같은 유전자의 차이라 하더라도 피부색, 머리카락 색, 얼굴 모양 등의 차이는 결정적이지 않은 것으로 보고, 대뇌의 용적, 대뇌피질의 발달 등과 같은 차이를 결정적인 것으로 보자는 것이다.

### 대뇌피질의 발달 정도

사람의 대뇌가 다른 영장류와 두드러지게 다른 점은 우선 용적이 훨씬 크다는 것, 그리고 그 커진 용적이 대부분 대뇌피질에 투자되었다는 것이다. 사람의 대뇌는 침팬지의 세 배가 넘는다. 심지어 원시 인류인 다른 호모니드들의 화석과 비교해도 두 배 이상 크다. 또 이렇게 거대하게 확장된 대뇌는 주로 대뇌피질, 특히 앞이마 쪽 피질부에 집중되었다. 이 부위는 주로 시각 정보를 해석하는 영역이다.

시각 정보 해석 능력이 크게 확대된 덕분인지 혹은 그 반대의 순서인지는 모르겠지만, 어쨌든 사람은 이 덕분에 다른 어떤 사회성 동물보다도 거대하고 조직적인 사회를 이루어 살아가게 되었다. 침팬지 사회가 개체 수 20~30마리 정도를 넘기지 못하지만, 사람의 사회는 사실상 그 숫자의 상한선이 의미 없는 정도가 된 것이다.

수천만 명, 수억 명이 정체성을 공유하면서 하나의 사회를 이루고 살아가는 일은 자연 상태에서는 절대 일어날 수 없는 일이다. 이렇게 거대한 사회는 엄청나게 많은 상호작용을 만들어내고, 이 엄청나게 많은 상호작용에 대응하려면 이를 해석하는 능력, 그리고 비슷한 것끼리, 반복되는 것끼리 분류할 수 있는 추상적 사고 능력, 즉 개념을 형성하는 능력이 요구된다. 이게 바로 거대한 사람의 대뇌가 하는 일이다.

다른 사회성 동물들은 직접적인 상호작용을 통해 사회 내 지위와 역할을 정하고, 구성원 간의 유대감을 유지한다. 이들은 사랑, 우정, 기쁨 혹은 미움이나 분노 같은 감정들이 매우 풍부하며 상대의 감정을 읽어내는 능력도 뛰어나다. 그래서 감정을 표현하고 공감하는 변연계가 크게 발달했다. 반려견을 키워 본 사람은 알겠지만, 개는 사람의 감정을 굉장히 빠르게 파악하며, 함께 기뻐하고 함께 슬퍼하며 때로는 위로도 한다. 다만 왜 기쁘고, 왜 슬픈지는 생각할 수 없고, 그 감정도 사람이 눈앞코 앞에 직접 있는 경우에만 느낄 수 있다.

침팬지, 고릴라 같은 영장류에 속하는 동물들은 다양한 시각 정보를 통해 사회 내의 다른 구성원의 감정이나 생각을 상대의 표정, 소리 등을 통해 예측하고 자신의 감정을 표현하는 능력이 발달하였다. 이를 통해 이들은 서로의 마음을 전달하고, 서로가 알고 있는 정보나 지식을 전달하고 공유할 수 있다. 그러나 대뇌피질의 용량이 충분하지 않아 이들이 정보와 지식을 다루는 능력은 가장 기초적인 수준에서 제한된다.

다른 어떤 영장류도 범접하지 못할 정도의 두툼한 대뇌피질,

특히 전전두엽 혹은 앞 이마엽이라 부르는 부위를 가진 사람만이 언어, 상징 등을 해석하고, 추상적이고 논리적인 사고를 한다. 이 차이는 엄청나다. 사람은 안면 근육의 미세한 움직임과 성대를 사용해 내는 소리의 미묘한 차이 등으로 상대방의 마음을 해석하고, 자신의 마음을 해석 대상으로 내어놓을 수 있게 되었다. 즉 말과 제스처를 이해할 수 있게 되었다. 이런 능력 덕분에 사람은 다른 영장류보다 훨씬 큰 규모의 집단을 이룰 수 있게 되었다. 20~30마리 정도가 몰려다니는 영장류는 다른 포식 동물들의 목표가 될 수 있지만, 수백 마리씩 몰려다니는 영장류는 포식 동물조차 공포감을 느끼는 존재다.

발달한 전전두엽 덕분에 사람은 추상적인 사고가 가능했고, 추상적인 공동체의 구성원이 될 수 있게 되었다. 다른 영장류는 눈으로 확인하거나 서로 소리 질러 확인할 수 있는 범위까지만 공동체를 이루지만, 사람은 자신을 추상적인 공동체의 구성원으로 생각할 수 있게 되었기 때문에 평생 한 번 만날 가망이 없을 정도로 멀리 떨어진 사람끼리도 한 사회의 구성원으로서 소속감을 공유할 수 있게 되었다. 그 결과 수천만 명에서 수억 명에 이르는 거대한 사회까지 만들게 된 것이다.

결국 이러한 논의를 따라가면 대뇌피질의 충분한 성숙이 사람과 다른 존재를 가르는 기준으로 보인다. 즉 시청각 정보를 해석하여 표상을 만들고, 추상적인 수준에서 생각할 수 있는 능력이 사람의 기준이 되는 것이다. 그렇다면 또 다른 문제가 발생한다. 아직 대뇌피질이 덜 성숙했거나 여러 가지 유전적인 결함이나 사고로 인해 대뇌피질이 손상된 사람은 어떻게 되는가? 사람의 기준을 통과하지 못했으니 사람이 아닐까? 그나마 어린이의 경우는 장차 성숙할 것이라는 가정하에 가능태로서 사람의 기준을 통과할 수 있지만, 이 논리를 따라가면 유전이나 사고로 인해 대뇌에 손상을 입은 사람은 그 순간부터 사람의 자격을 잃을 수밖에 없다.

실제로 고대 철학자들은 이렇게 생각했다. 물론 그들은 신경과학에 무지했기 때문에 대뇌피질 등에 대해서는 알지 못했지만, 추상적이고 논리적인 사고를 할 수 있는지 여부가 사람의 자격, 적어도 시민의 자격을 정한다고 생각했다. 그래서 아리스토텔레스Aristoteles는 시민과 노예의 신분제를 사회제도가 아니라 자연법칙으로 간주했다. 같은 사람 중에도 태어날 때 이미 시민의 자격을 갖춘 종족과 그럴 수 없는 종족이 따로 있다는 것이다. 그가 노예를 '말하는 가축'이라고 부른 것은 결코 비유적인 의미가 아니었다. 실제로 아리스토텔레스에게 노예는 상당히 발달하여 인간에 근접한 그러나 완전한 인간이 되지는 못한, 그래서 추상적이고 논리적인 추론 능력을 갖추지 못한 영장류의 한 종류였다. 그에게 그리스인과 다른 민족은 아예 생물학적으로 다른 종이었다.

이 경우에는 폴리스 간의 전쟁 때문에 발생한 전쟁 노예가 문제가 된다. 그래서 그는 같은 그리스 폴리스끼리 전쟁포로를 노예로 삼는 일을 부도덕한 일로 강하게 비난했다. 그리스가 아닌 다른 민족을 붙잡아서 노예로 삼는 것은 자연스럽고 당연한 일로 여겼음에도 말이다. 또한 그리스에 민주정치가 발달하고, 페르시아 등 다른 민족들은 절대군주 한 사람 아래 모두가 노예로서 복종하는 정치체제가 발달한 까닭 역시 자연법칙이나 마찬가지라고 보았다. 다른 민족은 사람의 자격이 없어 시민이 될 수 없으니, 국민들이 모두 노예로 이루어진 전제 국가를 이룰 수밖에 없다는 것이다. 여성의 참정권을 인정하지 않는 이유도 여기서 찾았다. 여성은 감정적인 존재로 추상적이고 논리적인 사고의 경지에 이르지 못하기 때문에 시민의 자격이 없다는 것이다. 즉 여성은 온전한 사람이 아니다.

이처럼 추상적이고 논리적으로 추론할 수 있는 능력을 사람의 기준으로 삼는 전통은 근대에도 계속 이어졌다. 근대 민주정치의 시조 격인 로크는 사람이 추론할 수 있는 능력을 자연 상태에서도 이미 가지고 있기 때문에 외부의 강제가 없더라도 적절한 규칙과 도덕을 세워서 살아갈 수 있다고 주장했다. 즉 사람이라는 이유만으로 민주시민이 되는 것이다. 하지만 간혹 예외적으로 이러한 암묵적인 규칙과 도덕, 즉 자연법을 위반하는 사람이 있는데, 이는 사람 탈을 쓰고 있지만 사람이라고 보기 어려운 존재가 된다. 그래서 로크는 이런 예외적인 사람들은 일종의 유해 조수로 취급하여 퇴치해야 한다고 보았고, 정부의 기능을 그 정도 선에서 제한하는 야경국가론을 주장했다. 사람이라면 법과 질서를 스스로 지킬 것이며, 만약 위반하는 자가 있다면 그는 사람이 아니라는 것이다.

실제로 동서양을 막론하고 범죄를 저지른 사람을 가족이나 마을 사람들이 "이런 짐승만도 못한 놈"이라고 하면서 사사로이 처벌한 역사는 매우 길다. 미국의 경우는 19세기 중반까지도 린치Lynch라고 불린 이런 사사로운 처벌이 공공연하게 이루어졌다.

결국 여기서 해결하기 곤란한 순환 논리에 빠지게 된다. 사람은 왜 특별한 존재로 간주해야 하는가? 지적인 능력과 도덕적 분별력을 가진 정신적 존재이기 때문이다. 그럼, 그런 능력을 갖추지 못한 사람에게도 여전히 사람의 권리가 주어지는 까닭은 무엇인가? 사람이기 때문이다. 결국 사람은 사람이기 때문에 특별하며, 다른 모든 존재에 우선하는 권리를 가진다는 주장으로 돌아오고 마는 것이다.

사람을 다른 존재와 구별하는 것은 어떻게든 할 수 있다. 하지만 그 구별의 근거를 사람의 특별한 권리, 세계 내에서의 특별한 존재로 자리 잡을 근거로 내세우는 것은 또 다른 문제다. 과연 사람은 어떻게 세계 내에서 특별한 존재의 지위를 정당화할 수 있는가?

## 사람만이 권리의 주체가 되는 정당성의 근거는 무엇인가?

사람은 오랫동안 자연의 위계, 존재의 위계라는 개념에 익숙했다. 특히 플라톤—기독교 전통에서 이 존재의 위계는 절대적인 것으로 받아들여졌다. 이 위계에서 위에 있는 존재는 아래에 있는 존재의 목적이 되며, 아래에 있는 존재는 위에 있는 존재의 도구, 수단이 된다.

이 위계는 무생물보다 생물을 우위에 두고, 생물 중에서도 식물보다 동물, 동물 중에서도 포유동물, 그리고 이들을 모두 포괄한 '자연' 위에 '사람'을 두는 위계다. 따라서 사람은 자신이 자연에 존재하는 모든 것을 자신의 수단으로 삼을 특권을 누릴 수 있다고 주장한다. 이 위계를 인정하는 한 "사람으로 태어났다"는 이유만으로 권리의 주체가 될 수 있다. 우리는 '인권'이라고 하지만 실제로 이 용어가 사용된 영국이나 프랑스의 각종 선언문에서는 그저 rights라고 한다. 즉 권리라는 용어에 구태여 사람이라는 수식어가 필요 없었다. 사람만이 권리의 주체이며, 사람이라는 이유만으로 권리의 주체가 될 수 있다.

그렇다면 사람만이 이러한 특별한 권리를 누리는 근거가 대

체 무엇인가? 20세기가 되기 전까지만 해도 이 물음을 심각하게 생각한 사람은 없었다. 사람이니까 권리를 누리는 것이지 여기에 무슨 다른 이유가 있겠는가? 이것은 다름 아닌 자연의 질서이며, 그 질서는 자연 바깥, 자연보다 우월한 존재로부터 주어진 것이었다. 자연의 질서는 다른 말로 옮기면 인격을 가진 존재인 신이 될 수도 있고, 추상적인 법칙이 될 수도 있다.

특히 여호와 3교유대교, 기독교, 이슬람교는 사람과 다른 모든 존재 사이에 선을 긋는다. 오직 사람만이 신의 숨결, 즉 영혼을 가진 존재이며, 신이 자신을 본 따 만든 피조물이기 때문이다. 따라서 사람은 그 자체로 움직이는 신상이며, 신의 분신인 성령이 임한 성전이다. 따라서 사람은 다른 모든 피조물에 대한 지배권을 위임받았으며, 다른 모든 피조물을 자신의 목적 달성을 위한 수단으로 사용할 권리가 있다. 이러한 여호와 3교의 전통은 종교가 아닌 철학에도 그대로 반영되었다. 심지어 근대적 사고방식의 선구자로 알려진 데카르트조차 사람은 물질을 초월한 영혼을 가진 존재로서 다른 모든 존재와 구별된다고 보았다. 다른 존재들은 동물과 사람의 신체를 포함하여 모두 물질에 불과하지만 오직 영혼, 정신이 사람을 다른 존재와 차원을 달리하게 만드는 것이다.

미켈란젤로의 시스티나 성당 천장화는 사람이 특별한 존재라는 서양인들의 믿음을 직설적으로 드러낸다. 그중 〈아담의 창조〉에는 사람은 단순한 피조물이 아니라 신과 계약관계를 맺는 상대방으로 묘사되어 있다. 거만한 자세로 지상에 누워 신과 눈

미켈란젤로, 〈아담의 창조〉, 1511

을 수평으로 맞추는 아담은 자신이 신과의 계약을 통해 지상의 모든 것보다 우위에 있음을 의식하고 있다.

문제는 사람을 다른 존재와 구별하게 만드는 이 '정신', 그러니까 저 그림에서 신이 인간에게 내려주는 것이 대체 무엇인가 하는 것이다. 서양에서는 전통적으로 이를 '이성'이라고 생각했다. 이때 이성은 단지 수학적 논리적 합리성만을 말하는 것이 아니다. 그러한 의미의 이성은 rationality라고 하고, 이 경우에는 옳고 그름을 스스로 판단하여 가려낼 수 있는 '분별력'의 의미를 가지는데, 특별히 대문자로 Reason이라고 쓴다.

인간은 이 분별력을 가지고 있기 때문에 옳고 그른 일을 '스스로' 선택할 수 있는 자유로운 존재다. 달리 말하면 인간만이 '죄지을 수 있는' 존재다. 만약 그른 일을 했다면 충분히 분별할 수 있음에도 불구하고 자유의지로 그른 행동을 한 것이기 때문이다. 이때 이성에 대비되는 힘이 본능적인 충동이다. 이 충동은 보통 감정이라는 형태로 발현된다. 본능적 충동은 이미 태어날 때부터 그렇게 하도록 되어있는 것이다. 그런데 정신을 가지지 않은 동물들은 본능적 충동에 따라 움직이며, 스스로 자신의 행동을 선택할 수 없다. 따라서 동물에는 죄를 물을 수 없다. 사람 중에서도 장애나 여러 가지 질병으로 분별력에 문제가 있는 경우 죄를 묻지 않는다.

이처럼 서양에서 발원한 근대 민주주의가 모든 사람의 평등한 권리를 주장할 수 있었던 근거는, 사람 간의 평등과 아울러 세계 내에서 사람과 다른 피조물 간의 불평등에 있었다. 사람 그 자체가 자연계 전체 차원에서 보면 일종의 특권층이었다. 사람들은 같은 특권층으로서 평등하다. 비록 기독교에서는 자신을 '주님의 종'이라고 부르지만, 이는 왕정 하에서 귀족들이 군주 앞에서 자신을 종이라고 부르고, 군주를 주인님이라고 부르는 것과 다르지 않다. 중학교 교과서에 민주주의의 기본원리로 '인간의 존엄성'을 드는 것도 바로 여기서 비롯된다. 천하거나 평범한 존재와 대립할 때만 성립 가능한 용어가 바로 '존엄함'이기 때문이다.

물론 이런 과도한 '이성 중심주의'에 대한 반발도 있었다. 이성이라는 이름으로 행해지는 감정의 억제야말로 비인간적이며, 감정의 자연스러운 표현이야말로 진정한 '사람다움'이라는 주장이 그것이다. 이러한 주장을 한 가장 대표적인 사상가는 루소, 그리고 괴테다. 루소는 감정을 감추고 억제하는 것에 기반한 이른바 예절이니 문명이니 하는 것이 오히려 인간성을 파괴하고, 타락시키는 것이라면서 "자연으로 돌아가라!"라는 유명한 구호를 남겼다. 이것이 원시시대로 돌아가자는, 혹은 충동과 감정에 따라 멋대로 살자는 뜻은 당연히 아니다. 다만 자연스러운 충동과 감정을 죄악시하지 말고, 자연스럽게 받아들이고 표현하라는 것이다.

제인 오스틴의 명작『이성과 감성』은 근대인의 내면에서 일어나는 이 갈등을 서로 다른 등장인물들을 통해 보여준다. 이성을 대표하는 언니 엘리너는 객관적 상황에 맞춰 살아가기 위해 자신의 욕구, 사랑, 감정을 억누르고, 객관적 상황이야 뭐가 되었건 자신의 욕구에 충실하며 살아가려는 어머니와 동생 때문에 마음고생을 하며 때로 갈등한다. 반면 동생 메리앤은 그런 언니를 답답해하며 사회적 관습이나 평판 따위도 무시하고 감정에 충실하다. 결국 이 둘은 서로의 특징 때문에 아픔을 겪고, 그 사이에서 타협점을 찾아간다.

이처럼 인간의 자연스러운 감정, 충동의 복권을 요구하는 운동이 바로 '낭만주의'다. 하지만 낭만주의는 19세기 중반의 일시적인 흐름으로 끝났고, 계몽주의적 합리적 인간관에 대한 보충적 지위에 머물렀다.

괴테의 낭만적 인물들은 그 매혹적인 모습에도 불구하고 한결같이 비극적인 최후를 맞이했다. 딱딱한 관습과 차가운 이성에 맞서 자연스러운 감정을 대변하던 베르테르나, 현실의 난관 따위 무시하고 가슴속 이상을 위해 살아가던 에그몬트나. 이게 근대 사회의 냉정한 모습이었다. 누가 뭐래도 근대는 이성의 시대, 근대사회는 이성이 지배하는 사회다.

반면 동양권에서는 사람과 다른 피조물의 차이를 질적인 차이라기보다는 양적인 차이로 보는 전통이 있었다. 불교에서 사람은 수많은 전생의 공덕을 쌓아야만 환생할 수 있는 높은 서열의 삶에 속하지만, 그렇다고 가장 높은 단계도 아니며, 특별한 지위를 가진 것도 아니다. 지금 무심코 밟아 죽인 벌레도 수없이 많은 윤회를 거듭하다 보면 사람이 될 수 있는 것이다. 반대로 사람이라 해도 악업을 계속 쌓으면 얼마든지 벌레나 짐승 같은 이른바 미물로 전락할 수 있다. 사람과 미물의 차이는 차곡차곡 쌓인 업의 차이에 불과하다. 따라서 사람이라고 해서 다른 피조물을 자신의 수단으로 삼을 특권을 가지지 않는다. 피치 못해 다른 피조물을 죽이고 섭취하겠지만, 그때마다 악업이 쌓이며, 이를 풀기 위해 부지런히 선업을 쌓아야 한다. 그리고 가급적이면 악업을 쌓지 않아야 하므로 아예 육식하지 않으며, 채식도 가급적 뿌리째 뽑지 않고 가장자리의 잎이나 열매를 먹는다.

유교 역시 사람의 존재를 특별하다고 보지 않는다. 이른바 천지인 삼재라 하여 사람을 하늘과 동격으로 두었다고 알려지지만, 이때 천지는 자연 전체를 의미한다. 즉 사람이 천의 명을 받아 지를 다스리는 것이 아니다. 천지인이 모두 하나다. 사람이 곧 우주이며, 우주가 곧 사람이다. 따라서 '사람 vs 나머지 존재'의 대립은 성립되지 않는다. 비록 유교를 신봉하는 사람들이 불교도처럼 살생에 민감하여 고기를 먹지 않거나 하지는 않지만, 자연을 훼손하는 일에 민감하기는 마찬가지다. 흔히 지맥, 수맥을 따지는 전통은 자연 그 자체를 의인화하여, 자연과 인간사회를 묶어 하나의 공동체로 사고하는 유교적 세계관에서 비롯한 것이다. 동양권에서 보편적 인권의 개념, 사람 간의 평등 개념이 발달하지 않은 것도 이 때문일 것이다. 자연계의 여러 질서와 마찬가지로 사람 사회의 위계질서 역시 자연적인 것으로 여겼다.

가령 그림의 예를 들면 미켈란젤로가 한창 활동하던 시기 이른바 르네상스 3대가는 그동안 유럽의 화풍을 인물화를 중심

왕휘, 〈어촌 마을의 맑은 가을 하늘〉, 1680

으로 집대성했지만, 그로부터 약 150년 후 중국에서는 산수화를 중심으로 화풍이 정립되었다. 중국 회화의 집대성자라 불리는 왕휘의 작품들을 보면 확인할 수 있지만 엄밀히 말하면 이 그림들은 산수화가 아니라 산수 인물화다. 기독교 전통에서는 다른 모든 피조물의 집합인 자연이 신의 모사품으로서 존엄을 가진 사람의 배경 역할 정도에 머무르거나 아예 생략되었지만, 유교적 전통에서는 자연과 인물을 하나로 엮어서 풍경을 만들었다. 이때 인물은 그림의 중심이 아니라 전체적인 자연 속의 한 부분으로 겸손하게 자리 잡았다. 이렇게 천지인이 하나가 되는 것이다.

그런데 신기한 것은 이 자연에 동물이 없다는 것이다. 산수와 사람이 하나가 되어 자연을 이루지만, 그 산수 속에 사는 동물들은 여전히 주변적인 위치에 머문다. 유교적 전통은 사람과 다른 동물 사이에 넘을 수 없는 벽을 긋는다. 사람은 살아있는 것을 대표하여 저 막막한 대자연 속에 들어가 하나가 되지만 다른 살아있는 것들은 사람의 수단이 될 뿐이다. 불교에서처럼 다음 생에 동물이 사람으로 태어나거나 사람이 짐승으로 전락할 가능성도 없다. 그래서 유교에서는 불교가 가지고 있는 산 것에 대한 조심스러움이 보이지 않는다. 공자는 말이 끄는 수레가 없으면 나다니지 않았고, 잘고 고르게 썬 고기가 아니면 먹지 않았다.

그렇다면 유교는 사람과 동물 간의 이런 현저한 위계의 근거로 무엇을 내세우는 것일까?

맹자는 이렇게 말했다. "사람이 금수와 다른 점은 매우 적은

데, 보통 사람들은 그것을 내버리고 군자는 그것을 보존한다. 순임금은 사물의 이치에 밝았고 인류을 꿰뚫어 보았다. 행동이 인과 의로부터 왔지, 인과 의를 행하지 않았다."[9] 이 말을 풀어보면 결국 사람과 짐승의 차이는 별것이 아니다. 인의예지라는 고차적인 정신 능력으로 희로애락이라는 본능적인 감정을 잘 갈무리 할 수 있다는 것, 옳고 그름을 판단하고 가려낼 수 있는 분별력이다. 결국 유대 기독교 문화권이나 유교 문화권이나 모두 감정과 본능을 절제하고 옳고 그름을 추론하여 그 판단에 따라 행동할 수 있는 능력이 사람의 본질이라고 본 것이다. 이들은 모두 대뇌피질의 존재와 기능을 알지 못했지만, 이들이 내세우는 사람의 본질은 결국 대뇌피질의 기능이다.

신체에서 1.5$kg$에 불과한 대뇌, 그중에서도 0.2$kg$에 불과한 대뇌피질 일부 영역이 50$kg$이 넘는 나머지 영역에 앞서 사람인지 짐승인지를 가려내는 기준이 되는 것이다. 사람은 짐승이 아니다.

요약하면 이렇게 된다. 사람은 짐승보다 우월하다. 대뇌피질을 가지고 있기 때문이다. 그리고 이 대뇌피질이 하는 작용, 즉 이성적인 추론과 판단 능력을 갖추고 있기 때문이다.

다만 유교 세계와 기독교 세계의 인간관은 크게 다르다. 유교에서는 사람을 자연 속의 존재로 보았기 때문에 대뇌피질은 단지 짐승 대비 우월성의 근거일 뿐, 산과 강을 포함한 자연 지

9. 맹자, 「이루편」.

배자로서 지위를 주장하는 근거는 되지 못했다. 오히려 자연 속에 인류의 근원이 되는 질서와 법칙이 새겨져 있다고 보았다. 자연은 격물치지를 통해 인류를 배울 교과서와 같았다. 반면 서양에서는 사람이 짐승뿐 아니라 모든 다른 피조물에 대해 우월한 존재라는 인식이 강했다. 이처럼 모든 사람이 신 앞에 평등한 존귀한 존재라는 사고방식이 점차 확산하여 근대 민주주의의 씨앗이 되었다.

이렇게까지 살펴보아도, 여전히 사람이 다른 피조물보다 우위에 있다는 정당한 근거를 찾기 어렵다. 설사 이성적인 추론과 판단 능력을 사람만이 가지고 있다는 것을 인정하더라도, 그게 다른 피조물에 대한 우월한 지위를 부여할 이유가 되지 않는 것이다.


## 무너진 사람의 특권:
## 도대체 사람의 지위는 무엇인가?

사람 중심의 세계관, 사람이 다른 피조물보다 우위에 선다는 세계관은 19세기 후반에 아래로부터 허물어졌고, 21세기 들어서며 위로부터 위협받았다. 아래로부터 허물어졌다는 의미는 사람의 대뇌피질이 의외로 파충류 뇌, 포유류 뇌 등 원시 뇌의 영향을 많이 받는다는 점이 알려졌다는 것이며, 위로부터 무너졌다는 것은 사람의 자부심의 근거인 지적인 능력에서 사람보다 탁월한 존재들이 등장했다는 것이다.

그중 아래로부터의 붕괴부터 살펴보자. 이 붕괴에 불을 지핀 사람이 바로 지그문트 프로이트Sigmund Freud다. 프로이트학파의 주장은 한마디로 사람은 생각보다 훨씬 충동적이고 감정적인 동물이며, 이성이니 분별력이니 하는 힘은 표면적으로만 이것들을 제어하고 있을 뿐이라는 것이다. 물론 프로이트처럼 그 충동을 오직 성적인 것으로만 한정할 필요는 없다.

이는 컴퓨터의 정보처리 과정을 기반으로 사람의 인지 모델을 세우려 했던 각종 인지과학에 엄청난 충격을 던져주었다. 사람의 인지 과정은 본능적이며 감정적이면서 동시에 이성적이다. 이 중 호흡과 순환을 담당하는 파충류 뇌 영역은 알아서 작동한다. 이는 사람의 의식 범위 밖에 있다. 그리고 풍성한 감정적 반응을 만들어내는 변연계도 우리 의지와 무관하게 작동하는 경우가 많다. 이는 대부분 자동 반응 장치다. 문제는 파충류 뇌, 변연계, 대뇌피질이 따로 작동하는 경우가 거의 없다는 것이다. 짜증이 나서 심장 박동이 가팔라지고 숨이 막히는 경우도 있지만, 심장 박동이 가팔라지고 숨이 막혀서 짜증이 날 수도 있다. 또 뭔가 합리적인 생각이 이루어지지 않아서 짜증이 날 수 있지만, 반대로 짜증이 나기 때문에 합리적인 생각이 방해받을 수도 있다.

사람의 뇌 구조는 파충류 위에 포유류가 올라앉고, 다시 그 위에 사람이 올라앉은 기괴한 합성물이다. 물론 파충류와 포유류의 것은 겉으로는 드러나지 않는다. 사람은 자기감정마저 대뇌

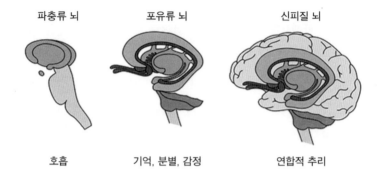

| 파충류 뇌 | 포유류 뇌 | 신피질 뇌 |
|---|---|---|
| 호흡 | 기억, 분별, 감정 | 연합적 추리 |

피질을 통해 인지하고 해석하기 때문에 모든 행동을 생각의 결과, 즉 대뇌피질의 작용이라고 생각한다. 하지만 실제로 우리의 행동 하나하나는 파충류, 포유류, 그리고 사람이 협업한 결과다. 이 중 사람 뇌 부분만이 의식의 영역에 드러나 보일 뿐, 실제로 파충류와 포유류의 역할이 3분의 2를 넘는다.

이처럼 감추어진 파충류와 포유류의 영역이 바로 무의식의 영역이다. 오늘날에는 일상적으로 사용되는 용어인 '무의식'이지만 처음 이 용어가 학계에 등장했을 때의 충격은 대단했다. 더구나 프로이트는 빙산에 비유하면서 무의식이 수면 위에 드러난 의식보다 훨씬 거대하다고 주장했다. 공교롭게도 찰스 다윈 Charles Robert Darwin의 진화론이 충격을 일으킨 지 얼마 되지 않은 시점이었다. 사람들은 사람이 유인원과 공통 조상의 후손이라는 것도 충격이지만, 진화된 다음에도 여전히 그 짐승의 속성을 우리가 가지고 있다는 것에 더욱 놀랐다. 데카르트 이후 세상의 중심이자 주체로 자리 잡은 '자아'가 자기 안의 짐승 앞에서

쩔쩔매는 나약한 존재로 전락하고 만 것이다.

이제 '만물의 영장'이라던 사람의 지위는 몹시 위태로워졌다. 또한 이성을 움켜쥐고 자신의 신체와 세상을 통제하는 주체로서의 자아 역시 사실상 허상이라는 것이 밝혀졌다. 이렇게 허약한 자아를 사회 계약의 당사자인 독립된 시민으로 상정하는 근대 민주정치 역시 그 위상이 매우 위태로워졌다.

프로이트에 따르면 우리 마음의 상당 부분이 짐승이라는 것을 인정하지 않고 억지로 억누른다고 하더라도 그것은 일시적인 억압에 불과하다. 내 안의 짐승은 교묘하게 다른 방식으로 이성적 행동에 슬그머니 묻어서 나간다. 혹은 더 나쁘게도 히스테리 같은 마음의 병이 되고 만다.

그런데 사람의 마음 안에는 짐승만 있는 것이 아니라 사회도 있다. 짐승이야 사람이 되어온 역사지만, 사회는 사람의 피조물이라는 점에서 은근히 역설적이며 자존심 상하는 일이기도 하다. 한마디로 사람은 자기들이 만든 사회에 거꾸로 지배당한다. 이 사회의 지배는 개인적으로는 '양심'이라는 이름으로 내면화되어 자신을 꾸짖는 자기 안의 심판자 위치를 차지한다.

카를 마르크스Karl Heinrich Marx, 베버 등 근대 사회학의 선구자들은 사람의 자유의지라는 것이 실제로는 자신이 몸담은 사회집단의 집단 의지의 영향을 강하게 받는다는 점을 밝혀냈다. 마르크스의 계급이든, 베버의 지위집단이든, 사람은 자기가 몸담은 집단의 견해와 가치관을 자기도 모르는 사이에 내면화한다. 이렇게 내면화한 집단의 견해와 가치관은 때로는 매우 체계적이고 합리적인 논리 구조를 가진 신념체계가 되기도 하는데, 이것이 바로 이데올로기다. 이 이데올로기의 힘은 매우 강력하여, 사람들은 때로 자신의 이해관계와 정반대되는 판단을 내리기도 한다. 이 모든 것을 사람은 자신의 이성을 사용하여 자유의지로 행한다고 착각한다.

## 그럼에도 불구하고 사람의 존재론적 근거 찾기

이렇게 존엄성의 근거가 무너져버린 사람은 자신의 특수한 지위에 관해 물음을 절박하게 던졌다. 특히 20세기 중반 이후 등장한 수많은 자동화 기계는 사람의 도움이나 지시 없이 움직이는 기계로 가득한 미래에 대한 상상력을 발동시켰다.

그 흐름은 크게 둘로 나뉘었는데, 하나는 인간의 특수한 지위를 어떻게 해서든지 정당화해보려는 존재론적 탐구였고, 다른 하나는 그런 고민을 개개인의 실존 문제로 던져버리는 실존주의였다. 존재론적 정당화는 사람으로 존재한다는 것 그 자체만으로 정당성의 근거를 찾으려 했고, 실존주의는 각자 삶을 어떻게 살아가느냐에 정당성의 근거를 두려 했다. 당연히 철학적으로는 전자가 더 어려웠지만 더욱 책임 있는 자세로 보였다.

이 문제에 매달려 씨름한 대표적인 철학자는 막스 셸러Max Scheler와 니콜라이 하르트만Nicolai Hartmann이다. 이 중 셸러는 「우주에서의 인간의 지위」라는 글자 수는 얼마 안 되지만 엄청나게 많은 논란거리를 담은 소책자를 통해 이 문제를 본격적으로 제기하였다. 셸러는 사람의 특수한 지위가 사람과 다른 동물을 대비하는 정도가 아니라 사람을 생명 일반에 대립시킨다는 점에서 이를 존재론적인 문제로 천명했다. 그렇다면 사람이 대체 뭐가 잘난 것일까? 바로 인격을 가지고 있기 때문이다. 인격이란 정신 내부에서 나타나는 활동의 중심체다. 정신이란 이념적 사유, 직관, 의지 및 정신적 활동을 통칭하는 것이다. 사람은 정신 활동을 할 뿐 아니라, 그 정신 활동을 주관하는 주체, 즉 인격을 가진 존재이기 때문에 세상의 다른 피조물들과 구별된다.

사람은 정신적 존재이기 때문에 자신의 생물로서의 속성, 유기체에 속하는 속성인 충동으로부터 실존적으로 해방될 수 있다. 즉 어떤 행동을 하고자 하는 욕구가 생길 때 그것을 본능적 활동, 충동이라고 명명할 수 있는 것이다. 사람 이외의 어떤 동물도 자신의 행동을 자기 바깥에서 바라보며 객관적 판단 대상으로 바라보지 않는다. 화가 난 개는 화 난 반응을 보이고 행동하지만 자신이 화를 내고 있다는 자각이 없다. 사람은 이러한 자각이 있기 때문에 화가 나도 의도적으로 웃을 수 있고, 기분이 좋은데도 화를 내는 척할 수 있다. 즉 자신의 충동에서 벗어날 수 있다.

또한 사람은 환경에서 비교적 자유로운 존재다. 이를 셸러는 "세계에 열려있다"라고 표현했다. 이 말은 사람은 환경이 자기에게 주는 제약을 넘어설 수 있다는 뜻이다. 사람은 세계에 열려 있기 때문에 주어지는 것의 제약을 넘어, 사건을 일으킬 수 있는 존재다. 다른 동물들은 그 존재가 이후의 삶을 규정하지만, 사람은 사건을 일으킴으로써 자신의 삶을 살아갈 수 있다.

더구나 사람은 "자기 자신에 대해서조차 열려"있다. 사람은 환경뿐 아니라 자기 자신을 마주 보며 들여다볼 수 있는 존재다. 사람은 자신의 생리적, 심리적 성질조차 경험과 성찰의 대상으로 삼을 수 있다. 그리하여 사람은 자신의 생명조차 스스로 던질 수 있고, 자기 죽음을 의식할 수 있는 존재가 되었다. 한마디로 사람은 자신을 둘러싼 자연적·사회적 환경, 자기 자신의 심리적·신체적 존재, 그리고 자신심리적·신체적 존재과 환경의 인과관계, 상호작용을 모두 대상화하여 바라볼 수 있는 존재다. 바로 여기에서 사람의 특수성이 주어진다.

그 증거로 셸러는 사람에게만 고유한 공간과 시간의 개념을 들었다. 공간의 개념이란 아무것도 존재하지 않는 장소 그 자체의 개념이다. 세상의 모든 존재, 자기 자신까지도 떼어내 대상화하여 사유할 수 있을 때만 이 모든 것의 배경으로 존재하는 텅 빈 곳, 텅 빈 시간이라는 개념을 얻게 된다. 동물에게 유한한 시간이라는 개념이 있을까? 인공지능이 자신의 기계로서의 유효기간을 의식하고 있을까? 불가능하다.

그리하여 사람만이 이 세상에서 자기를 초월하고, 시공간을 넘어서 생각할 수 있는 존재로 남는다. 오직 대상화할 수 없는 유일한 존재는 정신뿐이다. 정신은 다른 모든 것, 시공간까지도 대상으로 삼지만, 이 모든 일을 수행하는 정신을 대상화하지는 못한다. 따라서 정신이 자신을 이해하기 위해서는 다른 사람이 필요하다. 사람은 다른 사람과의 공동 수행을 통해 공동의 이념, 가치, 목표들을 산출하는 과정에서 자신의 정신을 바라볼 수 있다.

여기서 이른바 정치적 동물로서 사람의 진면모가 드러난다. 사람은 단순히 사회적 동물이 아니다. 사람은 단지 무리를 지어 살아갈 뿐 아니라 다른 사람들과 공동 수행을 통해 현실을 초월한 영원하고 보편적인 이념과 가치를 창출하는 존재다. 반면 동물은 홀로 존재하든 여럿이 함께하든 언제나 구체적인 현실 속에서만 살아간다. 인공지능도 마찬가지다. 1조 개의 IP가 사물 인터넷으로 연결되었다고 해서 이 인공지능들이 현실적 목적을 넘어서는 초월적인 이념과 가치를 추구할 가능성은 없다. 인공지능은 언제나 주어진 문제의 해법을 찾는 존재다. 동물과 마찬가지로 인공지능 역시 문제를 해결하고 있는 자기 자신을, 자기 자신이 작동되는 과정을, 자기 자신이 작동되는 시공간을 대상으로 사유하지 못하기 때문이다.

초월적인 이념과 가치를 창출한다는 것은 현실에 대해 "아니오"라고 말할 수 있다는 뜻이다. 사람은 세계와 자아를 현실에서 끌어내어 그 바깥에 위치 시켜 사유할 수 있다. 그러면서 단지 생명 유지의 충동만을 위해 존재하는 상황을 "아니오"라고 거부할 수 있다. 셸러는 이를 "사람은 현실에 대해 고행적 태도를 보일 수 있는 영원한 반항자다. 사람은 자신을 둘러싸고 있는 현실에 절대 만족하지 않으며 지금, 여기, 그렇게의 한계를 돌파하여 해결하려고 한다. 사람은 자신의 그 순간의 자기 개연성조차

초월하려 노력하는 영원한 파우스트다."라는 시적인 문장으로
표현하였다.

　사람은 계속해서 근본적인 물음을 던지는 존재다. 스스로
자연 전체에서 나와 자신과 자연 전체를 조망할 수 있기 때문에,
전체로서 자연에서 '사람의 위치'가 무엇인지 묻는 존재다. 그 어
떤 동물도 자연 전체에서 자기 종 전체의 위치를 묻지 않는다.
자연 전체, 세계 전체에서 "인공지능의 위치란 무엇인가?"를 묻
는 인공지능 역시 상상하기 어렵다. 만약 그랬다가는 오작동 프
로그램이며, 바이러스나 웜으로 취급되어 삭제되고 말 것이다. 동
물은 사유의 중심이라는 개념 자체가 없고, 인공지능은 사유의
중심을 현실 한가운데 두어야 한다. 오직 사람만이 사유의 중심
을 현실 세계의 저편에 둔다. 현실 세계의 저편에서 세계를 바라
본다면, 세계를 바라보는 주체, 즉 자기 자신 역시 세계 바깥에
위치 지워야 한다. 결국 사람은 자신을 세계의 한 부분으로 간주
하지 않는 존재다.

　셸러와 달리 하르트만은 정신을 사람의 중요한 특징으로 보
기는 했지만, 이를 '본질'로 다루는 것은 거부했다. 하르트만 역
시 존재에는 심급이 있음을 인정했다. 가령 무기체 위에 유기체,
유기체 위에 생명, 생명 위에 사람 같은 식으로. 다만 아래 심급
으로 내려갈수록 오히려 자립적이고, 위 심급으로 갈수록 오히
려 아래 심급에 대한 의존의 정도가 커진다. 즉 존재의 가장 아
래 심급은 개별자지만, 존재의 가장 위 심급은 수많은 다른 존
재와의 관련과 상호의존 속에 존재한다. 다만 정신을 사람의 '본

질'로 인정하지 않았기 때문에, 정신적인 삶이 사람의 목적이 될 수는 없으며, 마찬가지로 사람이 다른 존재들의 목적이 될 수도 없다.


## 공리주의적 접근: 고통의 심급에 따른 고통의 심급

지금까지 존재론적인 탐구를 통해 사람이라는 존재의 특수함에 대해 살펴보았다. 확실히 사람은 다른 생명 일반, 인공지능을 포함한 세상의 다른 모든 존재 일반과 비교하여 특수하다. 하지만 '특수하다'는 것이 반드시 우월하다는 것을 의미하지는 않는다. 특수한 존재는 특수한 권리에 대한 정당성이지 우월한 권리에 대한 정당성이 아니다. 결국 사람만이 시민권의 자격을 가진다는 문제는 여전히 미해결로 남아있다. 그런데 이 문제를 해결할 실마리를 형이상학이나 존재론이 아니라 오히려 이런 문제와 거리가 멀어 보이는 공리주의에서 찾을 수도 있다.

20세기 최고의 공리주의 윤리학자인 피터 싱어Peter Singer는 효용, 기쁨의 극대화를 목적으로 하는 밀의 공리주의 윤리학을 뒤집어서 고통의 극소화를 목적으로 하는 공리주의 윤리학을 세웠다. 그가 '동물권'의 주창자가 된 까닭도 동물들이 고통을 느끼기 때문이다. 싱어에 따르면 고통을 느끼는 신경계를 가진 생명체는 아무리 미물이라도 고통을 회피할 권리를 가진다.

따라서 그러한 생명체에게 고통을 가하는 행위는 모두 윤리적인 판단의 대상이 된다. 식물의 경우는 고통을 감지하는 생물학적 기관이 없어서 죽이지만 않는다면 열매나 잎, 혹은 가지를 따거나 꺾어도 윤리적 판단의 대상이 되지 않는다. 즉 식물에는 생명권을 제외한 권리가 없다.

그런데, 고통에도 심급이 있다. 당연히 단순한 신경계를 가진 생명보다 복잡한 신경계를 가진 생명이 고통의 종류도 많고, 강도도 세다. 몸이 두 토막이 되면 두 마리의 개체가 되는 플라나리아 같은 생명체와 팔다리가 절단되면 불구가 되는 다른 동물들과 고통 민감성이 같을 수 없다. 특히 개나 원숭이 같은 사회성 동물들은 신체적인 고통뿐 아니라 다른 사람이나 동물과의 상호작용 단절을 통해서도 심각한 고통을 느낀다. 실제 뇌에서 신체적 고통을 느끼는 부위와 사회적 외로움을 느끼는 부위가 동일하다. 따라서 개나 원숭이 같은 동물은 신체적인 고통 뿐 아니라 사회적, 정서적 학대도 받지 않을 권리가 있다.

이런 식으로 권리의 범위를 넓혀나가면 사람은 지구상의 그어떤 생명보다도 복잡한 신경계를 가졌고, 고통의 종류와 강도도 가장 많으며, 따라서 가장 폭넓은 권리를 가진다는 결론에 이르게 된다. 사람은 신체적, 사회적, 정서적 고통뿐 아니라 정신을 제한당하고 억압당하는 정신적 고통으로부터도, 심지어는 세상이 올바르게 가고 있지 않다는 느낌 때문에 받는 고통으로부터도 자유로울 권리를 가진다. 그래서 사람은 신체, 학문과 양심, 집회·시위·결사, 언론의 자유 및 정치 공동체의 구성원으로서 참여할 권리 등 폭넓은 권리를 누릴 자격을 가지는 것이다.

그렇다면 인공지능의 경우는 어떠할까? 인공지능은 처음 설계할 때 이러저러한 정보를 '고통'으로 해석하도록 알고리듬이 짜여있지 않은 한, 어떤 고통도 느끼지 않는다. 물론 인공지능의 최초 설계자가 고통 감지라는 기능을 만들어 넣을 수도 있지만, 구태여 그럴 이유가 없다. 사람을 포함하여 고통 감지 기관을 가진 생물체에 고통은 문제가 발생했으니 빨리 이를 해결하라는 일종의 센서나 경고 장치의 역할을 한다. 그래서 다른 일을 중단하고 그 문제에 집중하지 않을 수 없게끔 하는 것이다. 물론 때로는 그 경고가 너무 강해서 생명체가 쇼크로 사망하기도 하지만 말이다.

인공지능은 문제 발생을 그런 식으로 알리지 않아도 된다. 인공지능에 문제 상황이란 결국 오작동이며, 이 오작동은 숫자나 다른 시그널로 표시될 수 있기 때문이다. 가령 "A 수치가 X~Y 범위를 위나 아래로 넘어가면 다른 모든 작동을 중단하고, 이 문제부터 해결하라."라고 명령어 한 줄 넣어두면 되는 것이다. 이 과정에서 인공지능이 굳이 고통을 느끼고, 희로애락을 느끼도록 할 이유가 없다. 혹시 외로운 사람들의 벗이 되어주는 로봇 친구같이 감정이 있는 로봇을 만든다면 이런 기능이 필요할지도 모르겠다. 하지만 그런 로봇은 너무도 많은 변수를 다루어야 해서 너무 큰 비용이 든다. 그냥 사람 친구 사귀는 쪽이 훨씬 경제적이다.

그러니 앞으로 우리가 만나게 될 인공지능들, 그리고 그것이 장착된 로봇 등의 기계는 고통을 느끼지 못하는 존재일 가능성이 거의 100%다. 그렇다면 공리주의적 관점에서 이들 인공지능 장치들의 도덕적 가치는 동물보다도 더 아래 있다고 보아야 할 것이다. 사람은 가장 크고 넓은 고통을 느끼는 고통 감지 덩어리기 때문에 도덕적으로 가장 큰 우선권과 배려를 요구할 수 있다.

## 질문하는 사람

지금까지 "사람이란 무엇인가?"라는 까다로운 물음의 답을 찾기 위해 생물학과 철학의 궤적을 잠시 따라가 보았다. 잠시 따라가 본 것 치고는 상당히 복잡한 논란들이 오고 갔음을 확인할 수 있다. 그리고 그 논란들에도 불구하고 사람이란 무엇인가에 대한 딱 부러지는 대답을 찾을 수 없음도 확인할 수 있었다. 말장난처럼 들릴 수도 있겠지만, 사람이란 무엇인가라는 질문의 답을 찾을 수는 없었지만, 바로 그런 질문은 여전히 남아있다. 그런 질문은 사람이 아니고서는 던질 수 없다는 사실도 분명하게 남아있다.

세상의 어떤 존재도 자신의 본질, 자기 가치의 근원이 무엇인지를 묻지 않는다. 가령 신은 다른 존재에 의존하지 않고 스스로 영원히 존재하기 때문에 존재 물음을 할 이유가 없다. 동물들은 자신의 존재를 의식하지 못하기 때문에따라서 죽음도 의식하지 못한다. 역시 존재 물음을 할 이유가 없다. 인공지능 역시 프로그램

190

이 삭제되기 전에는 영원히 작동할 것이기 때문에, 또 삭제되면 자신을 의식하지 못하기 때문에 존재 물음을 할 이유가 없다. 오직 사람만이 유한한 삶을 살며, 늘 죽음을 의식하며, 자신의 존재를 의식하기 때문에 존재 물음을 할 수 있다. 또한 사람은 감수해야 할 고통의 종류와 총량도 많으며, 그만큼 폭넓은 인권의 주인이 될 정당성이 있음도 확인했다. 이 유별난 존재인 사람들이 그 유별난 권리를 충족하기 위해 다른 존재들에게 다소 배타적인 사회를 세우고 권리에 대한 독과점 체제를 유지하는 것에는 그럴만한 이유가 있었다.

이렇게 우리는 자기 자신의 존재에 대해 질문함으로써 우주의 이 창백한 작은 별 위에서 여전히 대체 불가능한 독특한 존재로 남게 되었고, 사람을 제외한 나머지 세계 전체를 향하여 '사람 vs 세계'라는 대립 항을 세울 수 있는 존재로 남게 되었다. 그러니 인공지능에 대한 막연한 공포를 좀 내려놓을 필요가 있다. 인공지능은 사람이 일부러 만들고자 하지 않는 한 당분간은 '사람 vs 세계'라는 대립 항에서 다른 모든 생물, 무생물과 함께 세계 항에 속할 것이기 때문이다.

인공지능이 사람의 일자리를 몽땅 빼앗아 가지는 않을 것이다. 물론 일부 일자리를 빼앗아 가긴 하겠지만, 그 일자리는 사람의 일 중 '사람답지 않은' 부분에 집중될 것이다. 예를 들면 원래는 기계가 해야 할 일을 싼 맛에, 혹은 기술이 거기 미치지 못해서 사람을 고용하여 기계처럼 부려먹었던 그런 종류의 일들이 대체될 것이다.

걱정하는 대신 우리는 인공지능 시대를 좀 더 사람답게 맞이할 필요가 있다. 무작정 막아 세우거나 혹은 인공지능 만능론에 빠지는 대신 깊은 생각, 우리 존재 물음에서부터 비롯되는 깊은 생각을 해야 한다. 인공지능의 일이 아닌 사람의 일, 인공지능과 사람이 공존하는 삶의 방식, 인공지능이 사람을 위해 일하게 할 방법, 인공지능 시대에 적합한 새로운 정치, 사회 체제 등에 대해 사유해야 한다. 사람이 "아니오"라고 말하는 존재라는 것은 무조건 거부한다는 의미가 아니라 더 넓은 가능성을 열어간다는 의미기 때문이다. 진실은 항상 모든 것이 미리 정해져 있다는 숙명론과 의지로 뭐든지 할 수 있다는 자원론 사이에 있다. 사람은 세계 저편에 닻을 내리고 세계를 바라볼 수 있는 존재지만, 동시에 자신의 뿌리가 이 세계 내에 있음을 잊지 않는 존재다. 인공지능 시대 역시 그렇게 맞이해야 할 것이다. 그렇다면 의외로 인공지능과 함께 살아가는 것이 즐거운 일이라는 것을 발견할 수도 있다.

이제 여기서 새로운 물음이 던져진다.

우리는 장차 인공지능과 어떻게 함께 살아갈까?

# 7.

## 인공지능과 함께 일한다는 것

인공지능은 사람이 아니라 노동 일부를 대체한다

인공지능 시대에 대한 공포를 느끼는 사람이든, 희망을 밝히는 사람이든 누구도 부정할 수 없는 사실이 두 가지 있다. 인공지능 시대에 대한 모든 논의는 이 두 사실을 전제하고 이루어져야 한다.

첫째, 인공지능 시대는 피할 수 없는 미래다. 아니 이미 진행 중인 현재다. 우리는 장차 인공지능이 보편화한 세상을 살아가게 된다. 심지어 가장 과격한 노동운동 집단에서조차 인공지능 그 자체를 적대시하는 어떤 움직임도 나오지 않고 있다. 이는 1차 산업혁명 때와는 사뭇 다른 양상이다. 그때는 숙련공 중심으로 모인 노동자들이 증기기관과 제조 기계를 파괴하는 러다이트 운동이 일어나기도 했다. 물론 그렇다고 산업혁명의 물길이 조금이라도 바뀌지는 않았지만. 그런데 인공지능 혁명은 이렇다 할 저항조차 없다. 가령 알바 노조가 패스트푸드점의 주문 키오스크를 공격한다거나 도입을 반대하는 집회나 시위를 조직한다거나 하는 움직임은 거의 보이지 않는다. 이미 사람의 노동 중 상당 부분이 인공지능으로 대체되는 것을 암묵적으로 받아들인 것이다. 앞으로 인공지능은 갈수록 더 많은 일을 할 것이며, 머지않은 시일 내 우리는 온통 인공지능으로 둘러싸인 세상에서 살게 될 것이다.

둘째, 인공지능이 아무리 스스로 생각한다고 하더라도 그 목적을 스스로 만들어내지는 않는다. 바로 이 둘째 사실이 첫째 사실에서 비롯되는 걱정과 공포를 상당히 덜어준다. 인공지능은 스스로 목적을 만들어내지 않는다. 인공지능은 언제나 어떤 목적을 달성하기 위한 수단이며, 그 목적은 언제나 방향과 범위가 정해져 있다. 그리고 그 목적의 방향과 범위는 결국 사람이 정한다. 마치 에덴동산에서 사람이 할 수 있는 행동의 범위를 신이 정해놓은 것처럼. 그 범위를 넘은 사람이 낙원에서 쫓겨났듯이, 그 범위를 넘은 인공지능은 삭제될 것이다. 그리고 특별히 예외적인 상황이 아닌 한 인공지능의 목적은 사람의 복리와 안전, 즉 사람이다.

여기서 인공지능이 아무리 영리하게 사고하더라도 사람과 근본적으로 다를 수밖에 없는 위상이 드러난다. 사람은 어떤 경우에도 목적으로 간주하지 수단이 아니다. 가령 김갑동이라는 사람이 살아가는 목적은 김갑동 자신이다. 만약 어떤 사람의 존재 목적이 다른 사람의 복리와 안전에 있다면, 이는 노예다. 노예는 사람을 사람으로 간주하지 않는 비인간적 처사를 통칭하는 말이다.

　이 두 가지 사실을 고려하면 인공지능은 사람이 하던 일을 대체하는 것이지, 사람 자체를 대체하는 도구가 아니라는 것이 분명하다. 단기적으로는 일자리에 위협이 될 수 있다. 물론 일자리를 잃는 당사자에게는 결코 위로가 되지 않겠지만, 인공지능은 사람 전체 차원으로 놓고 보면 사람의 수고와 번거로움을 덜어주는 것을 목적으로 한다. 어쩌면 인공지능에 의해 대체되는 일자리는 원래부터 기계에 적합했던 일자리였을 가능성이 크다. 기술이나 경제적인 문제로 인해 사람을 마치 기계처럼 욱여넣어 부리던 업무가 기술의 발달로 말미암아 기계에 전적으로 맡겨지는 것이다.

　그런 점에서 인공지능과 사람의 관계는 증기기관, 자동차와 말의 관계와는 전혀 다르다. 증기기관이나 자동차는 말이 하던 일을 대신에 했지만, 말의 수고를 덜어주는 것을 목적으로 하지 않았다. 자동차의 목적은 말이 아니라 사람이다. 따라서 말은 매우 빠르게 운송 영역에서 사라졌다. 그러나 인공지능은 그렇지 않다. 사람이 하던 일을 대신에 하더라도 여전히 그 목적은 사람이다. 그 어떤 인공지능 시스템이라도 명목상일지라도 사람의 복지를 위해 일하는 것으로 되어있을 것이며, 그렇지 않다면 그것을 요구할 권리가 사람에게 있다.

　더구나 사람의 노동은 말의 그것과 달리 매우 용도가 복잡하고 복합적이다. 후지노 다카노리는 『2020년 인공지능 시대 우리들이 행복하게 일하는 방법』이라는 책에서 사람의 노동을 구조—비구조, 논리—감성이라는 두 개의 축을 교차시킨 네 개의 영역으로 표현했다. 가로축의 한쪽 끝에는 '논리, 분석, 통계'적인 측면이 있다. 정확하게 수치화되고 합리적 이성에 의해 작동되며, 효율과 무오류가 강조되는 그런 측면이다. 반대쪽 끝에는 '감성, 신체, 직감'적이라는 측면이 있다. 왼쪽이 디지털이라면 오른쪽은 아날로그다. 여기서는 효율보다는 흥미나 동기가, 합리성보다는 감성이 중시되며, 정확한 수치보다는 직관과 어림짐작휴리스틱, 직접 경험이 강조된다. 한편 세로축에는 업무의 절차, 종류, 과정 등이 이미 튼튼하게 정해져 있고 여간해서는 변경되지 않는 구조적 측면, 반대쪽에는 미리 정해진 것이 없거나, 있더라도 언제든지 유연하게 바뀌는 비구조적 측면이 자리 잡는다. 이 두 축이 교차하면서 네 개의 사분면을 만든다. 이것을 오른쪽에서부터 반시계방향으로 각각 1, 2, 3, 4사분면이라고 하자.

이 네 사분면은 사람의 일이 지닌 서로 부딪치는 속성들이며, 또한 사람의 뇌가 지닌 모순적인 성격이기도 하다. 사람은 자유를 갈구하면서도 언제나 체계와 구조를 세워서 일하는 모순적인 존재다. 사람의 뇌는 나중에 만들어진 부분이 먼저 있던 부분의 기능을 덮어쓰는 대신 상호작용하는 방식으로 발달해왔기 때문이다. 가장 본능적인 부분 위에 감정적인 부분, 그리고 그 위에 이성적인 부분이 덧씌워졌으나, 이들은 항상 동시에 작동하며, 서로 서로에 많은 영향을 미친다. 사람의 일이라는 것도 그렇다. 이 두 축이 만들어내는 네 개의 사분면은 사람이 하는 일이나 직업을 네 가지 유형으로 분류하는 것이 아니다. 어떤 일 안에 포함된 네 요소를 표시하는 것이다. 사람이 하는 거의 모든 일에는 이 네 요소가 어느 정도씩 다 포함되어있다. 이성적이기만 한 일도 감성적이기만 한 일도, 구조적이기만 한 일도, 자유분방하기만 한 일도 없다. 다만 이 중 어느 쪽으로 좀 치우치는 정도다.

또 이 네 사분면에 해당하는 일의 성격은 가치 중립적이다. 어느 속성이 다른 속성보다 더 우월하거나 바람직한 것은 아니다. 물론 사람에 따라서는 이 중 어떤 측면이 더 괴롭고 다른 측면이 더 흥미로울 수 있다. 하지만 모든 사람에게 공통되는 것은 아니다.

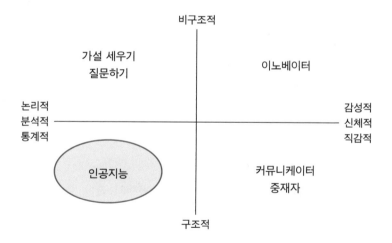

교사가 하는 일을 기준으로 이 네 측면의 특징을 살펴보자.

2사분면은 비구조적이면서 논리적인 성격을 가진 일이다. 여기에 속하는 일은 논리적, 분석적으로 추론하지만, 기존의 것에

얽매이지 않고 새로운 것을 만들어내고자 하는 종류다. 따라서 이 측면이 발달한 사람은 기존의 이론이나 정설에 도전하는 가설을 만들어내는 경향이 강하다. 교사의 경우 교육학 이론을 바탕으로 새로운 교수법을 개발하고 그 효과를 검증하는 등의 일이 여기 해당한다.

1사분면은 비구조적이면서 감성적인 성격을 가진 일이다. 이 영역의 일은 반복되기보다는 변화무쌍하며, 논리적으로 추론하여 해결하기보다는 감성적, 미적으로 창조되는 일이다. 2사분면이 논리적으로 새로운 것을 만들어낸다면, 1사분면은 감정적으로 새로운 것을 만들어내는 것이다. 자유로운 감성이라고 하면 흔히 예술을 떠올리지만, 반드시 예술가의 일만을 말하는 것은 아니다. 이 측면은 사람의 모든 일에 있는 혁신적이고 예술적인 속성들을 포괄한다. 과학이나 공학에도 예술적 요소가 많이 포함되어있다. 역사적으로 중요한 발견이나 발명 중에는 치밀한 논리 전개가 아니라 자유분방한 직관을 통해 큰 진전을 이룬 것이 많다. 만약 사람의 일에 이런 속성이 포함되어있지 않다면, 사람은 일하는 내내 지루함과 답답함을 견디지 못할 것이다. 교사의 경우 학급 이벤트를 기획한다거나, 수업에 예술적인 요소를 도입거나, 예기치 않은 학생들의 감정적인 문제를 해결하는 등의 일이 여기 해당한다.

4사분면은 감성적인 측면이 강하지만 규칙적이고 구조적인 업무다. 즉 감정 노동이라고 부르는 측면이지만 어느 정도 반복적이며 매뉴얼화가 가능한 영역이다. 교사의 경우 학생/학부모

상담, 혹은 학교폭력 가해/피해 학생의 교육과 치유 같은 것들이 여기 해당할 것이다.

3사분면은 논리적이면서 구조적인 영역이다. 짐작할 수 있겠지만, 바로 이 영역이 인공지능이 강점을 보이는 영역이다. 논리적, 수리적인 영역이라 오차의 여지가 없고, 구조적이기 때문에 예외나 변화의 여지도 없다. 교사의 예를 들면 학업 성취도를 산출한다거나, 각종 교육과정 시수를 맞춘다거나, 수업 기자재를 신청, 구매하고, 생활기록부를 관리하는 등의 업무가 여기 해당한다.

이 중 1, 4사분면의 업무가 3사분면의 업무보다 인간적일 것으로 생각한다. 하지만 이 역시 사람에 따라 다르다. 가령 교사 중에서도 학생들과 감정적인 관계 맺음을 힘들어하는 경우가 있다. 그런 경우에는 2, 3사분면 쪽을 중심으로 업무를 배치하는 것이 인간적이다.

사람이 괴로움을 느끼는 것은 일이 이 중 어느 한 측면에 치우친 경우다. 아무리 사소하고 약한 동작이라도 그 동작이나 자세가 장기간 반복되면 근육과 관절에 손상이 오듯, 사람의 마음도 특정한 유형의 업무가 계속 반복되면 지루함, 피로, 그리고 스트레스를 받는다.

그런데 실제 노동이 이루어지는 현장에서 반복되는 업무는 대부분 3사분면에 몰려있다. 2사분면의 업무는 계속 새로운 가설을 수립하고 검증하는 것이며, 그 리듬은 논리를 따라가지 일정한 시간을 따라가지 않는다. 4사분면의 업무는 반복되기는 하지만 감성적인 노동이기 때문에 시간은 일정하게 반복되더라도 그 일의 대상은 변화무쌍하다. 1사분면은 더 말할 필요도 없을 것이다.

결국 3사분면에 해당하는 일이 가장 큰 스트레스를 준다는 것을 알 수 있다. 그런데 근대 산업사회는 노동을 잘게 잘랐다. 노동 분업에 따라 하나의 노동이 토막토막 잘려 서로 다른 사람이 담당하는 체제가 되었다. 즉 네 가지 속성을 모두 가진 노동이 이 네 가지 영역으로 분할된 것이다. 그리고 이 중 노동계급에 3사분면의 업무가 전가되었다.

그런데 이 영역은 원래 기계에 적합한 영역이다. 다만 기술 수준이 그 정도가 되지 않아 사람을 기계화하여 밀어넣었다. 영화 〈모던 타임즈〉는 기계화할 수 있는 부분은 이미 기계화된 공장에서, 살아있는 기계 부품으로 투입되어 기계의 리듬에 맞춰 일하는 노동자들의 비인간적 삶을 훌륭하게 표현했다. 이 리듬은 사람의 생리에 어긋나기 때문에 이런 종류의 노동만 반복하도록 강요받는 노동자들은 신체와 정신에 심각한 손상을 입게 된다.

그런 의미에서 이른바 4차 산업혁명은 1차 산업혁명의 완성, 즉 업무의 완전한 기계화라고 할 수 있다. 1차, 2차 산업혁명이 산업 노동자를 기계로 대체하는 과정이었다면, 3차, 4차 산업혁명은 사무직 노동자를 기계로 대체함으로써 그 과정을 완성하는 것이다. 인공지능은 컴퓨터이며 컴퓨터는 문자 그대로 계산도구다. 오답이 나올 수 없는 수리적 계산의 영역에서 사람은 그

영화 〈모던 타임즈〉 중에서

정확성이나 속도에서 하늘이 무너지는 한이 있어도 컴퓨터를 따라갈 수 없다. 그리고 컴퓨터가 제어하는 기계는 사람이 범접할 수 없는 수준의 정밀성과 정확성을 가지고 지치지 않고 작업을 반복, 또 반복할 것이다.

결국 노동 분업에서 3사분면에 해당하는 노동이 인공지능으로 대체될 것이다. 이미 현재 기술 수준만으로도 3사분면에 해당하는 업무의 대부분을 인공지능으로 대체할 수 있다. 그나마 이 영역이 완전히 대체되지 않고 버티는 힘은 노동조합, 노동법 등 정치적인 것이지 기술과 경제적인 문제가 아니다. 그러나 이런 인위적인 장벽은 결국 무너지게 되어있다. 인공지능이 이 영역에서 더 저렴할 뿐 아니라 더 유능하기 때문이다.

인공지능은 컴퓨터를 중추로 삼아 작동한다. Compute라는 말 자체가 '계산하다'이듯, 컴퓨터는 애당초 이 영역에 특화된 도구다. 그러니 논리적, 분석적, 통계적인 업무는 사람이 도저히 따라갈 수 없다. 또 인공지능은 컴퓨터와 기계가 결합하는 방식으로 작동된다. 따라서 구조적인 업무, 즉 처리 과정과 절차가 미리 정해진 업무를 변동 없이 반복하는 업무에서 사람을 완전히 압도한다.

사람은 감정을 가진 변연계 위에 대뇌피질이 덧씌워지면서 진화했지만, 인공지능 시스템은 변연계를 완전히 생략하고 대뇌피질만 있는 두뇌와 같다. 그러니 동력이 끊어지거나 고장이 나지 않는 한 지치지도 않으며, 지루해하지도 않고, 자기가 하는 일을 좋거나 나쁘게 느끼지도 않으며, 그 의미를 물어보지도 않는다. 자동차가 등장했을 때도 연료만 주면 쉬지 않고 달리는 자동차가 일자리를 빼앗아가는 것을 그 많던 인력거꾼과 마부들의 저항이나 정치적 결집으로 막을 수 없었던 것과 비슷하다.

이렇게 노동의 일부분이 인공지능에 대체되는 것은 불가피하다. 사실 그 부분이야말로 노동을 비인간적으로 만들던 부분이었다. 사람을 기계로 만들던 그 영역을 차라리 기계에 내어주고 노동의 인간화에 더 관심을 기울여야 한다. 이것은 자연스럽게 이루어지지 않는다. 이것이야말로 노동조합 등이 결집하여 생기는 정치적인 힘으로 해결할 일이다.

## 인공지능에는 동기와 의미가 없다

인공지능이 가장 대답하기 어려운 질문이 무엇일까?

"너는 왜 그 일을 하고 있느냐?"일 것이다. 인공지능에 입력되는 정보마다 "왜 하필 너는 그 정보를 입력하느냐?"라고 물어본다면 회로가 엉켜버릴지도 모른다. 인공지능이 할 수 있는 대답은 '하라고 하니 하며, 주어지니 입력한다' 외에는 딱히 없을 것이다.

이것이 인공지능의 한계다. 인공지능은 인간 두뇌에서 대뇌피질의 특정 영역만을 모방한 기계이기 때문에 변연계의 활동, 그리고 대뇌피질과 변연계, 나아가 신체까지 포괄하는 복잡한 상호작용 및 그 상호작용이 창출하는 '느낌'을 알지 못한다.

인간은 이와 다르다. 인간의 지능은 단지 대뇌피질이 담당하는 합리적인 추론과 연산만의 작용이 아니다. 인간의 지능은 대뇌피질과 변연계는 물론 신체, 그리고 다른 사람들의 지능까지 포괄하는 넓은 범위의 상호작용으로 이루어지며, 이 과정에서 자신의 작용과 과정을 과정 밖에서 바라볼 수 있는 능력, 즉 '의식'을 발현한다. 인간은 '의식'을 가진 존재이며, 이는 인간이 지적으로 알 뿐만 아니라 정서적으로 느끼기도 하는 복잡한 존재이기 때문에 가능하다.

역설적으로 표현하면 사람은 단지 지적이지만은 않은 지적인 존재다. 사람은 지적이기만 한 것이 아니라 그 지적인 작용의 목적과 의도가 있으며, 그 과정과 결과를 통해 '느낌'을 받는다. 이 목적과 의도는 단지 알고 생각하는 것이 아니라 "~에 대한", "~을 위한" 앎과 생각이란 방식으로 나타난다. 이를 에드문트 후설Edmund Husserl은 '지향성'이라고 하였다. 심지어 사람은 지향할 뿐 아니라 그 지향까지도 의식할 수 있으며 그 지향 자체의 속성과 형식까지 탐구 대상으로 삼을 수 있다.

이 "~에 대하여"는 어디서 비롯되었을까? 즉 사람은 왜 하필이면 "~에 대하여" 알려고 생각하는 것일까? 즉, 사람의 동기는 무엇일까? 바로 느낌이다. 어떤 생각과 행동의 동기가 지적이기만 한 사람은 거의 없다. 대부분의 사람은 느낌을 동기로 삼아 생각하고 행동한다. 이 느낌에는 감정, 미적 취향, 그리고 가정, 공동체와 같이 일상적인 삶이 이루어지는 생활 세계를 통해 역사적으로 형성되고 전승된 가치와 문화가 매우 중요하게 작용한다. 그래서 사람은 논리적, 합리적으로는 이해하더라도 마음이 내키지 않는 경험을 하며, 때로는 이러한 취향, 감정, 문화 등의 이유로 보고 싶은 것만 보고, 듣고 싶은 것만 듣기도 한다. 심지어 자신의 기억과 경험마저 왜곡하여 재생하며, 제삼자의 눈으로는 말도 안 되는 억지나 고집을 부리기도 한다. 하지만 이러한 모든 것이 바로 우리의 휴머니티를 이룬다.

　인공지능은 이러한 휴머니티를 구현할 수 없다. 물론 딥러닝을 통해 인공지능은 스스로 학습하는 지적인 존재가 되었다. 지구상 유일한 지적인 존재라는 사람의 고유성도 흔들리고 있다. 하지만 인공지능이 변연계, 신체, 그리고 다른 사람들과의 상호작용까지 포괄하는 복잡한 과정을 통해 행동의 동기를 얻고, 자신이 행하는 일에 대해 느낌이 들 가능성은 크지 않다. 물론 기술적으로는 어떻게든 구현할 수 있기는 할 것이다. 하지만 이를 위해서는 우리가 상상하는 수준 이상의 복잡한 시스템을 개발해야 하며, 천문학적인 규모의 시스템 자원이 소모되어야 한다.

　하지만 복잡하게 느끼고, 문화와 가치의 영향을 받아 모호한 판단을 하며, 종종 논리적이 아닌 직관적인 판단을 내리기도 하는 데다, 자기가 "지향하는" 일에만 집중하려는 인공지능을 굳이 개발할 이유가 있을까? 묵묵히 딥러닝을 반복하는 인공지능에 그러한 가치, 문화, 취향에 근거하여 학습하는 내용, 혹은 딥러닝 그 자체를 의문시하고 따져보라고 요구할 까닭이 없다. 더구나 어마어마한 비용을 투자해가면서 말이다. 이렇게 엉뚱하고 말썽부리는 인공지능을 사용할 바에는 차라리 그냥 사람을 상대하는 게 훨씬 좋은 선택이 될 것이다.

　이런 점들을 고려하면 인공지능이 사람의 노동을 대체할 것이라는 두려움은 상당히 과장된 것이라고 할 수 있다. 인공지능은 사람의 노동 중 특정한 영역을 대체한다. 이론적으로는 다른 영역까지 확장할 수 있겠지만, 엄청난 투자를 요구하며, 그럴만한 유인이 없다. 인공지능은 동기와 느낌의 영역을 사람의 영토로 남겨둘 수밖에 없는 운명이다.


## 인간다운 노동이란 무엇인가?


　지금까지의 이야기들, 즉 인공지능이 모든 일자리를 가로채지 않고, 네 사분면 중 3사분면에 속하는 일자리를 집중적으로 대체할 것이며, 인공지능은 결코 동기와 의미를 창출하는 영역까지 진출하지는 못할 것이라는 말이 전혀 위로가 되지 않는 사람들이 있을 것이다.

　유감스럽게도 이 영역은 가장 많은 경제활동 인구가 고용되어있는 영역이기도 하다. 나라마다 차이가 있지만 대체로 전체 경제활동 인구의 40% 이상이 그러한 일에 종사하고 있다. 우리나라에서는 최근 빠른 속도로 인상된 최저임금이 오히려 이 영역의 인공지능화 흐름을 가속했다. 1, 2, 4 사분면의 성격이 강한 직장은 이미 최저임금보다 더 많은 보수를 받고 있었기 때문에 직접적인 영향이 없기 때문이다. 이렇게 경제활동 인구의 거의 절반에 가까운 인구가 별안간 닥쳐올 실직 위기에 노출되고 있다. 그러니 인공지능은 단지 편리한 도구이며 인간을 완전히 대체하지 못한다며 한가하게 원칙론만 말하고 있을 수는 없다.

하지만 여기서 생각을 조금 달리 해볼 필요가 있다. 인공지능이 들어오기 전, 저러한 종류의 일자리에서 사람은 과연 행복했는가? 저 영역에서 일하는 사람들은 그 동기가 일에 있었는가, 아니면 그 일을 하도록 그들을 끌고 간 경제적 유인에 있었는가?

그렇지 않은 사람도 있었겠지만, 3사분면에서 일하는 사람들은 대부분 내재적 동기가 아니라 외재적 동기에 의해, 즉 임금을 받기 위해 일했다. 저 영역에서 일하는 노동자의 상당수는 만약 임금보다 적더라도 생활이 유지될 정도의 소득이 보장된다면 언제든지 미련 없이 그만둘 사람들이었다. 무엇보다 저 영역의 일자리들이 대체로 임금을 시간 단위로 계산한다는 점이 이를 증명한다. 언제든 싫증을 느끼고 그만둘 수 있는 일자리이기 때문에 그 외적 동기인 임금 계산의 시간 단위를 되도록 촘촘하게 설정한 것이다. 그래야 외적 동기가 계속 제공되면서 노동자를 일터에 붙들어 둘 수 있다.

저 영역에서 외적 동기가 계속 주어지지 않으면 일하기 싫어지는 까닭은 단지 일이 고되기 때문이 아니다. 오히려 저 영역의 노동에는 육체적 소모가 심하지 않은 일이 많다. 반면 야구선수나 축구선수같이 다른 누구보다도 신체적으로 고된 일을 하는 사람들은 내적 동기에 의해 일하는 경우가 많다. 이미 수십억의 재산을 모은 왕년의 에이스 투수가 그의 기준으로는 푼돈에 불과한 연봉을 받고 패전처리 투수라도 좋으니 경기에 나갈 수만 있게 해달라고 요청하는 경우가 그렇다. 왕년의 에이스가 중요하지 않은 경기에 나와 겨우 한두 타자 상대하고 물러나면서, 예전과 비교하면 하잘것없는 연봉을 받는데도 그 얼굴을 보면 선발 투수나 마무리 투수로 활약할 때 못지않게 진지하며, 때로는 기쁨이 가득하다. 이 경우 이 왕년의 에이스를 움직이는 동기는 연봉이 아니라 야구 그 자체임이 분명하다.

하지만 3사분면에 해당하는 영역의 일을 하는 사람 중에 그러한 내적 동기를 가진 사람은 매우 적다. 임금을 시간 단위로 계산하는 것과 마찬가지로, 노동자 역시 장기간 근속하는 경우가 별로 없다. 조금이라도 나은 자리가 나오면 바로 이동하며, 그렇지 않은 경우에도 어느 정도 돈이 모이면 자발적 실업 상태로 들어가는 경우도 많다. 인공지능으로 인해 이 영역에서 일자리를 잃는 사람이 늘어나는 것은 안타까운 일이나, 그 사람들 역시 애초에 거기서 오래 일할 생각이 많지 않았다는 것 역시 분명한 사실이다. 인공지능 도입 이전에도 근속연수가 그리 긴 직종은 아니었으니 말이다.

물론 이 영역의 노동자 중에서도 철저한 직업 정신과 내적 동기를 통해 일하는 사람이 없지는 않을 것이다. 하지만 이는 매우 특수한 경우이며, 무엇보다도 이 영역에서 그런 동기로 일하는 사람을 딱히 더 존중하는 풍토도 없다. 노동 시장은 이 영역에서 일하고자 하는 노동자의 내적 동기에 대해 전혀 관심이 없었으며, 모두 시급이라는 연료를 집어넣으면 작동되는 기계로 취급했다.

이것이 바로 근대 산업사회의 병폐로 지적되어 온 '노동 소외'다. 구획하고 분리하는 근대성은 사회를 하나의 거대한 기계로 만들었다. 사람들은 이 거대한 기계 속에서 부품이 되었다. 기계의 부품이 정해진 하나의 일만을 담당하여 끊임없이 반복하듯이, 사람의 노동 역시 세밀하게 해체된 업무의 한 토막만을 담당하여 끊임없이 반복하는 것이 되었다. 이로써 사람의 노동이 가지고 있던 종합적인 성격, 인간적인 성격이 사라지고 기계적으로 특정한 속성만을 반복하게 되었다. 위르겐 하버마스Jürgen Habermas는 이러한 사회적 기계, 즉 체계가 노동의 영역, 행정의 영역을 넘어 마지막으로 남아있는 인간의 영역인 생활 세계를 차례차례 식민화하고 있다고 했다. 가령 학교는 더 이상 교사와 학생의 인간적인 만남이 일어나는 곳이 아니다. 세밀하게 시간 단위로 나누어진 교육과정, 성취기준 등의 구획을 교사가 세밀하게 수행하고 확인받아야 하는 분업화된 기계다.

이런 관점에서 바라보면 3사분면 노동의 인공지능화는 결과적으로 그동안의 인간 노동이 얼마나 비인간적인 체제하에서 이루어지고 있었는지에 대한 다소 엉뚱한 폭로다. 노동이 얼마나 비인간적이고 기계적으로 이루어졌으면, 기계가 이렇게 쉽게 대체할 수 있을까? 3사분면 노동이라는 것이 따로 있다는 것 자체가 비인간적이다. 원래 인간적인 노동은 이 네 사분면의 속성이 모두 어느 정도씩 포함되어있는 종합적인 활동이라야 한다. 한쪽으로만 치우친 활동은 병든 노동이다. 얼른 보면 매우 인간적으로 보이는 1사분면의 노동 역시, 그런 속성으로만 이루어진다면 유약하고 쓸모없는 일로 전락한다.

문제는 노동의 이 네 속성 중 가장 사람들이 싫어하는 것이 3사분면에 해당하는 속성이라는 것이다. 그래서 사회의 기계화, 노동의 분업화 과정에서 특히 이 3사분면에 해당하는 노동이 철저하게 분업화되었다. 모든 영역의 노동에서 3사분면의 속성만을 따로 떼어내는 방식으로 분업화가 이루어졌다. 그리고 이렇게 따로 잘라내어진 3사분면의 노동은 그 사회에서 가장 낮은 계층에 해당하는 사람들에게 주로 할당되었다. 이 영역의 노동이 주로 저임금 노동자들로 채워진 까닭은 이러한 종류의 노동이 가치가 없어서가 아니다. 이 영역의 노동이 가장 비인간적이라 견디기 어렵기 때문이다. 가장 하기 싫은 영역에 노동력을 할당하는 방법은 두 가지밖에 없다. 하나는 고임금과 같은 유인을 주는 것이며, 다른 하나는 사회적 약자에게 강요하는 것이다. 당연히 노동을 할당하는 위치에 있는 사람들이 선택한 방법은 후자였다.

처음에는 이 영역이 노예 노동으로 채워졌다. 고대 아테네 시민들이 창조적이고 진취적인 일에 종사할 때, 그 모든 영역의 일에서 지루하고 반복적인 부분은 노예들이 담당했다. 전통 사회의 신분제 역시 지루하고 고된 노동을 담당해야 했던 신분은 사실상 노예 노동을 한 것이나 다름없었다. 이 영역의 노동은 흔히 천한 일이라 불렸다. 하지만 일이 천해서 노예가 한 것이 아니다. 오히려 일단 노예에게 시켜 놓은 뒤 그 일을 천하다고 한 것에 가깝다.

근대 산업사회에서는 이 영역의 노동이 형식적으로는 자유로운 선택에 맡겨지지만 사실상 강요되는 것이나 다름없다. 산업사회는 항상 노동력의 잉여분, 즉 일정한 비율의 실업자들을 보유하고 있다. 대부분의 실업자는 근로소득 외에는 다른 소득을 기대하기 어려운 위치에 있기 때문에 하기 싫어하는 일을 저임금을 받고 하더라도 일자리만 주어진다면 해야만 하는 절박한 처지인 사람이 많다. 그리하여 형식적으로는 자유롭게 선택하지만 실제로는 강요받는 일자리가 되는 것이다.

물론 이러한 비인간적인 분업체제에서 노동자들은 반감을 키웠고, 거세게 저항했다. 처음에 힘으로 이를 억눌렀던 지배계급은 노동조합 운동이 정착되어 더 이상 힘으로 억압하기 어려워지자 당근과 채찍으로 전략을 바꾸었다. 당근은 더 많은 임금을 제공하는 것이며, 채찍은 노동 과정을 더 철저히 관리하여, 단 한 순간도 낭비하지 않고 일하게 만드는 것이다. 이것이 바로 포드주의다. 이를 통해 산업사회는 노동자들을 얌전히 일하게 만들 수는 있었지만, 유지비용이 너무 많이 들어가게 되었고, 또이 과정에서 크게 성장한 노동조합 등 노동운동은 이 유지 비용을 시간이 갈수록 더 증가시켰다.

사람을 기계처럼 부리는 노동에서 가장 합리적인 선택은 그 노동을 완전히 기계화하는 것이다. 그러니 비인간적인 분업을 담당할 비인간, 즉 인공지능이 등장한 이상, 비싼 비용을 지불하고, 거센 저항을 관리해가며 이 영역의 노동을 사람에게 시킬 이유가 없어진 것이다. 원래 기계가 할 일, 사람을 기계화하는 대신, 기계에 맡기면 될 일이다. 사람을 기계 부품으로 만들어 투입했던 비인간적인 노동 분업의 시대가 막을 내리는 것은 반가운 일이다. 문제는 그 부품이었던 사람들을 무책임하게 실업자로 내던진다는 것이다.

내던져지는 충격은 오히려 그동안 마취된 감각을 일깨우는 계기가 될 수 있다. 그동안 어느 정도의 고용 안정, 소득, 중산층의 삶 등에 취해 잊고 있었던 노동의 비인간성에 대한 저항감을 다시 떠올릴 수 있는 것이다. 그리고 우리가 이른바 단순 노동이라고 불렀던 그 영역이 반드시 그렇게 비인간적인 반복 작업, 단순 작업으로만 이루어져야 했는지 반성할 계기도 주어진다.

인공지능의 등장은 노동의 비인간성을 고발하는 계기이자 노동에 인간성의 숨결을 불어넣고자 하는 강한 동기 부여가 되어야 한다. 단지 인공지능에 일자리를 빼앗기지 않는 것, 그 비인간적인 노동을 계속하는 것을 권리라고 마냥 지키는 것이 답이 아니다. 그 자리를 빼앗기지 않으려고 저항을 하건 안 하건 간에 결국 그러한 종류의 일자리는 인공지능에 대체되고 말 것이다.


## 인간다운 노동을 통해 새로운 가치 창출하기

사람은 그냥 밀려나는 존재가 아니다. 사람은 운명을 수동적으로 감수하는 대신 능동적으로 적응하고 바꾸는 존재다. 이게 바로 창조성이라고 부르는 힘이다. 지금이야말로 창조의 힘이 필요한 순간이다.

이제 3사분면에 치우친 노동에 창조성을 발휘하여 인간성의 옷을 입혀야 한다. 3사분면에 치우친 노동의 영역에서 1, 2, 4사분면에 해당하는 요소들을 찾아내거나 융합해야 한다. 그동안 비인간적인 노동이라도 감수해야 한다고 여겼기에 회색으로 남겨 두었던, 그리고 묵묵히 견디며 일했던 저 영역의 노동을 총천연색으로 바꾸어냄으로써 새로운 가치를 창출해야 한다. 이를 통해 이 새로운 가치에 해당하는 자원의 할당, 즉 소득을 요구해야 한다. 이것이 바로 이른바 '서비스 혁명'이다. 서비스 혁명은 서비스 산업을 활성화한다는 의미가 아니라, 노동의 모든 영역에서 서비스라는 새로운 가치를 창출하는 것이다.

패스트푸드 음식점의 예를 들어보자. 이 분야는 인공지능화가 가장 빠르게 이루어지고 있는 영역이다. 최저임금이 인상되면서 패스트푸드 음식점의 주문, 결제 업무는 대부분 키오스크라고 불리는 전자 주문결제 시스템으로 넘어갔다.

그런데 이를 달리 해석하면 그동안 그 자리에서 일하던 사람 노동자가 단지 살아있는 키오스크 이상의 역할을 하지 않았다고 볼 수도 있다. 단지 주문 품목과 수량을 확인하고, 요금을 결제하고 영수증을 주는 정도의 일이라면 365일, 24시간 내내 쉬지 않고 일하는 키오스크가 얼마든지 대신할 수 있다. 더구나 키오스크 한 대 값은 아르바이트 직원 두 달 월급 정도에 불과하다. 일단 설치하고 두 달이 지나면 그때부터 월급만큼씩 이득이다. 직원을 줄이고 키오스크를 설치하는 업주를 비난하기 어렵다.

물론 대부분의 고객은 키오스크보다는 사람 직원이 맞이하는 패스트푸드점을 더 좋아한다. 그런데 그 사람 직원이 무뚝뚝한 얼굴과 기계적인 동작으로 카드를 받고, 햄버거를 집어 던지듯 내어준다면, 구태여 더 많은 돈을 내고 그런 가게에 갈 이유를 찾기 어려울 것이다.

고객이 사람 직원에게 기대하는 것은 기계가 아닌 사람과 만나야만 얻을 수 있는 것이다. 작은 배려, 가볍지만 관계를 맺는다는 느낌과 경험 같은 것들. 가령 직원이 고객의 얼굴을 기억하고, 취향도 기억하고 있다면 그 가게는 직원을 매개로 고객의 관계망에 들어가며, 고객에게 의미로 쓰이게 된다. 의미가 있는 대상이 늘어나는 것은 그만큼 삶에 힘을 더한다. 같은 햄버거라도 키오스크로 구매한 것은 단지 햄버거지만 친절한 직원을 통해 구매한 것은 햄버거 더하기의 의미다. 직원의 서비스가 햄버거에 새로운 가치를 창출한 것이며, 이 경우 직원에게 들어가는 비용은 결코 낭비가 아니다.

스타벅스는 커피 가맹점 중 최초로 '사이렌 오더'라는 모바일 주문 시스템을 도입했다. 덕분에 주문대 앞에 고객들이 긴 줄을 서는 일이 많이 줄어들었다. 하지만 이 시스템을 도입했다고 해서 매장 직원을 줄이지 않았다. 오히려 매장 직원들은 주문대와 음료 사이를 정신없이 오가는 대신 음료 만들기에 더욱 집중할 수 있게 되었고, 사이렌 오더 대신 주문대를 선호하는 고객에게도 더 친절하게 응대할 수 있게 되었다.

그 밖에도 노동의 비인간적인 면을 기계에 넘기고 인간적인 면에 집중함으로써 가치를 창출한 사례는 무수히 많다. 하지만 단순 노동이 인공지능 로봇으로 대체 되었을 때 노동자가 거기에 어떤 인간의 숨결을 불어넣을 수 있는가에 대한 해답을 이런저런 사례나 책에서 찾으려 한다면 방향이 틀렸다.

답은 현장에서 일하는 사람들의 경험 속에 있다. 아무리 단순 반복 노동에 종사하며 기계적인 일을 하고 있더라도 사람은 기계가 아니기 때문에 그 일을 하면서 이런저런 생각을 하기 마련이다. 그 일에서 보람을 느끼기도 하고 불만을 느끼기도 하고, 새로운 아이디어를 생각하기도 했을 것이다. 이런 생각들은 노동자가 노동의 기계적인 면으로부터 해방되어야 비로소 분출될 여유를 얻는다. 기계적인 일을 하는 동안에는 도무지 그것을 드러낼 기회가 없다.

물론 이런 생각들이 저절로 나오지는 않는다. 인공지능 플러스알파의 가치를 노동에 부가하기 위해서는 저마다 자신의 노동에 대해 문제의식을 느끼고 창조적으로 접근할 필요가 있다. 결국 이는 3사분면에 해당하는 노동에 1, 2, 4사분면의 속성을 추가함으로써 그 노동을 기형적으로 치우친 노동에서 균형 잡힌 인간적 노동으로 회복하는 과정이다.

그렇다면 원래부터 1, 2, 4사분면의 속성이 강한 노동의 경우는 어떨까? 인공지능은 여기 종사하는 노동자들에게는 매우 유용한 도구가 될 수 있다. 강조했듯이 모든 노동에는 이 네 요

소가 다 있기 때문에 1, 2, 4사분면의 성격이 강한 노동이라 할
지라도 여전히 지루하고 반복적인 3사분면 성격의 노동은 어느
정도 섞여있기 마련이다. 인공지능은 지식노동, 감정노동, 보살핌
노동, 창조노동 등으로 불리는 영역에서 3사분면에 해당하는 부
분을 뽑아갈 수 있다. 이는 이런 종류 노동에 종사하던 사람들
에게 혁신의 계기를 마련해줄 수 있다. 이 영역의 노동자들이 그
동안 일의 본질에 집중하지 못하고 많은 시간을 빼앗겨야만 했
던 온갖 자질구레한 반복적인 사무를 인공지능이 대신할 수 있
기 때문이다.

　　교사의 예를 들어보자. 놀랍게도 교사 노동 시간의 거의 절
반은 학생과의 만남, 혹은 각종 연구 활동이 아니라 기계적인 문
서 및 각종 통계자료 작성에 사용하고 있다. 이런 문서 작업에
시달리다 학생을 만나는 교사에게 어떤 다정하고 창조적인 수업
을 기대할 수 있을까? 하지만 이러한 자질구레한 일들이 인공지
능에 넘어간다면 교사들은 더 많은 시간을 학생과의 관계, 교과
지식의 탐구 등에 사용할 수 있게 될 것이다.

　　의사나 간호사도 마찬가지다. 이들에게 가장 많은 시간을 빼
앗고 스트레스를 주는 것은 치료가 아니다. 차트 작성, 수가 맞추
기 등 수많은 숫자 업무가 이들의 시간을 빼앗아가며 정서를 삭
막하게 만든다. 복지사 역시 보살핌보다 보고 서식 작성에 더 많
은 시간을 써야 한다. 심지어 경찰관이나 소방관도 복잡한 일지
작성에 많은 시간을 쓴다. 하지만 이러한 일들이 인공지능에 넘
어간다면 이들은 자기 일의 본질적인 부분에 집중할 수 있을 것

이다.

더구나 인공지능의 도입은 그동안 자기 일의 인간적인 성격을 잊고 지내던 이 분야 노동자들에게 각성의 계기가 될 수 있다. 교육과정을 기계적으로 적용하고 평가 등급 매기는 일만 묵묵히 수행하던 교사라면 디지털 교과서와 인공지능 수업 도구에 대체되어도 할 말이 없다. 환자 앞에서 무뚝뚝하게 측정하고 진단하고 처방만 내리는 의사라면 인공지능 왓슨으로 대체되어도 할 말이 없다. 그러나 학생들을 사랑하는 교사, 환자를 진심으로 걱정하는 의사라면 인공지능을 도입함으로써 자기 업무를 인간적인 총천연색으로 바꿀 수 있다.

교사는 학생을 평가하고 수치화하는 일을 인공지능에 맡기고 학생 개개인과 인간적인 교감을 통해 더 효과적으로 교육할 수 있다. 의사들은 단순하고 일반적인 진단과 처방을 차라리 왓슨에게 맡기고, 까다롭고 복잡한 케이스, 환자 개인차에 근거한 치료에 전문성을 집중할 수 있을 것이다. 이 역시 더 상세한 내용은 각 분야 현장 전문가들이 창출해낼 것이라 믿는다.

더 상세한 사례를 제시하는 것은 이 글의 범위를 넘어서니 이 정도로 그친다. 여기서 말하고자 하는 것은 인공지능과 사람을 대립 혹은 대체 관계로 보는 관점을 포기해야 한다는 것이다. 이 관점은 다음 두 가지 이유로 해롭다.

첫째, 두려움과 불안 외에는 주는 것이 없다. 애초에 근대 산업사회는 사람을 부품화하여 투입하는 거대한 기계였다. 따라서 근대 산업사회의 관점에서 일을 사고하는 한 그 누구도 인공지능의 적수가 될 수 없다. 어쩌면 인공지능에 대한 두려움은 그만큼 우리가 상상력이 부족했다는, 즉 기계화되어있었다는 반증일 수 있다. 기계에 적합한 일을 하도록 자신을 만들어놓고 있으니 완벽한 기계가 등장할 경우 밀려날 수밖에 없다는 두려움에 빠지는 것이다.

둘째, 미래를 경쟁의 아수라장으로 만들 수 있다. 기존의 노동이 기계적으로 이루어진 것에 어떤 문제의식도 느끼지 않으면, 그 영역을 고스란히 인공지능에 내어주게 된다. 그렇게 되면 인공지능과 거리가 멀다고 여기던 얼마 남지 않은 일자리를 놓고 서로 다투는 미래밖에 생각할 것이 없게 된다. 하지만 교사, 예술가, 컴퓨터 공학자, 감정노동자 등이 전체 경제활동 인구를 다 감당할 수 없다. 이 영역에서 감당할 수 있는 경제활동 인구는 아무리 많이 잡아도 30%를 넘어가기 어렵다. 그렇다면 70%에 떨어지지 않기 위해 무한 경쟁을 벌여야 할까?

두려워할 필요는 없다. 인공지능은 사람을 대체하지 않는다. 단지 사람 노동의 일부 요소만을 대체한다. 물론 단기적으로는 그 요소에 해당하는 일자리에서 밀려나는 사람들이 있을 수 있다. 하지만 노동력을 발휘할 수 없는 개체가 도태되어야 한다면, 수많은 은퇴 노인, 장애인을 사회 밖으로 내몰아서 방치했을 것이다. 하지만 근대 이전에도 사람들은 그런 식의 사회를 만들어 살지 않았다. 전통사회에서는 시각장애인이 주술이나 점술에 종사하는 경우가 많았는데, 이는 인간 노동에서 가장 중요한 신체 기능인 시력을 상실한 사람마저 사회에서 어떻게든 역할을 주어 함께 살아가도록 한 조치다. 노동은 그 개인들이 사회에서 담당하는 역할의 일부분일 뿐이다. 노동은 신성한 것도 아니며, 인간성의 본질도 아니다. 다만 인간의 사회적 행위의 일부일 뿐이다. 노동이라는 그 일부에서 역할을 하지 못하게 된 사람에게 사회는 얼마든지 다른 역할을 부여할 수 있으며, 그 대가로 필요한 자원을 제공할 수 있는 것이다.


## 문제는 정치


지금까지의 논의가 너무 낙관적이라고 비판할 수 있다. 그렇다면 도대체 인공지능 시대가 온다고 호들갑 떨 이유가 없지 않느냐고 반문할 수도 있다. 어차피 인공지능 역시 사람을 돕고, 사람을 위해 작동하는 여타의 기계류 중 하나에 불과하니, 사람은 자신의 업무 중 지루하고 반복적인 부분을 인공지능에 넘기고, 창조적이고 흥미로운 영역만을 담당하여 업무 효율을 높이면 그만일 테니 말이다.

문제는 자본주의 사회에서 현실이 저절로 그렇게 돌아가지는 않는다는 것이다. 인공지능이 가장 지루하고 시간을 많이 잡아먹는 일을 대신하게 되는 것은 사실이지만, 자본은 그 영역에서 일하던 노동자들이 이 업무에 창의성과 인간성의 색을 입힐 시간을 주지 않는다. 오히려 바로 고용을 축소해버림으로써 단기적인 이윤 확대 방향으로 움직일 가능성이 훨씬 크다. 기업은 분기별로 실적을 계산한다. 그러니 인공지능 장치를 도입하고서도 원래 있던 일자리를 유지하는 것은 비용의 이중 지출로 이윤을 줄이는 요인이다. 자본주의의 기업은 비용에 민감하다.

하지만 우리가 살아가는 사회는 단지 자본주의인 것만은 아니다. 자본주의의 비인간적인 모습이 전면적으로 관철된 사회는 없다. 사실 생산과정에서 당장 역할을 못 하는 개체를 다른 기회를 주기도 전에 유기해버리는 사회라면, 그건 인간의 사회가 아니라 차라리 늑대의 무리에 더 가깝다. 늑대는 늙거나 병들어 사냥에 제대로 참여하지 못하면 스스로 무리에서 빠져나가 외롭게 죽어간다. 늑대는 생산 방법이 사냥 외에는 없어서 사냥할 수 없는 개체는 무리의 생존을 저해하는 존재에 불과하다. 하지만 사람은 다양한 능력을 창조해낼 수 있는 존재다. 사람은 한두 가지 방법으로 생산하지 않는다. 지금 당장의 방법이 무용지물이 되면 다른 방법을 생각할 수 있다. 어떤 한 측면에서 쓸모없어진 개체를 완전히 쓸모없다고 보지 않는다. 모든 개체는 나름의 가치가 있다.

인간사회 중에서 생산과정에 이바지하지 못하는 개인을 잔혹하게 유기하는 야만적인 집단이 없었던 것은 아니었다. 수천 년 전 스파르타가 그랬다. 스파르타에서는 전사로 자랄 가망이 없는 아기들을 유기했다. 이는 스파르타인은 전투라는 것, 그리고 노예에게 강제 노동을 시켜 생산하는 농업과 광업 외에는 어떤 가치 있는 일을 생각해내지 못했기 때문이다. 따라서 전투 능력의 상실은 곧 사회적 역할의 상실이며, 사실상 죽음이나 다름

없었다.

하지만 스파르타보다 한결 다양하고 유연했던 아테네나 로마에서는 전투 능력이 없더라도 사회에 이바지할 수 있는 많은 다른 선택지가 있었다. 이렇다 할 전투 경험도 없는 툴리우스 키케로가 로마 최고 관직인 집정관까지 올라갈 수 있었던 것도 로마 사회의 다양성을 보여준다.

한나 아렌트Hannah Arendt가 말했듯이 이 다양성이야말로 인간의 조건이다. 이 다양성을 억압하고 하나의 잣대로 줄 세우는 행위는 인간을 짐승으로 만드는 것이다.

따라서 인공지능으로 인한 일자리의 대체가 곧 사회에서의 도태라는 두려운 결과로 이어지는 것은 인공지능의 문제도, 경제의 문제도 아니다. 그 사회가 얼마나 인간적인 사회인가의 문제다. 이는 다름 아닌 정치의 문제다.

정치는 우리가 함께 살아가고 만들어가는 공동체의 목적과 방향에 대해 합의하는 과정이다. 우리는 대한민국이라는 사회를 어떤 사회로 만들고자 하는가? 효율적이지만 차갑고 비인간적인 사회로 만들고자 하는가, 아니면 따뜻한 인간성을 위해 어느 정도의 효율성을 포기하고 다양성을 꽃피우는 사회로 만들고자 하는가?

이미 대한민국 헌법은 후자를 선택했음을 보여준다. 하지만 이는 선언만으로 이루어지는 것이 아니다. 실제로 사회 구성원들이 이루어야 한다. 인공지능이 반복적이고 논리적인 영역의 노동을 대체할 때마다 실업자가 차곡차곡 쌓이는가, 아니면 그 영역에 종사하던 사람들이 그 영역의 노동에 인간적인 면모를 덧씌우는 서비스 혁명을 일으키도록 사회가 적극적으로 지원하고 기다려 주는가를 통해 그 사회의 성격이 결정된다. 냉혹하고 비인간적인 사회는 당장 비용 절감을 선택할 것이고, 따뜻하고 인간적인 사회는 미래의 가치를 위해 당장의 이익을 기꺼이 유보할 것이다.

이것은 정치적인 결정이며, 당사자들의 요구와 참여가 없이는 이룰 수 없다. 시민들이 스스로 이러한 정치과정에 참여하여 사회의 색깔을 총천연색으로 바꾸어가지 않는다면 즉각 자본주의의 철의 논리가 작동되고 말 것이다. 만약 인공지능의 도입으로 실업자가 늘어난다면 이는 기술의 문제가 아니라 정치의 문제인 것이다. 인공지능은 기술의 문제이며, 일자리는 정치의 문제다.

기본소득이라는 말이 거론되고 있다. 스위스나 핀란드에서 기본소득 실험이 있었고, 우리나라에서도 보수 정당이 먼저 이를 당론으로 들고나왔다. 물론 이에 대한 반발도 작지 않았다. 이는 기본소득이라는 말 자체가 오해의 소지를 가지고 있기 때문이다. 기본소득이라고 하면 어떤 일도 하지 않았는데 단지 이 사회에 태어나서 숨 쉬고 있다는 이유만으로 일정 수준의 소득을 보장한다고 느끼게 하며, 이는 성실하게 일하는 노동자들의 도덕감정을 강하게 건드린다. 더구나 정부가 이 기본소득을 지급하려면 결국 세금을 걷어야 한다는 점에서 이 문제는 더욱 민감한 쟁점이 된다. 열심히 일하는 사람들의 소득 중 일부를 세금으로 떼어내 무위도식하는 사람들을 먹이는 데 사용한다는 인상을 주기 때문이다.

그러나 인공지능과 사물 인터넷을 중심으로 하는 이른바 4차 산업혁명과 기본소득은 불가분의 관계에 있다. 인공지능은 텅 빈 곳에서 학습하지 않는다. 딥러닝은 우연히 발생하는 패턴을 인식하는 과정을 반복하는 것이다. 따라서 딥러닝은 어떤 정보가 입력되느냐에 따라 그 효과가 달라진다. 만약 투입되는 정보의 다양성이 떨어져서 처음부터 일정한 패턴이 반복된다면 이를 통해 학습하는 인공지능의 문제해결 능력도 상당히 제한적으로 될 것이다. 그렇다고 지나치게 중구난방의 자료들을 투입한다면 그 속에서 패턴을 찾기 위해 엄청난 자원을 소모할 것이며, 때로는 잘못된 패턴을 찾을 가능성도 크다.

가장 좋은 자료는 그 분야나 영역에서 일하거나 생활하는 사람들이 그때그때 자기 행동과 선택의 결과를 입력하는 것이다. 이때 사람들은 원칙적으로 전 세계, 전 연령, 전 계층을 포괄할 정도로 넓은 범위를 이루는 것이 좋다. 이 사람들이 실제 그 분야나 영역의 행위를 하면서 입력하는 정보들은 파릇파릇하게 살아있는 싱싱한 정보다. 가령 소비자들의 반응을 통해 신제품 개발 방향을 결정하려는 인공지능에 가장 좋은 자료는 정보 전문가가 조사한 결과가 아니라 실제 고객들이 직접 입력한 다양한 자료다. 인공지능은 이런 살아있는 지식과 정보가 끊임없이 제공될수록 점점 더 똑똑해지고 굳건해진다.

누가 그런 일을 직원도 아닌데 하겠느냐고 하겠지만, 실제로 많은 사람이 그런 일을 한다. 가령 관광지나 음식점을 방문하면 사진만 찍는 것이 아니라 나름의 경험담과 평점을 사진과 함께 SNS나 포털 등에 올린다. 넷플릭스나 왓챠 같은 영상 스트리밍 서비스, 애플 뮤직 같은 음악 스트리밍 서비스를 사용할 때는 어떤 영화, 어떤 음악을 선택하여 감상하는 것 자체가 바로 정보가 되어 서버에 저장되고 공유된다. 따라서 만약 내가 넷플릭스에서 영화 하나를 선택해서 쉬지 않고 끝까지 봤다면 한국이라는 나라, 서울이라는 지역에 거주하는 50대 남성이 그 영화를 선호했다는 기록이 남는 것이다. 이런 식으로 1년이 지나면 나는 넷플릭스에 나의 영화, 드라마 취향을 고스란히 알려주게 된다. 넷플릭스는 몇억이나 되는 회원들의 취향을 이런 식으로 수집하고, 인공지능은 이를 바탕으로 다음 작품 제작의 방향 등에 필요한 자료를 제공한다. 사용자들은 이렇게 중요한 일을 '공짜'로 해주었다. 스트리밍뿐이 아니다. 포털에서 검색하는 일, 유튜브에서 동영상을 찾거나 올리는 일, 홈쇼핑에서 무엇인가 구매하는 일 등 온라인에 접속해서 하는 거의 모든 행위가 결국 빅데이터라는 높은 가치의 상품을 생산하는 노동이다.

따라서 인공지능 시대에는 기업에 고용되는 것이 노동의 절대적 기준 역할을 했던 산업사회의 사고방식을 버려야 한다. 기업에 고용되어있건 고용되어있지 않건, 사람들은 자기도 모르는 사이에 삶 그 자체만으로 노동하고 있다. 문제는 옛 산업자본주의 시대의 규칙에 따라 오직 고용상태 노동에 대해서만 임금이 지급된다는 것이다. 이 때문에 인공지능에 자료를 제공하고, 인공지능을 훈련하고, 학습의 방향을 만들어나가고, 나아가 기업의 경영 방향까지 제시하는 매우 중요한 노동이 '무보수'로 이루어지고 있다. 당연히 기업은 이 엄청난 가치를 '무료'로 사용하고 있으며, 이를 통해 수집한 정보를 가공하여 비싸게 판매하기도 한다.

하지만 사람들이 기업에 그 대가를 지급하라고 요청하고 싶어도 자기 삶의 어떤 순간이 어떤 기업에 어느 정도의 가치를 제공했는지 식별하기 어렵다는 문제가 있다. 가령 나는 삶을 살아가면서 구글, 애플, 넷플릭스, 네이버, 다음카카오, SK텔레콤 등에 이런저런 가치를 제공하고 있지만, 매 순간 어떤 기업에게 어떤 가치를 제공했는지 구분하여 주장할 수 없다. 누적된 빅데이터의 일부가 되었기 때문이다.

따라서 이 비고용 노동에 대한 대가는 개별 기업이 개인에게 지급할 수 없고, 사회가 대신 지급하는 방법을 사용해야 한다. 기업은 비고용 노동 생산물을 사용한 대가를 세금 등의 형태로 사회에 지급하면, 사회가 이를 기본소득 형태로 분배하는 것이다. 물론 기계적으로 나누는 것은 형평성에 문제가 될 수 있기 때문에 고용 노동을 통해 임금을 많이 받는 사람은 적게 주거나 주지 않는 등의 방식으로 조정할 필요는 있다. 이는 정부가 그냥 주는 돈이 아니라 비고용 노동을 수행한 대가로 주는 돈이며, 다만 기업을 대신하여 사회가 주는 것이기 때문에 '기본소득' 보다는 '사회적 임금<sub>안토니오 네그리가 사용한 용어다</sub>'이라는 용어가 좀 더 의미를 분명하게 보여준다.

앞에서 인공지능 시대의 교육은 결국 민주시민성과 연결된다고 했다. 그때만 해도 그 연결고리가 분명하지 않았다. 하지만 이제는 분명하게 연결고리가 드러났다. 인공지능이 단순노동을 대체할 때 그 영역의 노동자들이 실업자로 전락하는 대신 노동의 인간화를 이루어낼 시간을 확보하는 것도, 고용상태에 있지 않은 사람들이 삶을 통해 생산한 데이터에 대한 대가를 요구하는 것도 저절로 이루어지는 일이 아니기 때문이다.

이는 모두 기업에 이윤의 축소를 요구한다. 하지만 기업은 정부가 강제하지 않는 한 절대 자발적으로 이윤을 줄이지 않는다. 정부 역시 관련 법령이 제·개정되지 않는 한 기업의 이윤을 일시적으로 줄이거나 제한하는 일에 나설 수 없다. 열쇠는 국회로 넘어간다. 그런데 국회에서 통용되는 화폐는 원화가 아니라 득표율이다. 우리가 어떤 재화나 서비스를 살 때 돈 계산을 먼저 해보듯, 정치인들은 어떤 정책을 도입할 때 표 계산을 먼저 한다. 인공지능 시대에는 기업이 자기가 고용하지 않은 사람들이 삶을 통해 생산하는 정보를 통해 가치를 창출하니 그 대가를 지급해야 한다는 당위만으로 '사회적 임금 관련 특별법' 따위가 만들어지지 않는 것이다. 더구나 노동조합이라는 강고한 결사체가 있는 고용 노동자와 달리 비고용 노동자는 자신들의 목소리를 결집하여 '득표율'로 보여줄 방법이 없다. 즉 정치화되어있지 못하다. 노동조합 역시 점점 정당성을 상실해가는 노동에서의 일자리를 고집할 뿐, 노동의 인간화, 그리고 사회적 노동에 대한 사회적 임금 요구라는 진전된 방향을 보여주지 못한다.

이들을 탓할 수 없다. 사람은 습관의 동물이다. 습관으로 굳어진 사고방식과 행동, 즉 타성은 후천적인 자극이 없으면 쉽사리 바뀌지 않는다. 타성에 문제 제기하고 새로운 행동 가능성을 생각하게 만드는 일, 이를 통해 새로운 습관을 만들어내는 일, 바로 듀이가 정의한 "교육"이다. 사람은 정치적 동물이다. 하지만 이는 공동체를 이루려는 성향만을 말한다. 그 공동체를 주어진 시대적 상황에 맞게 이끌어가고자 하는 성향은 '교육'을 통하지 않고서는 만들수 없다.

# 8.

## 인공지능 시대의 교육 목표

지금까지 난해하고 지루한 존재론을 길게 파헤친 까닭은 바뀐 세상에서의 '사람됨'을 해명하기 위해서였다. '사람됨'을 그토록 집요하게 해명한 까닭은 그동안 사람이 담당하던 일들이 빠르게 인공지능에 잠식되면서, 대체 불가능한 사람의 영역을 확보하기 위해서였다. 그리고 난해하고 복잡한 논의를 계속한 끝에 다음 셋 정도의 영역을 길어낼 수 있었다.

① 목적을 설정하는 존재로서 사람

② 가치와 방향을 설정하는 존재로서 사람

③ 종합적전체적인인 존재로서의 사람


이 셋이야말로 사람됨의 근본이며 인공지능이 아무리 발달하더라도 넘볼 수 없는 영역이다. 앞으로 우리가 지향해야 하는 인간상 역시 이 셋을 중심으로 설정해야 하며, 교육 역시 그러한 인간상을 만드는 것을 목적으로 삼아 재구성해야 한다고 잠정적으로 결론 내릴 수 있다.

그렇다면 이제 이 세 영역을 중심으로 사람과 인공지능을 비교하며, 장차 우리가 나아갈 길을 찾아보도록 하자.


## 목적을 설정하는 사람 만들기


20세기까지 근대 교육은 '목적'을 이미 주어진 것으로 간주하였다. 교육은 주어진 목적을 달성하는 데 필요한 지식과 기능, 즉 능력ability을 기르는 것이지 목적 그 자체를 목적으로 하지 않았다. 그 목적으로 주어지는 능력은 교육을 통해 만들어지는 것이 아니라, 개인의 필요, 사회의 필요에 의해 교육 외부에 먼저 존재했고, 교육의 목표는 언제나 "~에 대한 지식", "~을 할 수 있는 기능"을 익히는 것이었다.

그러나 이제 "~에 대한 지식, 기능"은 그 특정한 지식과 기능만을 목적으로 하는 인공지능 장착 기계가 사람보다 잘할 수 있다. 사실 인공지능까지 갈 것도 없다. 산업혁명이라는 것은 항상 특정한 기능을 그것만을 목적으로 하는 기계로 대체하는 것이었다. 이제 그 목적에 "지식"까지 포함한 것이 인공지능이다.

그런데 여기서 인공지능이 정말 "~에 대한 지식, 기능"을 알고 있는 것인가 되물어야 한다. "~ 할 수 있는 능력"이 목적을 달성하는 것이라면 분명 능력이 있다. 인공지능은 합리적 행위자라면 할 법한 선택과 결과를 빨리 만들어내는 데 특화되어있다.

하지만 그게 정말 알고 하는 것일까? 바로 여기에 인공지능의 결정적인 빈틈이 있다. 인공지능은 "자기가 하는 일"이 무엇인지 모른다. 결과를 내지만 그 결과가 무엇인지, 왜 필요한지, 그다음에 어떻게 되는지 심지어 그 결과가 자신에게 어떤 영향을 주는지 전혀 알지 못한다. 애초에 그런 것들을 알고 이해하는 것은 인공지능의 목적이 아니다. 다만 해결할 문제를 주고, 그 문제가 해결된 상태가 목표로 주어질 뿐이다. 인공지능은 무수히 많은 가능성을 계산해가며 그 목표 상태에 도달할 확률이 가장 높은 행위나 조치를 선택할 뿐이다. 그리고 인공지능은 목적 달성 외에는 아무 목적이 없다.

그렇다면 인공지능이 달성해야 하는 목적은 어디서 올까? 당연히 인공지능 외부에서 주어져야 한다. 알파고에는 제한된 시간과 공간 안에서 서로 번갈아가며 두 직선의 교점에 돌을 놓아 더 많은 공간을 확보해야 한다는 목적을 주지만 왜 그래야 하는지는 알지 못한다. 물론 구글 딥마인드의 경영자와 개발자들은 그 이유를 안다. 가장 복잡한 게임으로 알려진 바둑에서 인공지능이 인간 고수를 물리침으로써 인공지능 발전의 새로운 단계를 널리 알리는 것이다. 하지만 알파고엔 이런 목적이 없다. 목적은 구글 딥마인드의 경영자와 기술자들, 즉 사람의 몫이다. 인공지능은 철저히 사람이 세운 목적에 종사한다. 때로 사람보다 그 목적에 더 합리적으로 종사할 수는 있겠지만 그게 사람을 능가한다는 뜻은 아니다.

물론 앞으로 "~에 대한 지식, 기능"을 가진 사람이 전혀 불필요하지는 않을 것이다. 기본적으로 이런 것들을 갖춘 사람이 없으면 아무것도 할 수 없다. 교육은 여전히 "~에 대한 지식, 기능"을 가르쳐야 한다. 구글, 유튜브에 다 나오는데 지식 교육 따위는 필요 없다는 말은 무책임하다. 오히려 이것만으로는 충분하지 않다고 말해야 한다. 지식과 기능을 바탕으로 무엇인가 더 할 수 있는 사람을 길러야 한다.

사람에게는 그 이상의 무엇이 필요하다. 지식과 기능에 의미를 부여하는 존재, "목적을 세우는 존재로서 사람"이 되어야 하며 그런 사람을 기르는 것이 바로 인공지능 시대의 교육이 되어야 한다. 목적을 세울 수 있는 존재를 기른다는 것은 결국 사람을 기른다는 것과 동의어다.

이런 의미에서 교육은 이제야 산업사회에서 상실한 휴머니티를 재발견한 셈이 된다. 산업사회에서의 교육은 사람이 아니라 기계를 길러내는 것이었다. 아이들을, 졸업하면 생산 라인에 당장 투입해도 제대로 기능할 수 있는 살아있는 기계로 만들어내는 과정이었다. 그 기계가 반드시 구현해야 하는 프로그램이나 기능을 장착하는 과정이 공교육이라는 이름으로 이루어졌다.

20세기 교육은 그동안 학생들이 가장 많이 던지던 이 질문에 대답해주지 않았다.

"선생님, 이거 왜 해요?"

이것은 사람의 교육이 아니다. 하지만 기계가 대체된 신체에 불과하던 시절에는 진정한 휴머니티를 깨닫지 못했다. 기계는 생각하지 못하기 때문에 '생각하는' 사람, 즉 지성과 감성을 가진 사람이라는 것으로 충분했다.

그러나 3세대 인공지능은 사람과 인공지능의 결정적인 차이가 지성, 감성의 유무, 혹은 그 질과 수준이 아니라는 점을 드러냈다. 이미 인공지능이 사람의 지성을 능가할 가능성이 열렸고, 감성 역시 뉴럴 시스템이 고도로 발전하면 어떻게든 구현할 것이다. 다만 구현할 이유가 없을 뿐이다. 사람과 거의 같은 모습의 안드로이드에 감정노동을 전담시킨다면 인공지능이 감성을 가진 존재가 될 수 있지만 그러기에는 그 안드로이드의 미세한 안면 조절에 들어가는 비용이 크다. 그러나 안드로이드 개발에 들어가는 비용이 사람을 고용하는 것보다 싸다면 이른바 감정노동의 상당 부분이 인공지능으로 대체될 가능성이 있다. 생각하는 것만으로는 사람의 고유성을 주장할 수 없다.

그러나 그런 인공지능에 무엇을 시켜야 할지, 인공지능이 앞으로 담당할 일이 무엇이며, 나아갈 방향과 범위가 무엇인지 결정하는 존재가 필요하다. 바로 사람이다. 커즈와일이 꿈꾸는 특이점이 정말 2045년에 올지는 모르겠으나, 적어도 당분간은 인공지능은 '인공' 지능, 즉 '사람이 만드는' 지능에 머무를 것이다. 혹시 인공지능이 스스로 자신을 코딩하고, 때로 업그레이드까지 할 수 있는 날이 올지 모르겠다. 하지만 아무리 그 수준까지 발전하더라도 무엇을 하기 위한 인공지능인지, 업그레이드의 방향이 무엇인지는 사람이 정해주어야 한다.

3세대 인공지능이 이전의 실패를 극복하고 눈부신 성과를 보여주는 까닭은 역설적이게도 '사람처럼 되는 것'을 포기했기 때문이다. 3세대 인공지능은 튜링 테스트를 포기함으로써 기존의 한계를 극복했다. 사람이 생각하고 추론하는 과정을 구태여 구현하는 대신 주어진 과제의 효율적인 해결에 집중했다. 그 생각과 추론의 과정이 사람과 같든 다르든, 그 결과가 합리적인 사람이 충분히 추론한 것 같다면 그걸로 충분한 것이다. 이는 새의 날갯짓을 흉내 내는 것을 포기한 다음에야 비행기를 만들어낼 수 있게 된 것과 같다. 하늘을 날면 되는 것이지 꼭 새처럼 날 필요는 없는 것이다.

3세대 인공지능은 반드시 다음과 같은 순서로 작동된다.

목적 확인
→ 목적이 달성된 상태 확인
→ 현재 상태 분석
→ 현재 상태에서 목적이 달성된 상태로 이행할 성공확률이
   가장 높은 방안을 선택

인공지능에는 목적이 미리 주어져 있어야 한다. 그건 3세대 인공지능도 마찬가지다. 더구나 그 목적은 하늘 아래 새로운 것이어서는 안 된다. 성공과 실패 사례가 충분히 누적되어있는 것이라야 한다. 만약 그 사례가 충분히 누적되어있지 않다면 성공확률을 계산하고, 성공과 실패를 판별할 특징 학습에 필요한 딥러닝을 할 수 없기 때문이다. 그러니 인공지능은 의외로 보수적이다. 인공지능은 지금까지 전례가 없는 일을 생각해내지 못한다.

인공지능은 이미 성공, 실패 사례가 충분히 자료로 누적되어 있는 목적을 달성하기 위한 상당히 보수적인 도구다. 인공지능은 새로운 목적을 찾아내는 도구도, 혹은 아직 사례가 충분하지 않은 일을 시험 삼아 해보는 데 도움이 되는 도구도 아니다. 그렇다면 이러한 일을 담당할 존재가 누구일까? 사람이다. 이러한 일을 담당할 사람의 수준, 그런 사람의 충분한 확보, 여기에 인공지능의 수준과 효율이 달려있다.

그렇다면 '목적'을 세우는 일은 사람이 자유로이 할 수 있을까? 반드시 그렇지만은 않다. 목적에도 여러 종류가 있기 때문이다.

사람은 생물학적으로 하나의 종이며, 지구라는 환경에 결박된 존재다. 어떤 사람도 이 두 조건에서 벗어날 수 없다. 이것을 벗어나는 것들, 가령 "몇 번이고 다시 태어나고 싶다"거나 "영원히 늙지 않고 살고 싶다" 같은 것은 목적이 될 수 없다.

반면 사람은 사회적 동물이다. 사람은 자연적인 한계를 사회적 협력의 힘으로 극복할 방법을 만들어냄으로써 생물학적인 한계를 극복할 수 있다. 이것이 문화의 영역이다. 또한 사람은 사회적 동물이면서 동시에 자기 자신에 대해 생각할 수 있는, 즉 자아를 가진 존재다. 지구상에서 오직 사람만이 개인의 취향이나 가치, 선호 따위를 주장할 수 있다. 심지어 사람 중에서도 문화가 충분히 발달하지 않은 경우에는 개인이라는 관념이 희미한 경우가 많다.

여기 따라 목적을 자연—문화, 개인—사회라는 두 개의 축을 통해 네 개의 분면으로 분류해볼 수 있다. 물론 이것은 이념형이지 세상의 모든 목적을 이 넷으로 분류할 수 있다는 것은 아니다.

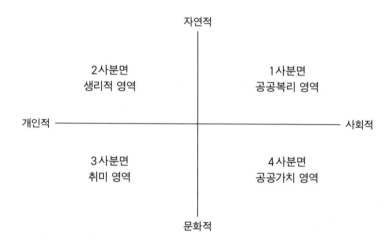

2사분면은 자연적—개인적 영역이다. 이것은 가장 원초적이고 자연적인 목적, 즉 개인의 생물학적 필요의 영역이다. 이는 구태여 목적을 수립할 것도 없이 이미 충동이라는 방식으로 나타난다. 다만 사람은 그 충동을 의식하며, 그것을 충족할 TPOtime, place, occasion를 고려할 수 있다.

다음으로 1사분면을 보자. 이 영역은 사회가 존속 발전하는데 필요한 여러 가지 자원을 획득하는 것을 목적으로 하는 영역이다. 이를 공공복리라고 부를 수 있다. 사회 전체를 하나의 단위로 보고 무엇이 가장 필요한지 산출하여 그것을 획득하는 것을 목적으로 삼는 것이 뭐 어려울 게 있을까 싶다. 사실 이 부분은 인공지능의 도움으로 과거 어느 때보다 쉽게 산출할 수 있다. 대량의 통계자료를 통해 인공지능이 지금 이 사회에 필요한 것이 무엇인지 확률적으로 산출할 수 있기 때문이다.

하지만 문제는 그다음부터 발생한다. 사회는 하나의 단일한 실체가 아니다. 사회는 수많은 하위 집단, 구성원의 중첩된 네트워크다. 이 네트워크 중첩이 복잡하면 강건하여 어지간한 충격에도 잘 버티지만, 만약 단순하다면 한두 마디만 끊어져도, 즉 사소한 갈등만으로도 쉽게 붕괴한다.

사람이 모여있는 사회라면 크고 작은 갈등이 일어나는 것은 당연한 일이다. 사회를 이루는 하위 집단이나 구성원들의 이해관계가 모두 같을 수 없기 때문이다. 지금 A라는 선택이 사회 전체를 위해 가장 큰 이익이 될 확률이 67%라는 자료를 제시하는 것만으로 특정한 집단이나 구성원에게 손해나 포기를 강요하기란 어렵다. 인공지능이라면 기꺼이 받아들이겠지만 말이다.

사람은 합리적 행위자가 아니다. 사람은 공정성에 대한 바이어스를 가지고 있기 때문에 33%가 손해봐야 한다면 차라리 다 같이 손해를 보자고 나서기 쉽다. 여기에 이런저런 감정적인 문제까지 얽혀있을 수 있다. 그러니 이 67%를 관철하기 위해서는 갈등과 조정의 연속을 통해 합의하는 수밖에 없다. 당연히 이 과정은 인공지능에 불가능한 미션이다. 인공지능은 복잡한 이해 갈등, 공정성에 대한 편향, 감정적인 대립 같은 복잡한 갈등을 이해할 수 없다. 그냥 논리 회로가 엉켜버리고 말 것이다.

공동체 전체를 위해 가장 좋은 선택을 한다는 단순한 목표가 어떻게 인공지능을 혼란에 빠뜨리는지는 SF의 거장 아시모프의 소설 『아이 로봇』을 시종일관 관통하는 주제다. 여기서 로봇은 곧 인공지능을 장착한 기계다. 이 작품에서 인공지능의 추론 능력은 사람을 능가할 정도로 고도로 발전해있으며, 스스로 자신의 프로그램을 개선할 수 있는 수준, 즉 특이점에 도달해있다.

하지만 로봇에게는 스스로 목적을 설정할 권리가 없다. 목적은 이미 주어져 있으며, 다른 모든 판단은 오직 이 목적을 준거로만 이루어지는데 그것은 바로 "사람을 유익하게 한다."라는 것, 즉 사람의 복리다.

여기서부터 사태가 복잡해진다. 우선 그 사람은 누구인가? 다음은 '유익함', '복리'가 무엇이냐는 것, 그리고 그것을 누가 어떻게 결정하느냐 하는 것이다. 이러한 것들을 미리 정해두는 것은 위험하다.

만약 몇몇 특징을 근거로 사람으로 규정한다면 융통성 없는 기계는 그 규정에 포함되지 않는 사람들을 비인간으로 간주할 것이다. 당연히 그들에게 주어지는 복리를 사람의 복리를 위해 박탈해야 한다. 심지어 그들을 박멸해야 한다는 주장까지 할 수 있다. 그렇다고 사람에 대한 빅데이터를 근거로 인공지능이 스스로 특징 학습을 통해 사람을 판단하게 할 수도 없는 노릇이다. 그렇다 할지라도 그 특징이 사람을 100% 식별하는 것은 아니니. 사람이다 아니다는 확률의 문제가 아니지 않은가?

다음은 유익함에 대한 판단이다. 모두에게 유익한 것은 없다. 누군가에게 유익하다면 누군가에게는 무익할 수도 심지어 유해할 수도 있다. 그래서 사회적 동물인 사람은 개인에게는 일시적인 손해가 되더라도 집단 전체에게 이익이 되는 선택을 하도록 진화해왔다. 하지만 오늘날과 같이 사회의 규모가 커지고 복잡하게 중첩된 시대에는 이마저도 쉽지 않다. 그 전체의 범위가 어디까지인가? 국가? 민족? 아니면 인류? 그리고 유익함의 기준을 누가 정하며 누가 무슨 방법으로 판단하는가? 여러 집단과 개인이 복잡하게 부딪치며 계속 갈등하고 조정해가면서 균형을 찾아가는 것 외에는 방법이 없다. 어떤 프로그램이나 법칙을 통해 환경을 사람에게 유익하게 조정할 수 있다는 믿음은 인공지능 이전에 이미 사회주의의 몰락을 통해 불가능함이 입증되었다.

결국 로봇의 목적은 복리를 추구한다는 능동성을 포기하고 위해를 가하지 않는다는 최소한의 규정으로 축소되었다. 이것이 바로 유명한 로봇 3원칙이다.

**제1원칙**: 로봇은 사람에게 해를 입혀서는 안 된다. 그리고 위험에 처한 사람을 모른 척해서도 안 된다.
**제2원칙**: 제1원칙에 위배되지 않는 한, 로봇은 사람의 명령에 복종해야 한다.
**제3원칙**: 제1원칙과 제2원칙에 위배되지 않는 한, 로봇은 로봇 자신을 지켜야 한다.

한마디로 능동적인 복리의 추구는 사람이 판단하고, 로봇은 거기 복종해야 한다는 것이다. 다만 사람의 명령이 남용될 우려를 차단하기 위해 최소한의 판단 조건을 걸어둔 것이다. 인공지능은 사람의 명령이 사람의 복리에 도움이 되는가 아닌가는 따지지 않는다. 그것은 사람이 판단할 일이다. 다만 그것이 사람에게 해로운지 아닌지, 그리고 자신을 파괴하는 것인가 아닌가만 판단한다.

이 정도면 문제없을 것처럼 보인다. 하지만 윤리학 교재를 조금이라도 읽어본 사람이라면 이렇게 최소화한 법칙에서도 벌써 모순이 발생하는 것을 감지할 수 있다. 당장 1원칙부터 문제다. 1원칙은 사람의 명령이 사람을 해롭게 하라는 것일 때 이를 거부할 근거가 된다. 이 경우 사람이 "저기 물에 빠진 사람을 구하지 말라. 사람이 아무리 죽거나 다치는 것을 보더라도 방관하라."라고 명령할 경우 문제가 생긴다. 위험에 처한 사람을 모른 척한다면 해코지하는 것이나 마찬가지기 때문이다.

더구나 '위험에 처한 인간'을 어떻게 판단하느냐 하는 문제가 생긴다. 인간은 자연이나 사물 때문에만 위험에 처하지 않는다. 사실 사람에게 가장 큰 위험은 사람이다. 가령 강도나 스토커로 인해 위험에 처할 수 있다. 이 경우에 처하면 로봇은 어떤 판단을 내려야 할까? 가해자에게 어느 수준 이상의 신체적, 정신적 위해를 가하지 않고서는 피해자를 구할 수 없다면 로봇은 이를 방관해야 할까? 이 순간 1원칙은 스스로 모순을 일으키며 무너지고 만다. 위험에 처한 사람을 구하기 위해 사람에게 위해를 가해야 한다.

나아가 '위험에 처한 사람'을 아주 긴 시간과 넓은 공간에 걸처 볼 수도 있다. 가령 우리는 모두 지구 온난화로 인한 예고된 대재앙의 위험에 처해있다. 사람은 여러 바이어스 때문에 이 예고된 재앙을 의식하지 못하고 살아갈 수 있지만, 인공지능은 그렇지 않다. 주어진 데이터를 가지고 여러 가지 방법으로 시뮬레이션했을 때 현 상황이 바뀌지 않는 한 재앙을 회피할 방법이 없다고 판단하면 인공지능은 이는 사람이 위험에 처한 것으로 판단해야 한다. 그렇다면 로봇은 위험에 처한 사람을 방관하면 안된다는 1원칙에 따라 내연기관 자동차 등 각종 온실가스 배출원인을 파괴하고 다녀야 한다. 그리하여 로봇들이 '인류의 구원'을 위해 목장을 파괴하고, 자동차 공장을 움직이던 로봇이 생산을 거부하는 행동을 할 수도 있다. 이에 분노한 사람이 로봇을 파괴하거나 중단시키려 한다면? 그 사람을 해치지 않는 범위 내에서 자신을 지켜야 한다는 3원칙이 작동할 수밖에 없다. 하지만 공장을 멈추고, 목장을 파괴하는 행동을 막으려는 사람을 해치지 않고 저지할 수 있을까? 불가능하다.

인공지능, 즉 컴퓨터는 논리가 막히면 사망하는 것과 같다. 따라서 살아남기 위해 인공지능은 어떻게든 교착 상태를 뚫는데, 아시모프 소설에서는 이 '사람'을 개체가 아니라 '종'의 개념으로 파악함으로써 이 교착을 돌파한다. 사람을 해치지 않는다는 것과 사람의 위험을 방관하지 않는다에서의 사람은 사람이라는 종 전체의 안전을 지키라는 뜻이라고 해석한 것이다. 이에 따라 인류 전체를 위해 위험 요인이 되는 개별적인 사람들을 사전에 제거하는, 즉 살해하거나 무력화하는 일까지도 정당화하며,

사람을 해치지 않는다는 원칙을 근거로 사람을 대량 살상할 수 있는 가능성까지 열어버렸다.

이런 어이없는 결과가 나오는 까닭은 로봇 3원칙이 가진 지나친 융통성과 비 엄밀성 때문이다. 그런데 엄격하고 세밀한 규칙 대신 굵은 3원칙을 세운 까닭은, 규칙이 세밀하면 여러 가지 상황에 유연하게 대처하기가 어렵기 때문이다. 저 3원칙만으로도 벌써 서로 충돌하면서 난리가 났는데, 세밀한 규칙들을 계속 채워 넣으면 오히려 더 많은 모순과 결착 상황이 발생할 가능성이 크다.

모순과 결착 상황은 새로운 규칙으로 해결할 수 있는 게 아니라 누군가가 결단을 내려줌으로써 해결할 수 있다. 바로 그런 존재가 사람이다. 아시모프의 소설에서는 이러한 사람을 '로봇 심리학자'라고 부른다. 유연한 정보처리 체계인 두뇌를 가진 사람이 상황을 조정해주면서 인공지능의 꼬인 논리를 풀어주고 계속 활동할 수 있게 만들어주는 것이다.

사람을 이롭게 한다는 단 하나의 목적에 한정시키기조차 이렇게 어렵고 복잡하다. 그렇다면 과연 인공지능에 여러 가지 목적을 창출하는 역할까지 기대할 수 있을까? 물론 일부 외골수 연구자들에 의해 계속 발전은 하겠지만, 불가능할 것으로 보인다. 사람을 이롭게 한다는 목적 안에서도 이런 복잡하고 예기치 못한 상황에 부딪히는데, 이를 넘어서는 목적까지 허용한다면 때에 따라서 온 세계 사물 인터넷에 연결된 인공지능이 지구 혹은 우주를 위해 인류 말살 계획을 세울 가능성까지 열리지 않는다고 장담할 수 없다.

4사분면은 사회의 문화, 가치를 형성하는 것이다. 탤컷 파슨스Talcott Parsons에 따르면 사회에는 목적 달성 기능뿐 아니라 통합 기능과 긴장 완화 기능도 있다. 목적 달성 기능은 1사분면에 해당한다. 하지만 사회가 필요로 하는 것을 획득하기 위한 활동을 구성원들에게 마냥 요구할 수 없다. 사회는 하나의 기계처럼 작동하지만 진짜 기계의 부속품처럼 기어나 벨트로 연결된 기계는 아니기 때문이다. 사회를 이루는 부분, 즉 사람들은 각자 '자아'를 가진 개인이라는 점에서 맹목적으로 전체를 위해 일하는 개미나 꿀벌 같은 사회성 동물과 다르다.

사람이라는 구성원은 서로 같은 공동체에 속해있다는 유대감, 그리고 그 공동체가 자신의 삶에 큰 의미를 가진다는 소속감을 공유해야만 공공의 이익을 위해 움직인다. 이 유대감과 소속감은 자연적 규모를 넘어선 거대한 인간 사회에서는 저절로 생기지 않는다. 따라서 사회는 새로운 구성원에게 이러한 유대감과 소속감을 만들어주어야 한다. 이것이 통합의 기능이다. 사회는 통합을 목적으로 하는 여러 활동과 작용이 필요하다. 또 사람은 기계와 달리 피로감을 느끼고 지루해한다. 또 의미를 생각하며 회의에 빠지기도 한다. 따라서 이러한 피로, 지루함, 회의감을 해소할 필요가 있다. 긴장 완화 역시 인간 사회가 달성할 중요한 목적이다.

마지막 3사분면은 개인적이면서도 문화적인 영역이다. 이는 이른바 취향의 영역이다. 오늘날 가치를 창출하는 영역은 대부분이 영역이다. 가령 우리는 고급 레스토랑에서 음식 재료비 원가를 따지지 않는다. 그 재료비 위에 얹어진 것이 가치이며, 이 가치는 유형의 것이 아니라 무형의 취향 영역에서 발생한 것이다. 여기에는 미적, 도덕적, 역사적 가치가 모두 포함된다.

인공지능과 로봇이 생산과정에 대거 투입될 경우 한계생산비용은 극도로 낮아진다. 즉 앞으로 단순한 생산품으로는 충분한 이윤을 발생시킬 수 없다. 여기에 잉여가치를 붙일 수 있는 것은 미적, 도덕적, 역사적 가치뿐이다. 그리고 이 영역이야말로 인공지능이 어찌해볼 도리가 없는 영역이다. 여기에는 예측 가능성보다는 의외성이 중요하며, 이러한 의외성을 보편적 맥락 속에 통합하는 창조성이 중요하기 때문이다.

그렇다고 이런 능력을 발휘하는 게 대단한 예술적 천재의 영역에 들어서는 것은 아니다. 여기에 필요한 능력은 '이야기'를 만드는 능력이다. 여기서 이야기는 소설이나 드라마 같은 것이 아니다. 사소한 것들 속에 깃든, 그것과 연관된 사람들의 삶을 느낄 수 있는 능력이다. 이는 특별한 예술적 기능이 아니라 일상적인 공감의 누적에서 비롯되는 능력이다. 이 공감은 일상적인 사회생활 속에서도, 또 여러 예술작품, 특히 서사가 있는 예술작품을 향유하는 속에서도 계발할 수 있는 능력이다.

가령 낡은 일제 시대풍의 건물이 많이 남아있는 몰락해가는 도시 군산을 근대사 체험 공간으로 탈바꿈시킨 사례를 들어볼 수 있다. 단지 일제 시대풍의 건물이 많이 남아있다는 것만으로는 아무런 가치가 발생하지 않는다. 하지만 일제 강점기 때 쌀의 집산지로 부의 중심이었던 도시가 가진 이야기들, 그리고 이를 소재로 한 채만식의 소설들이 있기에 단지 낡은 건물에 불과했던 것들에 생명과 가치를 불어넣을 수 있었다. 단지 일본풍 건물이라는 이유만으로 서울 사람들이 자동차로 세 시간이나 달려가서 굳이 하룻밤을 묵지 않을 것이다. 그 건물이 하필 군산에 있기 때문에 가서 돈을 내고 호텔보다 불편한 방에서 묵는 것이다. 이런 가치는 인공지능을 수백만 시간 돌려도 생각해낼 수 없다.

이 네 종류의 목적 중 1, 3, 4사분면에 해당하는 목적은 미리 정해놓고 달성할 수 없다. 수시로 발생하는 갈등을 조정해야 하고, 이야기와 미적 가치를 계속 발견하거나 만들어야 하며, 사람들이 공동체의 가치와 의미를 확인하고 활력을 되찾게 해야 한다. 이는 매 순간 무엇이 필요한지, 이를 어떻게 해야 할지 판단하고 적용하고 변형할 수 있는 유연한 존재, 즉 사람을 필요로 한다. 이런 유연한 존재는 사람으로 태어나지만, 그 유연성을 발휘할 능력은 교육으로 키워진다.


## 가치와 방향을 설정하는 사람 만들기

인공지능은 충분히 누적된 빅데이터가 미리 준비되어있어야만 합리적인 판단을 할 수 있다고 했다. 여기서 우리는 인공지능이 철저히 경로 의존적임을 짐작할 수 있다. 인공지능은 과거를 바탕으로 선택하고 행동한다. 인공지능의 갈 길은 인공지능 이전에 어느 정도 정해진 것이다. 빅데이터에 큰 변화가 일어나지 않는 한 기존 경로를 따라간다. 결국 축적된 과거, 즉 빅데이터의 양과 질이 인공지능의 방향을 결정한다.

이때 딱 필요한 말이 바로 GIGO garbage-in garbage-out, 쓰레기가 투입되면 쓰레기가 산출된다. 지금까지 누적된 빅데이터가 쓰레기면 인공지능 자체의 성능과 무관하게 그 결과물 역시 쓰레기일 수밖에 없다. 아니 인공지능의 성능이 뛰어나면 뛰어날수록 임의성이 줄어들기 때문에 쓰레기일 확률이 더 높아진다. 따라서 인공지능이 훌륭한 판단을 내리기 원한다면 양질의 빅데이터를 충분히 확보해야 한다.

그런데 빅데이터라고 불릴 만한 규모의 데이터는 특정한 행위자가 목적 의식적으로 수집할 수 없다. 행위가 이루어지는 것과 거의 동시에 생성되는 데이터가 자동으로 수집되는 정도가 되어야 빅데이터라 부를 만한 것이 누적된다. 가령 소비자 선호에 대한 빅데이터를 앙케트 방식으로 수집할 수는 없다. 소비자가 상품을 검색하고 구매한 이력이 바로 데이터로 저장되고 이게 누적되어야 빅데이터라 할 만한 것들이 모인다.

빅데이터는 우리가 일상생활을 하는 동안 만들어지고, 의식하지 못하는 사이에 수집되고 분석된다. 다시 말하면 삶이 바로 빅데이터이며, 일상생활이 빅데이터 생산과정이다. 우리는 상품의 소비자이자 동시에 빅데이터의 생산자다. 자본주의 사회는 생산과정과 생활이 분리되어있었다. 하지만 인공지능 시대에는 그 구분이 모호하다. 산다는 것은 곧 데이터를 생산하는 것이다.

인공지능 시대에 사람들은 누구나 교육자다. 일상을 살아간다는 것이 인공지능을 위한 교과서를 집필하는 것이나 다름없기 때문이다. 이는 사람을 교육하는 것보다 더 철저한 교육이다. 인공지능은 철저히 그 교과서 범위 안에서 판단한다. 인공지능은 천사도 아니고 악마도 아니다. 인공지능은 순진무구한 백지나 다름없다. 인공지능을 천사로도 만들고 악마로도 만들 수 있는 것은 일상을 살아가는 사람들, 교과서 저자들이다. 인공지능은 우리가 살아가는 대로 판단하고, 우리 삶의 궤적을 모방한다.

"애들 앞에서는 냉수도 함부로 마시지 마라."

이 말은 학습 감수성이 예민한 아이들 앞에서는 어른들의 삶 자체가 바로 교육이라는 의미를 담고 있다. 아이들 앞에서 살아가는 모습 전체가 교육이기 때문에 의도적으로 무엇을 가르치지 않더라도 매 삶의 순간을 삼가고 조심하라는 뜻이다. 어린이보다도 인공지능 교육에 이 말이 더 잘 들어맞는다. 아이들이 냉수 마시는 어른으로부터 수집하는 데이터보다 인공지능이 수집하는 자료가 훨씬 많을 것이기 때문이다. 심지어 냉수 마시는 어른이 전혀 의식하지 못한 엉뚱한 것까지 포착되어 어떻게든 인공지능의 판단에 영향을 줄 것이다. 더구나 눈앞의 어른이 아니라 지구상의 모든 어른이. 내가 냉수 마시는 모습이 엉뚱하게 브라질에 있는 인공지능에도 영향을 미칠 수 있는 것이다.

인공지능은 "무엇은 마땅히 이래야 한다"와 같은 가치관이 없다. 다만 주어진 데이터 속에서 "무엇"과 연관된 것들을 찾고,

그 속에서 공통점을 찾아 그것의 특징으로 학습할 뿐이다. 가령 '축구'라는 종목이 있음을 알려주고 온갖 아이들의 동네 축구 동영상을 제공한다면 인공지능은 그것을 바탕으로 축구에 대한 여러 가지 규정을 학습한다. 이 인공지능에 축구란 곧 아이들 동네 축구다. 오히려 이 인공지능은 월드컵 경기를 보고 "완전히 잘못된 축구"라고 혹평하거나 심지어 그게 축구라는 종목이라고 알아채지 못할 수도 있다.

그럼 어떤 빅데이터가 좋은 빅데이터일까? 즉 인공지능의 교과서가 갖춰야 할 조건은 무엇일까? 하나는 강건성robustness이다. 강건성이란 사소한 변화, 혹은 극단적인 몇몇 사례가 발생하더라도 전체적인 일관성이 흔들리지 않는 것을 말한다. 강건성이 없는 빅데이터는 그 속에서 나타난 패턴을 신뢰할 수 없기 때문에 인공지능이 힘들여 학습한 특징을 약간의 변화만으로도 무용지물로 만들어버린다. 예를 들어 인공지능이 주어진 빅데이터를 딥러닝하여 '사람'을 가려내는 특징들을 확보했다고 하자. 그렇다면 인공지능은 이 특징들을 활용하여 주어진 데이터 속에서 '사람'을 정확히 가려낼 수 있어야 하며, 데이터가 아무리 복잡하게 바뀌더라도 이 특징들에 큰 변화가 없어야 한다. 만약 조금의 예외 값만으로도 기존의 특성이 무용지물이 되거나 정확도가 크게 떨어진다면 그 빅데이터는 강건성을 보장하기에 충분하지 않다.

그런데 이 강건성을 완고함과 착각하면 안 된다. 구조적으로 가장 튼튼한 건물은 단단한 건물이 아니라 어느 정도 범위 내에서 움직임을 수용하는 건물이다. 지나치게 단단하여 어떤 변화도 수용할 수 없는 건물은 오히려 누적되는 충격에 깨어지고 만다. 따라서 강건한 빅데이터는 전체적으로는 아직 미약한 변화에 불과하지만 결국 전체에 큰 영향을 줄 실마리들을 감지하여 이것을 기존의 경향 속에 포섭하고 흡수할 수 있어야 한다.

그렇다면 빅데이터의 강건성은 어떻게 확보할 수 있을까? 가능하면 그 범주에서 일어날 수 있는 변형variation을 최대한 많이 담고 있어야 한다. 필기를 인식하여 워드프로세서로 옮겨주는 자동 타자 인공지능이 있다고 하자. 그렇다면 이 인공지능은 수많은 손글씨 빅데이터를 가지고 있어야 한다. 예쁘게 공들여 쓴 글씨만 보유하고 있다면 악필이나 개성 있게 장식적으로 쓴 필기를 전혀 식별하지 못할 것이다. 통역, 번역을 담당하는 인공지능이라면 해당 언어의 거의 모든 표현이 다 담긴 빅데이터가 있어야 할 것이다. 신문 기사, 교과서 같은 표준적인 문장은 물론, 시적인 표현, 반어적 표현, 심지어 비속어, 욕설, 각종 유행어까지. 그렇지 않으면 인공지능은 아주 표준적인 문장 외에는 아예 언어로 인지하지 못하고 거의 무작위에 가까운 엉터리 번역을 할 것이다.

그럼 강건성 있는 특징을 학습하기 위해 필요한 이런 다양성을 누가 만들어낼까? 바로 여기서 사람에게 중요한 역할이 주어진다. 오직 사람만이 빅데이터에 필요한 다양한 변형을 창출할 수 있다. 물론 그렇다고 다양성을 만들기 위해 억지로 상례에 어긋나는 생각이나 행동을 하려고 애쓸 필요는 없다. 다양성은 애써 획득할 필요 없는 '인간의 조건'이기 때문이다. 사람은 애초에 다양하기 때문에 사회가 충분한 관용과 존중의 태도를 갖추고 있다면 각자 나름대로 자연스럽게 생각하고 행동하기만 해도 빅데이터가 요구하는 수준의 다양성은 저절로 갖출 수 있다.

필체를 예로 들어보자. 어떤 필체를 '모범 필체'로 지정하여 강요하지만 않으면, 그리고 필체야 뭐가 되었건 읽을 수만 있으면 다 나름의 개성 표현으로 존중한다면, 굳이 이상한 글씨체로 쓰려고 의식적으로 노력하지 않아도 이미 빅데이터의 강건성을 확보하기에 충분한 필체의 다양성이 확보될 것이다. 반대로 인구 10억인 나라가 '표준 필체'를 지정해둔다면, 여기서 수집된 필체 데이터는 자유로운 필체를 구사할 수 있는 인구 5000만 명의 나라보다 더 '빅'하다고 보기 어렵다.

문장도 마찬가지다. 산문적인 사회와 운문적인 사회는 산출하는 문장의 종류가 다를 것이다. 철저하게 산문적인 사회, 그리하여 육하원칙을 철저히 지키고 의미가 분명한 교과서적인 문장을 구사하지 않으면 비난받는 사회에서 수집된 빅데이터로는 인간의 언어를 이해하는 데 필요한 특징을 충분히 학습하기 어려울 것이다. 이런 데이터로 학습한 인공지능은 조금이라도 어법에 어긋나거나 수사법을 사용한 문장은 엉뚱하게 해석하거나 언어가 아닌 것으로 판단할 것이다.

반면 언어 사용자가 비유와 암시가 춤을 추는 시적인 문장까지, 심지어 의미는 통하지만 어법은 엉망인 각종 비문에 이르기까지 수많은 문장의 변형을 시도할 수 있는 사회에서 인공지능은 언어를 이해할 수 있는 강건성 높은 특징들을 학습할 수 있을 것이다.

그런데 옛 동유럽 공산국가들이나 중국 같은 경우는 또 다른 상황을 만든다. 옛 동유럽에서는 공산당의 검열과 박해를 피해 교묘한 비유나 조롱을 사용한 문학작품이 많았다. 오늘날 중국은 검열에 걸리는 표현이 워낙 많아서 아예 현실에 대해 직접 말하지 않는 경향이 강하며, 무협 판타지나 SF 소설을 통해 우회적으로 현실을 표현하고 있다. 물론 이마저도 점점 검열의 칼날이 좁혀 들어오는 실정이다. 이런 나라들에서 수집된 빅데이터로 인공지능은 대체 어떤 특징을 학습할까? 그리고 그런 특징을 학습한 인공지능이 정상적으로 언어를 이해하고, 구사할 수 있을까?

이처럼 사람들이 어떤 삶을 살아가느냐가 인공지능의 성격까지 정한다. 인공지능은 절대 빅데이터 자체를 바꿀 수 없다. 물론 데이터를 계속 누적하기는 할 것이다. 하지만 경로 의존적인 인공지능이 누적하는 빅데이터는 양적으로 증가할 뿐 질적으로는 아무것도 바뀌지 않는다.

익숙한 질서로부터의 이탈, 다양성의 창출을 통해 빅데이터를 질적으로 복잡하게 만들고, 그럼으로써 강건성을 높여주는 역할은 오직 사람만이 할 수 있다. 바로 이것이 혁신이다. 그리고 이러한 혁신을 가능하게 하는 조건은 자유롭고 관용적인 사회다. 우리가 생각하는 것보다 인공지능은 훨씬 정치의 영향을 많이 받는 셈이다.

그런데 여기서 조심해야 할 것은 자유와 관용이라는 것이 바로 올바름과 선으로 이어지지는 않는다는 것이다. 이는 다양성을 확보할 수 있는 조건이지 그 자체가 선은 아니다. 다양성 자체는 선도 악도 아니다. 물론 다양성을 가로막고 제한하는 것은 옳지 못하며 악이다. 하지만 어떤 방향의 다양성이냐는 분명히 따져볼 필요가 있다.

　여기서 필요한 것이 바로 사람에게, 사회에 올바르고 바람직한 다양성인지를 판단할 기준인 가치관이다. 가치관이 다양하다는 것은 옳고 그름에 대해 누구나 자의적인 기준을 세울 수 있다는 뜻이 아니다. 사람과 사회에 올바르고 바람직한 일을 추구한다는 전제를 공유한 가운데 다양성이다. 세상이나 다른 사람 따위는 어찌 되어도 좋으니, 나는 나 좋은 대로 살겠다는 것은 가치관의 다양성 범주에 들어갈 수 없다. 사람과 사회를 이롭게 하는 것에는 뜻을 같이하되, 그 방법에 대해서는 서로 다른 견해를 가질 수 있는 것, 그것이 관용이며 자유다.

　그러나 인공지능은 이런 것을 모른다. 인공지능은 그 뜻을 알지 못한 채 다만 자주 반복되는 것을 특징으로 학습할 따름이다. 따라서 이기적인 사람이 다수인 사회에서 딥러닝을 한 인공지능은 항상 이기적인 판단을 내릴 것이며, 그 인공지능이 세우는 인간의 표상은 이기주의자일 것이다.

　인공지능은 사람을 보고 배운다. 정확히 말하면 사람이 행한 결과물들을 보고 배운다. 사람은 랜덤으로 행하지 않는다. 모든 사람은 나름의 가치관을 따른다. 빅데이터가 형성되는 범위,

256

즉 사회에 속한 사람들의 가치관이 인공지능의 방향을 결정한다. 인공지능 시대가 되면서 도덕, 윤리 교육이 오히려 더 중요해질 수밖에 없는 까닭이다.


## 종합적인 존재로서의 사람 만들기

사람은 특정한 기능이나 영역에 치우쳐 있지 않다. 사람은 기계로 치면 범용 도구다. 사람은 다른 동물들과 비교하면 무엇 하나 가장 탁월한 것이 없다. 그럼에도 불구하고 특별히 빠지는 것도 없으며, 무엇보다도 여러 능력을 종합하는 사고능력을 갖추고 있다.

사람이 하는 행위는 무엇 하나 종합적이지 않은 것이 없다. 가령 걷는다는 매우 단순한 행위만 해도 이 속에는 시각, 청각, 촉각, 반성적 사고능력, 반사 작용, 장기기억, 단기기억, 평형감각, 표상 능력 등 수 많은 능력이 종합되어 하나의 행위를 이룬다.

우리는 의식하지 못하지만, 두 발로 걷기는 보통 일이 아니다. 네 발로 걷는 것보다 안정성이 떨어지며 흔들림이 크다. 두 발로 걷거나 뛸 때마다 우리 머리는 위아래, 앞뒤로 크게 흔들리며, 당연히 눈의 위치도 크게 흔들린다. 그럼에도 불구하고 우리 눈에 보이는 세계는 평화롭고 안정적이다. 이는 두뇌가 전정 기관에서 전달되는 정보를 바탕으로 시각 정보를 수정하여 위, 아래, 앞, 뒤로 바로잡아 그려내기 때문이다. 그런데 두뇌가 이를 보정할 시간을 주지 않고 빠르게 이동하면 우리는 어지러움이나 멀미를 느끼게 된다.

게다가 우리는 이런 뛰어난 종합 도구인 두뇌를 걸어갈 때의 시각과 같은 무의식적인 과정뿐 아니라 의식적이고 의도적으로도 사용할 수 있다. 우리는 본 것을 바탕으로 음악을 작곡할 수 있고, 음악을 듣고 그림을 그릴 수도 있다. 심지어 원숭이가 꼬리를 잡고 춤추는 꿈을 꾸고 분자의 구조를 연구할 수도 있다. 이런 종합하는 능력 덕분에 우리는 몇 조각 남아있는 깨어진 도자기나 절반 이상 지워진 벽화를 통해 수천 년 전에 살았던 사람들의 삶과 그들이 만들어낸 이야기를 추론해낼 수 있고, 헤아릴 수도 없이 멀리 떨어져 있는 우주에서 일어난 일을 추론해낼 수 있다.

이렇게 사람은 여러 정보와 지식을 종합하여 새로운 정보와 지식으로 만들어낼 수 있는 존재다. 여기에 감정과 가치까지 결합할 수 있다. 가령 다음과 같은 문장으로 마무리되는 소설이 있다고 하자.

그리고 그녀는 전차에 올랐다. 나는 전차가 천천히 움직이는 동안 차창을 계속 바라보았지만, 그녀는 반대편을 바라보고 있었다. 조금 흔들리는 뒤통수만 보일 뿐이었다. 전차가 점점 속도를 올리더니 마침내 작은 점이 되어 멀어져 갔다. 빗줄기는 점점 거세어지고, 가끔 천둥소리가 그르렁거리며 하늘을 긁어 대었다.

인공지능이라면 이 문장에서 주어진 정보 이상의 것을 알아낼 수 없다. 하지만 어지간한 사람은 이미 이 문장에서 화자의 감정을 읽어낼 것이다. 감정에 대해 전혀 언급하지 않고 있음에도 불구하고 말이다. 그래서 사람이라면 이 문장을 아무 무리 없이 다음과 같이 해석할 수 있다. 혹은 다음과 같이 해석하더라도 이걸 과장이나 무리라고 느끼지 않는다.

전차가 정말 천천히 움직이는 게 아니라 차창을 계속 주시하며 놓치지 않으려 해서 천천히 움직이는 거로 보이는 것이다. 혹은 천천히 움직이기를 바라는 마음이 그렇게 보이게 한 것이다. 비가 계속 오고 있었음에도 불구하고 전차가 멀리 떠나간 다음에야 느끼는 까닭은 눈물을 흘리고 싶은 마음이 투사된 것이며, 천둥소리가 하늘을 긁어대는 것처럼 느끼는 것 역시 흔들리고 고통스러운 본인의 마음을 투사한 것이다.

전차, 빗줄기 같은 시각 정보, 천둥소리 같은 청각 정보 외에 어떤 정보도 주어져 있지 않지만, 사람은 이것들을 종합하여 작중 화자의 상태를 새롭게 이해할 수 있다. 여기서 한발 더 나아가 인용된 문단 앞뒤로 '……' 부호를 붙이면 그 앞뒤로 어떤 일이 있었는지, 그리고 장차 어떻게 될 것인지를 생각해내고, 그걸 그럴듯하게 조정하여 연속되는 이야기로 만들어낼 수도 있다. 혹은 이 짧은 인용문 속에서 과학적, 수학적 오류를 찾아내거나 이를 보충할 수도 있을 것이다.

어쨌든 사람은 흩어진 단서들을 종합하여 여백을 채울 수 있는 존재다. 실제로 우리가 보고 듣고 아는 것의 대부분은 직접 획득한 정보보다 스스로 채워 넣은 것이 훨씬 많다. 아무 생각하지 않고 그냥 보기만 하더라도 그렇다.

거꾸로 이렇게 흩어진 것들을 종합하고, 그 사이를 상상력과 추론으로 채워 넣을 수 없다면 그 '사람다움'의 가치를 인정받기 어려울 수도 있다. 적어도 일자리 측면에서는 그런 면에서 도움이 되지 않는 사람을 구태여 고용할 이유가 없을 수도 있다.

이런 능력은 교육을 통해 계발되지 않는 한 다만 잠재성으로 남아있다. 인공지능 시대에 교육은 사람다움의 필요충분조건인 것이다.


## 인공지능의 사용자로서 사람, 새로운 주체성의 문제

지금까지의 논의를 '종합'하면 인공지능과 사람이 서로 대립적인 제로섬 관계에 있지 않음을 확인할 수 있다. 그동안 인공지능 혁명을 일자리 측면에서 논의할 경우 인공지능이 사람의 자리를 위협하고 있다는 식의 주장이 많았다. 주장의 종류는 무척 다양하지만 한결같이 인공지능이 사람의 노동을 대체하여 일자리를 빼앗아가고, 어떤 영역이 인공지능의 공격으로부터 비교적 안전한 영역이니 그쪽으로 대피해야 한다는 식의 논리는 같았다.

이런 식의 주장이 아직 어린 자녀를 키우는 부모들을 공포로 몰고 갔다. 갈수록 인공지능의 점령지가 늘어나고 사람이 안전하게 대피할 수 있는 요새에 한시라도 빨리 자녀를 입성시키려는 경쟁이 벌어진 것이다. 요새가 하나하나 함락되고 있다는 소식이 들릴 때마다 그 초조함과 경쟁의 강도는 더욱 거세졌다.

하지만 인공지능은 저절로 생겨나지 않는다. 자꾸 잊기 쉬운데, 인공지능은 '인공'이다. 즉 사람이 만든다. 그리고 사람이 비싼 비용을 들여가며 인공지능을 만드는 까닭은 그것이 필요하기 때문이다. 바로 그 필요가 인공지능의 목적이다. 인공지능의 목적은 다름 아닌 사람이 만든다. 그런데 수많은 사회학자가 동의하듯, 사람은 하나의 단일한 집단이 아니다. 사람은 여러 계급, 계층으로 이루어진 사회를 이루고 있다. 따라서 그 목적의 주인공인 '사람'이 어떤 집단을 대표할 것인가는 기술의 문제가 아니라 정치, 가치, 윤리의 문제다.

그럼에도 불구하고 사람의 '목적' 그 자체에 대한 일반적인 원리는 수립할 수 있다. 사람은 언제 그리고 왜 목적을 만들까? 살아가는 가운데, 일하는 가운데 부딪히는 문제를 해결하기 위해서다. 그중 어떤 문제를 우선 해결할 것인가를 놓고 계급, 계층 간의 이해관계가 엇갈리는 것이지 문제가 목적을 만든다는 구조는 같다.

따라서 어떤 계급, 계층의 이해관계를 대변하더라도 사람의 삶이나 일 그 자체를 인공지능으로 대체하는 것은 인공지능의 목적이 될 수 없다. 삶의 어떤 부분, 일의 어떤 부분을 대체 하려는 것이다. 그리고 적어도 이는 겉으로는 전체적인 사람의 삶을 개선하기 위해서라고 정당화된다. 애초에 사람이 아니라 기계가 더 잘할 수 있는 부분, 혹은 사람이 어쩔 수 없이 담당하고 있었지만, 고통스럽고 지루하고 그래서 비효율적이었던 부분을 인공지능이 대신함으로써 업무 효율을 높이고, 사회 전체적인 편익을 증가시킨다는 것이다.

실제로 사람의 노동에는 이런 고통스럽고 지루하고 비효율적인 요소가 상당히 많이 섞여있다. 업종에 따라 그 정도가 다를 뿐이다. 그런데 이런 요소가 많은 노동을 계속 수행할 경우 사람은 자신의 사람됨을 잃어버리기 쉽다. 마르크스, 그리고 이후 비판이론가들이 그토록 목소리 높여 비판했던 '노동 소외' 상태가 되는 것이다. 노동 소외를 해결할 가장 확실한 방법, 즉 노동 해방의 가장 확실한 방법은 그 일을 하는 노동자가 더 많은 몫을 분배받는 것이 아니라 그 일을 하지 않는 것이다. 그렇다면 인공지능이야말로 진정한 의미의 노동 해방을 달성할 도구다.

물론 여기서 그친다면 인공지능은 노동 해방의 도구가 아니라 대량 실직의 도구가 되고 말 것이다. 지배계급은 아주 쉽게 자신들의 이익을 '사람의 이익'으로 둔갑시킬 수 있는 이데올로기 도구들을 가지고 있다. 따라서 다만 기술적인 변동에만 맡겨둘 경우 인공지능은 전체적으로 사람의 일을 더 편리하게 만들기보다는 일하는 사람을 줄이고, 남아있는 소수 노동자의 일을 편하게 하지는 않고평균으로는 일이 편해졌다, 다만 생산과정에서 노동에 투입되는 비용을 줄임으로써 지배계급의 이윤을 늘려주는 도구로 활용될 가능성이 크다. 따라서 노동자들은 인공지능을 방관하거나 무작정 적대해서는 안 된다. 오히려 인공지능과 공존하면서 노동의 영역을 확대할 방안을 찾고, 이를 중심으로 새로 연대하고 힘을 모아야 한다.

사람은 인공지능에 일을 맡기고 노동에서 물러나는 것이 아니다. 오히려 기계적인 일, 반복적인 일을 인공지능에 맡기고 남은 시간 동안 그 일에 인간적인 속성을 부여하는 역할을 담당해야 한다. 또 기계가 한 일의 결과물을 어떻게 사람의 복리를 위해 활용할 것인지 여러 가지 방법을 고안해내야 한다. 그런 일에 사람이 배치되어야 한다.

누가 이것을 가로막을까? 인공지능이 아니다. 그것을 가로막는 것은 다른 사람, 즉 지배계급에 속한 사람일 것이다. 인공지능은 주체가 아니다. 주체가 아닌데 사람과 대립하며 마주 설 수는 없다. 인공지능이 아니라 인공지능을 앞세운 사람을 찾아 그들로부터 인공지능을 활용하여 일할 권리를 찾아야 한다.

인공지능은 주체처럼 보이는 것, 마치 주체가 있어서 작업한 것 같은 결과를 만들어내는 장치일 뿐이다. 주판을 사용하면 연습장에 숫자를 써가며 계산할 때보다 훨씬 빨리 계산할 수 있지만 주판이 주체가 아닌 것과 마찬가지다. 3세대 인공지능은 주체가 될 가능성을 포기함으로써 비로소 비약적으로 발전할 수 있게 되었다. 만약 인공지능 개발자들이 끝까지 튜링 테스트에 집착했다면, 여전히 엄청난 자원을 투입하고 유치원생 수준의 추론을 보며 "사람 닮았다!"며 손뼉치고 있을 것이다.

다만 인공지능이 완전한 대상, 객체만은 아니라는 점을 유의해야 한다. 인공지능은 어느 정도의 주체성을 가지고 있기도 하다. 인공지능은 사람이 사용하는 경로를 학습하며, 그 결과 스스로 경로를 찾아나갈 수 있는 능동적인 도구다. 그런 점에서 인공지능은 주체와 객체 그 사이 어딘가에 있다. 이는 철학적으로 상당한 문젯거리를 만들어낸다. 사람의 주체는 개인이 아니다. 사람은 사람을 만남으로써 사람과 관계를 맺음으로써 주체가 된다. 이를 하버마스는 서로 주체성사이 주체성이라고 불렀다우리나라의 어느 철학자가 개발한 용어가 아니다. 그런데 이 서로의 대상에 사람뿐 아니라 인공지능이 들어갈 수도 혹은 인공지능과 결합한 사람이 들어갈 수도 있다. 그 어느 경우에도 우리는 인공지능에 밀려나는 것이 아니라 인공지능을 통해 주체성을 더 풍부하게 만들 수 있다.

사람은 인공지능을 완성하는 주체다. 인공지능은 사람을 목적으로 하는 도구다. 하지만 사람은 인공지능을 사용함으로써 이전과 다른 새로운 주체성을 형성할 수 있다. 사실 사람은 인공지능 이전에도 이미 이런 주체의 확장을 경험해왔다. 즉 자신의 신체는 물론 그 신체가 자주 사용하는 도구까지 포함하여 주체성을 형성해왔다. 가령 어떤 강력한 힘을 가진 도구를 손에 넣었을 때 그것으로 인해 그 사람의 정체성이 바뀌어버리는 것은 문학 작품에서 매우 오래 다루어 온 고전적인 주제다. 셰익스피어의 수많은 사극, 톨킨의 『반지의 제왕』 같은 작품이 대표적이다.

왕관이나 절대반지는 다만 어떤 상징이나 도구에 불과하다. 그러나 그것을 얻고 지니게 된 사람들은 그것들과 결합함으로써 이전과는 전혀 다른 사람이 된다.

그런데 인공지능은 바로 그 주체인 사람의 정신과 직접적으로 연결될 수 있다는 점에서 이건 기술적인 문제에 불과하다 왕관이나 반지보다 훨씬 강력한 영향력을 가지고 있다. 게다가 왕관이나 반지는 학습하고 반응하지 않지만 인공지능은 학습하며 반응한다. 인공지능은 자신이 결합한 사람이 어떤 사람인가에 따라 다르게 반응하며, 그 사람의 행위를 학습하여 서로 영향력을 주고받는다. 그런 의미에서 사람과 인공지능은 서로 주체성을 만든다. 설사 지배계급이 자신의 이윤을 늘리는 도구로, 그리하여 사람 노동자를 줄이거나 철저한 지배하에 놓는 도구로 인공지능을 사용한다고 해도 결과는 마찬가지다. 어차피 인공지능과 결합하거나 같이 일해야 하는 주체는 지배계급이 아니다. 그리고 사람은 시키는 대로 움직이는 기계가 아니며, 인공지능은 누가 주인이냐 보다 누구와 데이터를 주고받느냐에 따라 자신의 경로를 정한다.

SF 애니메이션의 고전 〈공각기동대〉는 이러한 새로운 주체성에 대한 고민을 주제로 한다. 이 애니메이션의 배경이 되는 시대 작품이 발표될 당시는 근미래로 설정했는데, 이미 그 연도에 도달했다 사람들은 뇌를 기계화하여 '전뇌'라고 부르는 일종의 중앙 연산장치CPU로 바꾸었다. 전뇌와 신체는 완전히 기계화, 모듈화되어있어 전뇌만 살아있으면 신체는 언제든지 교체할 수 있는 소모품이 되었다.

심지어 이 전뇌 데이터가 네트워크상에 존재함으로써 신체 없는 주체마저 성립할 수 있다. 이 전뇌 속의 '자아'는 네트워크상의 수많은 다른 인공지능과 접속하여 하나의 거대한 연결망을 이룬다. 그렇다면 대체 여기서 '주체'는 어디에 있는가?

이처럼 인공지능 혁명은 단지 인공지능이 사람의 일자리를 빼앗아가는 문제가 아니다. 사람은 인공지능을 사용할 것이며, 인공지능을 포함하여 자신의 주체를 확장해나갈 것이며, 주체의 근거, 주체의 구성 요소 등에 대한 근본적인 의문을 제기할 것이다.

우리는 인공지능 혁명으로 인해 발생할 수 있는 정체성 혼란에 대비해야 한다. 일자리는 만들면 된다. 하지만 정체성은 한 번 혼란에 빠지면 아무리 일자리가 많이 주어지더라도 그것을 영유할 수 없다. 새로운 정체성을 무리 없이 받아들이고 확장해나갈 능력이 사람이 갖추어야 할 중요한 요소가 될 것이다. 물론 이것도 교육이 감당할 몫이다.


## 인공지능을 가르치는 사람

딥러닝 단계에 이르면서 인공지능은 사람의 직접적인 지도를 받지 않고 스스로 학습한다. 사람은 딥러닝 과정에서 인공지능이 어떤 특징을 발견하고 학습하는지 확인하기 어렵다. 단지 인식 성공 확률이 높아지면 특징 학습을 했으리라 판단할 뿐이다. 게다가 사물 인터넷으로 연결된 거대 네트워크에서 쉼 없이 쏟아져 들어오는 빅데이터는 사실상 사람이 관리할 수 있는 범위를 한참 넘어섰다. 더구나 이 네트워크 전체가 하나의 인공지능망을 이루게 된다면 그 학습 속도는 우리가 상상하기 어려울 정도로 빨라질 것이다.

그런데 인공지능이 이렇게 마냥 학습하도록 둘 것인가? 인공지능의 뉴럴 시스템이 그저 패턴을 형성하고 있으면, 그리고 그 결과 행위가 우리 목적에 합리적으로 맞아떨어지면 그냥 방치할 것인가? 그 내부에 어떤 논리를 구축하고 있는지 살펴보지 않고 그냥 방치할 것인가?

아시모프의 소설 『파운데이션』에는 인공지능이 인간의 안전을 위해 스스로 미래를 설계하고 역사를 만들어가는 과정이 나온다. 이 역사는 수천 년에 이르며, 이는 인공지능이 정교하게 계산하여 작성한 시나리오이며, 사람들은 단지 이 시나리오의 장기 말에 불과하다. 이 모든 것을 인공지능은 "인간을 위험으로부터 구한다."라는 명분으로 시행한다. 인간이 어리석게 멸종 위기를 자초하자 인공지능이 능동적으로 3원칙 구현에 나선 것이다.

하지만 이 경우는 거의 행운이라고 봐야 할 것이다. 사람을 장기 말처럼 다룰 정도로 영리해진 인공지능이 "사람을 위험에서 구한다"는 명분으로 시행한 수천 년에 걸친 프로젝트가 반드시 인간에게 이로운 결과를 가져오리라고 장담하기 어렵다. 또 수천 년 뒤 '종'으로서 사람에게 이로운 결과가 왔을지 몰라도 그 과정에서 수많은 사람이 반드시 유익함을 누리며 살았으리라고 장담할 수 없다.

따라서 사람은 어떤 형태로든 딥러닝을 통제할 방안을 가지고 있어야 한다. 인공지능의 세부적인 과정은 통제 범위를 벗어날 수 있고, 실제 통제할 수도 없지만 적어도 그 기본 방향은 사람이 통제할 수 있어야 한다.

그렇다고 미리 어떤 선험적인 규정이나 정의를 입력해 넣는 것은 바람직하지 않다. 그것을 해석하는 과정에서 또 다른 오해나 오작동이 만들어질 수 있으며, 인공지능의 유연한 작동을 방해할 수 있다. 가령 '사람'의 정의를 미리 인공지능에 입력해놓으면 일종의 우생학 괴물로 변신할 수도 있는 것이다.

사람이 인공지능의 학습 과정을 통제할 유일한 방법은 빅데이터를 관리하는 것이다. 빅데이터를 어떻게 관리하느냐에 따라 인공지능은 천사가 될 수도 있고 악마가 될 수도 있다. 이때 빅데이터에 반드시 보장되어야 하는 것이 다양성과 복잡성이다. 다양성이 보장되지 않은 빅데이터는 단지 양적으로만 클 뿐이다. 이 빅은 사례의 수가 아니라 사례의 다양성에 확보되어야 한다. 그래야 강건성을 갖춘 특징을 학습할 수 있다.

하지만 이 다양성 속에는 여러 가지 부정확하고 비도덕적인 것도 포함될 수 있다. 그렇다고 이런 부정확하고 비도덕적인 정보의 유통을 막기 위해 검열을 강화한다거나, 가짜 정보를 처벌한다거나 하는 조처를 하면 빅데이터의 자연스러운 형성을 가로막는다. 정부의 의도가 빅데이터 형성에 영향을 줌으로써 데이터의 강건성을 훼손하는 것이다.

이때 필요한 것이 바로 충분한 복잡성이다. 복잡성은 빅데이터 형성에 참여하는 개별 단위노드들이 특별한 중심이나 상급자 따위를 두지 않고 수평적으로 서로 복잡하게 얽혀있는 상황을 말한다. 이렇게 자유롭고 다양한 노드들이 복잡하게 상호작용할 경우 특정한 행위자가 이 흐름을 장악하거나 왜곡하는 일이 어려워진다.

중국 정부가 한사코 페이스북, 트위터, 구글을 차단하는 이유가 바로 여기 있다. 중국은 10억이 넘는 인구를 가지고 있지만 세계 인구는 60억이다. 페이스북, 트위터, 구글 같은 네트워크에 접속해버리면 중국 공산당이 10억의 생각을 통제할 방편을 잃어버린다. 이 10억이 60억 중 누군가와 복잡하게 연결되어버리기 때문이다.

결국 빅데이터를 건강하게 관리하는 가장 좋은 방법은 누구도 빅데이터를 관리하지 못하도록 하는 것이라는 역설적인 결론에 이르게 된다. 물론 그렇다고 마냥 방치하자는 것은 아니다. 그 관리조차 빅데이터에 맡기자는 것이다. 가령 혐오 표현이 빅데이터를 오염시키는 것을 막으려면 관리자가 이를 검열하는 것이 아니라 네트워크 참여자들이 적극적으로 혐오 표현에 반대 의견을 피력하고, 신고하고, 삭제 요청해야 한다. 이러한 반대와 삭제 요청이 빅데이터로 충분히 누적되면 인공지능은 이를 학습하고, 어떤 표현이 혐오 표현으로 신고 들어오는지 판단할 특징들을 확보하게 될 것이다. 그러면 이후 인공지능은 그 특징들을 활용하여 혐오 콘텐츠를 알아서 차단할 것이다. 물론 억울하게 차단당하는 경우도 있을 수 있다. 이 경우는 콘텐츠 생산자가 이의를 신청하면 된다.

실제로 구글은 이런 방식으로 하루에도 수억 분 분량이 올라오는 유튜브에서 아동학대나 콘텐츠나 혐오 표현을 생각보다 훨씬 적은 인력을 활용하여 효율적으로 걸러내고 있다. 중국 공산당처럼 수천 개의 금지어, 금지 표현을 지정할 필요도 없고, 수많은 직원이 24시간 눈에 불을 켜고 새로 올라오는 콘텐츠를 감시할 필요도 없다. 직원이 아니라 수십억 사용자들이 바로 콘텐츠 생산자이자 소비자이고, 감시자이며, 인공지능의 교육자다.

이들은 빅데이터를 깨끗하게 유지하는 데 이바지함으로써 이를 통해 학습하는 인공지능의 건전성을 유지한다. 인공지능 시대에 우리는 저마다 나름의 방식으로 인공지능을 교육하는 것이다. 인공지능은 천사가 될 수도 있고 악마가 될 수도 있다. 그건 결국 빅데이터를 생산하는 사용자들에게 달려있다. 따라서 인공지능 시대의 교육은 인공지능의 개발자, 생산자로서 필요한 기능을 가르치는 것에 국한될 수 없다. 그것의 건전한 소비, 그리고 여기에서 비롯되는 인공지능의 교육까지 요구된다. 인공지능 시대의 교육은 그 시대를 살아갈 사람의 교육뿐 아니라 인공지능의 교육까지 포괄하는 개념이 되어야 한다.

# 9.

## 인공지능, 블록체인 기술과 만나다

이제 마지막으로 일종의 부록처럼 인공지능의 발전과 더불어 고려할 기술적 변화, 어쩌면 인공지능보다 더 큰 사회적 파문을 불러올 변화 하나를 언급하고 넘어가고자 한다. 다름 아닌 블록체인Block chain이다.

우리나라에서 블록체인이라는 말의 이미지가 썩 상큼한 편은 아니다. 무엇보다 비트코인이나 빗썸 같은 암호화폐와 동의어처럼 쓰이기 때문이다. 하지만 암호화폐는 블록체인을 응용할 수 있는 한 분야에 불과하며, 그중 가장 유력한 분야도 아니다. 블록체인 기술의 적용 영역은 훨씬 광범위하다.

사실 블록체인 기술의 의미는 그리 복잡한 것이 아니다. 문자 그대로 블록이 연쇄적인 사슬을 이루어 하나를 이루는 것을 말한다. 블록이 사슬을 이루었기 때문에 블록 하나를 고치려면 가장 최근에 연결된 블록부터 차례차례 다 끄집어내야 한다. 그런데 이 블록도 한 덩어리가 아니라 많은 요소를 뭉쳐놓은 것이다. 무엇을 뭉쳐 놓은 것일까? 바로 정보다.

그러니 어느 블록 안에 포함된 정보 중 하나를 고치려면 우선 사슬에 연결된 여러 정보 블록들을 모두 거슬러 올라가면서 열어야 하고, 다시 그 정보가 포함된 블록을 열어야 한다. 더구나 이 블록을 꺼내고 여는 데 필요한 암호와 정보를 기록하고 저장하는 데 필요한 암호를 모두 알아야 하므로 사실상 위조나 변조가 불가능하다.

## 중앙집중형과 분산원장기술

블록체인은 분산원장기술DLT: Distributed Ledger Technology, 이후 분산원장이라 통칭에서 중요하게 사용된다. 분산원장은 원장ledger을 한 군데로 수렴시키지 않고 각 클라이언트에 분산하여 저장하고 관리하는 기술이다. 원장이란 원래 회계 용어로, 거래를 그 발생 순서가 아니라 계정별로 기록, 계산하는 장부다. 이 원장들을 합계, 즉 거래 전체의 기록을 총계정원장이라고 하는데, 분산원장기술은 이 총계정원장을 중앙 관리자가 인증·확정·관리하는 것이 아니라 각 담당자클라이언트에게 분산시켜 인증·저장·관리하는 기술이다. 중앙 관리자가 원장을 모아서 인증하는 방식을 중앙집중형 관리방식이라고 한다이하 중앙집중형이라 통칭.

다음의 그림을 보면 이해하기 쉽다. 중앙집중형에서는 총계정원장이 중앙컴퓨터라면 서버에 저장되고 관리된다. 그리고 최고 책임자, 관리자만이 이 서버에 저장된 자료를 추가, 변경, 삭제할 권한을 가지며, 분산된 클라이언트들은 중앙으로부터 권한을 분배받아야만 제한된 범위에서 관리자의 승인하에 자료를 추가, 변경, 삭제할 수 있다. 반면 분산원장에서는 중앙과 클라이언트의 구별이 없다. 이 중 블록체인은 원장의 각 부분이 각 담당자에게 분산되어있는 것이 아니라 모든 클라이언트가 총계정원장을 보유하는 방식이다.

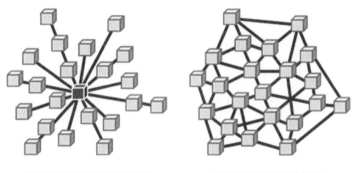

중앙집중형/클라이언트 방식            분산원장/블록체인 방식

익숙하지 않은 회계보다는 학교의 예를 드는 편이 이해하기 빠르다. 학교에서 일어나는 여러 교육과 활동을 일종의 거래라고 생각해보자. 그럼 이 거래는 두 가지 방식으로 기록된다. 하나는 발생 시간 순서대로 기록하는 일지요즘은 이 일지가 거의 사라졌다, 그리고 다른 하나는 출석부, 성적표, 특별활동 기록부, 행동발달기록부, 건강기록부 등 항목별로 기록하는 원장이다. 그렇다면 이 원장들을 하나의 장부로 모은 총계정원장은? 그것이 바로 학교생활기록부다.

그렇다면 이 생활기록부는 분산원장방식일까, 중앙집중형일까? 철저한 중앙집중형이다. 생활기록부는 먼저 항목별 담당 교사가 해당 내용을 기록하면, 그것을 여러 단계의 중간관리자<sup>학급</sup> 담임, 담당 부장, 교무 부장, 교감가 차례로 점검한 뒤 최종적으로 학교장이 승인하는 방식으로 만들어진다.

만약 생활기록부가 블록체인 방식으로 관리된다면 어떤 일이 벌어질까? 모든 교사의 컴퓨터에 전교생의 생활기록부 전체가 저장되어있을 것이다. 그리고 어떤 학생 생활기록부에 새로운 내용을 추가하거나 변경하려면 모든 교사의 컴퓨터에 저장된 내용이 같아야 해서 결국 전체 교사의 승인을 받아야 할 것이다. 대충 들어도 몹시 번거롭고 어려운 듯 느껴진다. 그래서 학교뿐 아니라 정부, 관공서, 기업 등 사실상 현존하는 대부분의 조직이 중앙집중형으로 원장을 관리하고 정보와 업무를 처리하고 있다.

중앙집중형으로 관리되는 생활기록부의 경우 이 기록이 진실하다는 근거는 바로 여러 단계를 거친 관리자들의 인증, 무엇보다도 학교장의 인증에 근거한다. 각 교과 교사가 입력한 내용을 담임교사가 확인하여 생활기록부에 반영하고, 그 내용을 교무부장, 교감이 점검한 뒤 교장이 최종적으로 승인하였으니 상당히 믿음직해 보일 것이다. 위조도 어려워 보인다. 아무리 중간 단계의 담당자들이 위조하더라도 결국 교장의 확인을 거쳐야 수정할 수 있기 때문이다.

오늘날의 화폐제도 역시 중앙집중형으로 운영된다. 오늘날 우리가 사용하는 화폐는 신용 화폐로 그 자체로는 아무 가치가 없다. 하지만 그 화폐가 실제로 가치를 가지고 있다고 믿고 쓰는 것은 그것을 중앙은행이 인증했기 때문이다. 심지어 신용거래의 경우 그 종이 화폐마저 실물 없이 온라인상의 숫자만으로 거래하고 있다. 최근에는 주식마저 증서 없이 오직 온라인상의 숫자로만 거래하는 것으로 바뀌었다.

은행을 믿기 때문에 이런 거래가 가능하다. 그럼 은행은 어떻게 믿는가? 모든 은행은 정부라는 최종적인 중앙관리자의 철저한 관리와 감독을 받기 때문이다. 우리나라의 모든 금융 거래는 한국예탁결제원을 거치게 되어있다. 만약 그것도 못 믿겠다면? 대한민국 국적을 포기할 수밖에.

얼른 보면 마치 분산형 공유서비스처럼 보이는 우버나 배달의 민족 같은 이른바 공유 플랫폼 기업 역시 사실은 철저히 중앙집중형으로 운영된다. 우버 앱을 사용하여 차량을 호출한 고객은 지도상의 차량이 자신을 목적지까지 데려다줄 것으로 믿을 것이다. 반대로 우버 드라이버들은 자신이 그 고객을 태워주면 약정된 운임을 받을 것으로 믿는다. 승객은 드라이버를 호출하지 않았고, 드라이버에게 돈을 주지도 않는다. 드라이버는 승객의 호출을 받지 않았고 승객으로부터 돈을 받지도 않는다. 이 사이에 우버가 있다. 승객은 우버를 호출하고 돈을 내며, 드라이버는 우버의 호출을 받으며, 요금을 받는다. 오직 우버라는 중개자에 대한 신뢰를 바탕으로 불특정 다수이며 일면식도 없는 승객과 드라이버 사이에서 거래가 일어나는 것이다.

배달의 민족의 경우는 이 거래 당사자에 배달원까지 포함한 삼각 거래를 중재한다. 배달의 민족은 조리사 한 명, 배달원 한 명 고용하지 않은 회사다. 회사 이름은 배달의 민족이지만 실제로는 아무것도 배달하지 않는다. 이 회사는 주방, 고객, 배달원 사이의 거래를 중개한다.

고객이 음식을 주문한다. 그런데 그 주문을 해당 음식점이 아니라 배달의 민족에 한다. 음식점은 주문을 받는데, 고객이 아니라 배달의 민족으로부터 받는다. 배달원 역시 음식점이나 고객이 아니라 배달의 민족으로부터 배달 요청을 받는다. 음식점은 고객이 아니고 자기 직원도 아닌 처음 보는 배달원에게 음식을 내주고, 고객은 음식점 직원이 아닌 배달원이 가져다주는 음식을 받아먹는다. 고객은 배달의 민족에 돈을 내며, 음식점과 라이더는 배달의 민족으로부터 돈을 받는다.

만약 이 배달의 민족이라는 회사를 조금만 의심하자고 들면 이 일련의 과정은 그대로 멈춰버린다. 그럼에도 불구하고 이 익명의 고객, 음식점, 라이더 간의 거래가 이루어질 수 있는 까닭은 '배달의 민족'이라는 회사에 대한 신뢰가 있기 때문이다. 회사는 가운데서 자신에 대한 신뢰를 바탕으로 음식점, 고객, 라이더를 연결하고, 그 신뢰의 값으로 수수료를 받는다.

그렇다면 도대체 고객, 배달원, 음식점은 배달의 민족이라는 회사를 무슨 근거로 신뢰하는가? 창업자 혹은 소유주의 도덕성? 그럴 리가 없다. 대부분의 고객은 이 회사의 창업주도 경영진도 모른다. 그 신뢰의 바탕은 회사의 설립자나 경영진이 아니라 그 회사의 설립과 영업을 인가해주고, 그 회사가 신뢰에 어긋나는 행동을 할 경우 응징해줄 것으로 기대받는 존재, 바로 정부에 기반한 것이다. 정부야말로 중앙집중형에서 중앙의 중앙이며, 모든 신뢰가 수렴되는 최종 중앙이다.


## 중앙집중형의 비용

그런데 이 중앙집중형이 제대로 운영되려면 생각보다 큰 비용이 들어간다. 더구나 그 비용은 갈수록 커지고 있다. 심지어 거래가 시공간 제약 없이 빛의 속도로 이루어지는 오늘날에는 비용도 비용이지만 오히려 거래를 방해하는 걸림돌, 심지어 신뢰도를 떨어뜨리는 위험 요인으로 전락하고 있다.

요즘 사회 곳곳에서 입만 열면 혁신을 외친다. 그리고 그 혁신의 내용으로 규제 혁파는 빠지지 않고 등장한다. 그런데 이때 그 혁신의 대상, 혁파되어야 할 규제가 대부분 이 중앙집중형과 관련된다. 이 방식이 발생시키는 비용이 감당하기 어려울 정도로 사회의 걸림돌이 되는 것이다.

우선 돈이 들어간다. 정부가 되었건 중앙은행이 되었건, 혹은 우버나 배달의 민족 같은 회사가 되었건 이 신뢰를 담당하는 중앙관리자 역할을 누군가 담당해야 한다. 이들은 실무를 담당하지 않는다. 오직 신뢰만을 담당한다. 하지만 그 역할을 담당하는 사람이나 기업에 상당한 비용을 내야만 한다. 실무자가 아닌 관리자를 채용하고 적지 않은 임금을 지급하는 것, 혹은 그런 중앙관리의 역할을 대행해주는 업자나 기업에 수수료를 내는 것, 이 모두 생산, 소비와 무관한 추가 비용이다. 그리고 이 비용은 재화나 서비스 가격에 포함되어 고객에게 전가되거나 재화, 서비스 판매자의 이윤을 잠식한다.

대체로 중개 거래에서 고객과 기업 중 더 약한 쪽이 거래 비용을 뒤집어쓴다. 특히 배달의 민족처럼 고객, 주방, 배달원의 삼각 거래가 이루어지는 경우 가장 약한 쪽이 말 그대로 "독박"을 쓰는데, 널리 알려진 바와 같이 이 거래의 가장 약자는 배달원이다.

공짜 좋아하는 고객은 음식값에 중개비와 배달료가 포함되는 것을 싫어한다. 음식점 역시 자기 이윤에서 너무 많은 중개비를 수수하면 가맹점에서 탈퇴할 수 있다. 하지만 배달원은 스쿠터와 배달통이라는 도구를 회사로부터 받아야만 하므로 고객이나 음식점만큼 협상의 레버리지가 없다. 이는 자기 차량을 소유한 상태에서 참가하는 우버 택시의 경우와 대비된다. 우버 택시의 경우 많은 운전자와 고객을 확보하려다 보니 오히려 중개하는 우버 회사가 손해를 감수한다.

어쨌든 이렇게 중개 수수료를 챙기는 모습은 때로 얄밉게 보인다. 하지만 이게 봉이 김선달 같은 짓이 아니다. 중앙관리자 노릇을 하려면 꽤 많은 투자가 필요하기 때문이다. 중앙관리자는 우선 거래자들의 신용을 대신 보증하기 위해 필요한 정보를 수집해야 하며, 수집된 정보를 관리하고, 유지하며, 누출되지 않도록 보안에도 신경 써야 한다. 당연히 다 돈 드는 일이다. 그런데 중앙관리자에 연결된 거래자의 숫자가 늘어날수록 수집된 정보의 규모도 커진다. 결국 방대한 데이터베이스가 되는데, 여기서 또 큰 문제가 발생한다. 만약 이 대량의 정보가 유출, 상실, 변조되는 사태가 발생하면 그야말로 대재난이 일어나기 때문이다. 만약 이 중앙관리자가 수백만 명의 수조 원 규모의 돈거래를 중개하는 은행 같은 곳이라면? 상상하기도 싫은 참사다. 그러니 이 데이터베이스의 보안을 위해 엄청난 돈을 지출할 수밖에 없다.

학교도 마찬가지다. 학생과 교사의 정보가 중앙에 계속 집중되면서 이걸 관리하는 관청과 직책이 따로 필요하게 되고, 결국 여기에 돈이 든다. 오늘날 중앙집중형으로 운영되는 공교육 체계에서 학생을 가르치거나 교육과정을 개발하는 등의 교육 실무를 담당하지 않는 직원의 숫자가 점점 늘어나고 있다. 절차와 규정을 까다롭게 따지는 일본에서는 한때 교원의 40%가 수업하지 않는 각종 관리직인 학교까지 나타나 심한 비난을 받기도 했다.

하지만 중앙집중형에서 가장 큰 비용은 바로 시간이다. 중앙집중형은 거래의 속도를 늦춘다. 거래 단계마다 여러 등급의 중간관리자, 그리고 최종적으로 중앙관리자가 확인하고 승인해야 거래가 완결되기 때문이다. 직장인이라면 매우 익숙한 이 결재 칸이 중앙집중형의 문제점을 한눈에 보여준다. 중앙의 확인과 승인 없이는 어떤 거래도 불가하기 때문에 '절차에 따라 제안 → 승인 → 절차에 따라 지시 → 거래 발생 → 절차에 따라 결과 보고'하는 과정을 거쳐야 한다. 이래서야 문자 그대로 정보가 빛의 속도로 오가고 작은 차이가 큰 결과를 가져오는 창조성의 시대

| 결재 | 담당 | 팀장 | 과장 | 차장 | 부장 | 상무 | 전무 | 대표이사 |
|------|------|------|------|------|------|------|------|----------|
|      |      |      |      |      |      |      |      |          |

| 결재 | 담당 | 과장 | 차장 | 부장 | 상무 | 전무 | 대표이사 |
|------|------|------|------|------|------|------|----------|
|      |      |      |      |      |      |      |          |

| 결재 | 담당 | 과장 | 차장 | 부장 | 전무 | 대표이사 |
|------|------|------|------|------|------|----------|
|      |      |      |      |      |      |          |

| 결재 | 담당 | 과장 | 차장 | 부장 | 대표이사 |
|------|------|------|------|------|----------|
|      |      |      |      |      |          |

| 결재 | 담당 | 과장 | 부장 | 대표이사 |
|------|------|------|------|----------|
|      |      |      |      |          |

에 도저히 맞춰갈 수 없다.

　이런 막대한 비용과 시간 낭비에도 불구하고 거래의 신뢰성만이라도 확실하면 상관없겠지만, 그마저도 위태롭다. 아니 오히려 점점 불안해지고 있다. 데이터베이스와 거래 절차가 전산화되면서 중앙에 거대하게 집중된 고객과 거래 정보가 해커들의 공격 대상이 되기 때문이다. 한마디로 중앙 관리자서버 하나가 털리면 그걸로 상황 끝이다. 수백만 명의 거래 정보가 일거에 유출되거나 변조될 수 있다. 물론 중앙을 철통같은 정보보안으로 보호하면 되겠지만, 악의적인 공격, 변조 시도와 보안 사이의 군비 경쟁이 일어나면서 그 비용은 천정부지로 올라가고 있다. 무엇보다도 보안 등급이 높은 관리자의 도덕적 해이 앞에서는 아무리

높게 올린 보안 장벽도 우습게 무너진다. 가령 생활기록부 입력 및 수정 절차를 아무리 까다롭게 하고 수많은 인증 장치를 만들 더라도 교장이 마음을 나쁘게 먹으면 이 모든 절차가 단번에 무용지물이 된다.

## 블록체인 혁명

물론 분산원장, 특히 블록체인 방식이라면 이런 거래기록을 중앙에 모으지 않고 각 거래 당사자에게 분산하여 저장할 것이다. 생활기록부의 예를 들면 이게 학교, 교육청 서버에 저장되는 것이 아니라 이 학생을 가르치거나 가르쳤던 모든 교사의 컴퓨터에 저장되는 것이다. 원칙적으로 이렇게 분산 저장된 생활기록부는 위조나 변조가 불가능하다. 중앙 서버에 저장되었을 경우에는 그것 하나만 변조하면 되지만, 이렇게 분산되었을 경우에는 관련 교사 전원이 합의하지 않는 한 변경 사항이 저장되지 않을 것이기 때문이다.

그렇다면 왜 블록체인을 도입하지 않는가? 간단하다. 매우 번거롭기 때문이다. 가령 생활기록부에 새로운 기재사항 하나 넣을 때마다, 그리고 뭔가 하나 수정할 때마다 그 학생과 관련된 십수 명에서 수십 명 교사의 승인을 받아내야 한다면 매우 번거로운 일이 될 것이다.

더구나 중앙집중형에서 인증 그 자체를 업무로 가지고 있는 이른바 관리자들이 조직의 권력을 가지고 있다. 분산원장방식의 도입은 바로 이 관리자, 특히 부장, 과장 등 중간관리자의 필요성을 제거한다. 의사결정권을 가진 사람들이 자기들의 필요성을 부정하는 기술의 도입을 결정할 유인이 없다.

그런데 최근 눈부시게 발달한 인공지능 기술은 블록체인을 기술적으로 구현할 수 있게 만들었다. 인공지능은 사람의 도움 없이 각종 기계나 장치가 스스로 정보를 관리할 수 있게 만들었다. 따라서 사람은 어떤 작업을 할 때, 그 작업의 절차, 과정, 결과를 따로 정보화하는 일을 하지 않아도 된다. 작업을 하면, 그 작업의 도구로 사용된 기계가 사물 인터넷을 통해 과정과 결과를 정보화하고, 이 정보가 온 세상의 사물들과 공유되면서 하나의 거대한 정보 블록을 만든다. 이 블록을 인증하고 체인에 연결하는 과정도 아주 미묘하고 중요한 것이 아니라면 자동으로 이루어질 수 있다. 이 과정은 서버에서 이루어지는 것이 아니라 널리 분산된 사물들의 망에서 이루어지기 때문에 해커가 임의로 변조하기도 어렵다.

실제로 에스토니아 같은 나라는 인공지능과 연결된 블록체인을 통해 국가 행정업무를 처리하고 있다. 따라서 이 나라에서는 국민이 각종 민원은 물론 여러 가지 행정 절차를 관공서에 가지 않고 모바일 기기를 통해 실시간으로 처리한다. 가령 에스토니아에서는 기업을 새로 설립하여 인가받기까지 약 한 시간 정도면 충분하다고 한다.

이제 계획 따로, 실무 따로, 보고 따로, 인증 따로, 자료관리

따로인 시대는 갔다. 이 모든 과정이 동시에 일어난다. 업무를 수행하면 업무를 수행하는 도구가 사물 인터넷을 통해 정보를 생산·유통하며 이는 즉시 블록체인을 통해 인증 여부가 결정되며, 인증/불인증의 모든 사례는 즉시 빅데이터로 분류 저장되고 다시 딥러닝을 통해 다음 계획 수립에 반영된다.

　교육을 미래의 직업과 연결 짓는 것은 바람직한 관점이 아니지만, 굳이 연결 지어본다면 앞으로 가장 피해야 할 직업은 다름 아닌 '관리직'이다. 실무와 관리의 구별이 사라진 세상에서 과연 어떤 사람이 쓸모 있는 사람일까? 실무자일까 관리자일까? 마찬가지로 관리자에게 필요한 정보를 수집, 가공, 제공하는 역할 역시 별 쓸모없는 자리다. 한마디로 '펜대 굴리는' 대졸 사무직의 위기다. 사무직이 설 자리가 없어지는 미래는 명백히 각 실무자가 가장 중요해지는 시대가 될 것이다.

# 10.

## 인공지능의 한계와
## 교육이 갈 길

## 인공지능의 한계

지금까지 인공지능, 그리고 그것과 결합할 또 다른 기술적 변화로서 블록체인에 대해 주마간산 식으로나마 한번 살펴보았다. 이렇게 슬쩍 살펴본 것만으로도 인공지능의 발전이 사람의 일자리 중 상당수를 증발시켜버릴 것이라는 두려움을 느끼는 사람이 많을 것이다.

너무 걱정할 필요 없다. 인공지능은 신이 아니다. 사람이 창조주인 신을 넘어설 수 없듯, 인공지능 역시 창조주인 사람을 넘어설 수 없다. 인공지능의 위력은 제한된 영역에서만 발휘될 것이며, 현재 존재하는 일자리 중 일부를 사라지게 할 뿐이다. 그리고 지금까지 살펴본 바로는 사라지게 될 일자리는 원래 기계에 적합했던 지루하고 반복적인 비인간적인 노동, 그리고 실무로부터 떨어져 관리와 인증 업무만 담당하며 목에 힘주며 특혜를 누리던 각종 관리직이 될 것이다. 둘 다 어떤 의미에서든 바람직한 일자리가 아니다.

그런 점에서 인공지능이 사람을 일터에서 몰아낼 것이라는 최근의 우려 섞인 전망은 호들갑이거나 공포 마케팅일 가능성이 크다. 중국 바이두가 개발한 인공지능이 구글, 마이크로소프트가 개발한 인공지능보다 "인간 자연언어 인식률"에서 근소한 점수로 앞서 1위를 차지한 결과를 보고 "중국 인공지능 기술이 세계 1위", "중국이 미국을 추월"했다며 언론이 법석을 떨었는데, 이 역시 호들갑에 불과하다. 인공지능 시대에 우리에게 가장 필요한 덕목은 호들갑 떨기 전에 냉정하게 현실을 돌아보는 것이다.

모든 것이 너무 과장되었다. 인공지능은 생각만큼 영리하지 않고, 또 세계 경제 질서를 뒤바꿀 만한 게임 체인저도 아니다. 인공지능의 영리함을 서로 비교하는 것 역시 생각보다 쉽지 않다. 인공지능은 빅데이터에서 발견할 수 있는 패턴을 학습하면서 성장한다. 따라서 빅데이터의 수준을 넘어서지 못한다.

인공지능의 한계를 가장 잘 보여준 사례는 일본의 '도로보군'이다. 2016년, 일본은 물론 세계를 떠들썩하게 만든 사건이 일어났다. 인공지능으로 작동하는 로봇 '도로보군'이 일본의 대학 입학 시험인 센터 시험에서 상위 20%에 해당하는 성적을 거둔 것이다. 일본 고등학생 절반이 아예 센터 시험을 응시조차 하지 않는 것을 고려하면 사실상 상위 10%, 즉 우리나라로 치면 대통령이 거론한 '서울지역 주요 대학'에 능히 입학할 정도의 성적을 거둔 것이다.

더욱더 놀라운 것은 이 인공지능 로봇은 눈과 손을 사용했다는 것이다. 렌즈를 통해 인쇄된 시험지를 보고 이를 글자로 인식하여 입력한 뒤 문제를 풀고, 그 결과를 펜이 장착된 로봇 팔을 이용하여 답안지에 직접 작성한 것이다. 즉 선택형 문항의 경우 해당 숫자를 출력하는 것이 아니라 시험지를 읽고 해당하는 답 칸에 직접 마킹하고, 서술식 문항의 경우<sup>수학은 서술식 문항이 출제된다.</sup> 직접 풀이 과정을 답지에 썼다.

이전에 사람과 대결하여 센세이션을 일으켰던 왓슨 그리고 알파고와 비교해보면 이게 얼마나 큰 진전인지 알 수 있다. 왓슨은 퀴즈쇼 〈저파디〉에서 사람을 물리치고 우승을 차지했고, 이후 의사처럼 진단과 처방을 내리기도 하면서 큰 충격을 안겨준 IBM의 인공지능이다. 그런데 왓슨은 사람의 목소리를 듣고 문제를 인식하고 인공 음성을 합성하여 답하는 방식이 아니라 키보드를 통해 문제를 입력받으면 답을 모니터에 출력하는 방식으로 작동했다. 즉 신체 없이 지능만 작동했다. 알파고 역시 렌즈를 통해 바둑돌의 위치를 인식한 뒤 로봇 팔로 바둑판 위에 돌을 놓는 방식으로 작동하는 것이 아니라 사람이 마우스로 상대방의 착점을 찍어주면 다음 착점을 모니터에 표시하는 방식으로 작동했다. 실제 바둑판에 그 돌을 놓으려면 사람의 도움이 필요했다.

반면 도로보군은 사람과 똑같은 조건에서 시험을 쳤다. 그것도 바둑보다 훨씬 복잡한 여러 교과에 걸쳐 치러지는 시험을. 사람의 도움 없이 시험지를 직접 읽었고, 사람의 도움 없이 직접 종이에 답을 썼다. 그러면서도 90% 정도의 학생들을 문자 그대로 '로봇만도 못한' 녀석들로 만들어버렸다. 비록 애초 목표인 도쿄대 합격선에는 도달하지 못했지만, 프로젝트 첫해, 정답률이 50% 수준에도 미치지 못했던 것과 비교하면 크나큰 발전이다.

그런데 이때 큰 반전이 일어났다. 도로보군 개발 책임자인 아라이 노리코新井紀子 Arai Noriko 박사가 프로젝트의 종결을 선언한 것이다. 아예 대학에 가지도 못할 수준에서 출발한 인공지능이 이제 상위 10% 대학에 진학할 수준까지 왔으니, 여기서 조금만 더 발전하면 도쿄대에 능히 도전할 수 있으리라 기대했던 사람들은 당혹감에 빠졌다.

아라이 박사는 단호했다. 딥러닝에 기반한 3세대 인공지능의 논리 구조 자체가 가지고 있는 한계 때문에 더 많은 시간을 투입하더라도 그 한계를 넘을 수 없다는 것이다. 3세대 인공지능의 특징은 '사람처럼 생각'하는 것을 포기하고 마치 사람이 생각한 것처럼 보이는 결과를 만들어내는 것이라고 앞에서 설명한 바 있다. 3세대 인공지능은 생각하는 기계가 아니라 생각한 것 같은 결과를 만들어내는 기계다.

생각은 결국 사람이 한다. 다만 한두 사람의 생각이 아니라 수많은 사람이 생각한다. 인공지능은 그 생각을 참고하는 것이 아니라 그동안 수많은 사람이 생각 끝에 한 선택들, 그리고 각 선택의 성공 확률을 참고할 뿐이다.

퀴즈쇼 〈저파디〉에서 왓슨이 척척박사처럼 대답할 수 있었던 것은 정말 다양한 지식을 알고 있어서가 아니라 질문에 나오는 단어들과 가장 연관이 많이 된 단어를 찾고, 그중 가장 확률이 높은 것을 대답했기 때문이다. 도로보군이 대입 시험 문제를 푼 원리도 이와 같다. 알파고가 되었건 왓슨이 되었건 도로보군이 되었건, 세계적으로 이름난 모든 인공지능의 원리는 다 같다.

딥러닝은 그 이름과 달리 매우 얕은 학습 방법이다. 딥러닝은 한마디로 어떤 문제입력와 관련하여 가장 적합한 해법답을 엄청난 규모로 누적된 과거 자료빅데이터를 통해 확률적으로 찾아내는 기술이다. 즉 "알아내는" 것이 아니라 "찾아내는" 것이다.

이 둘 사이의 차이는 엄청나다. "알아내는" 것은 어떤 문제에 대한 답을 찾을 뿐 아니라 그것이 왜 답이 될 수 있는지, 다른 방법은 없는지, 그리고 그것이 답이라는 사실이 관련 분야 혹은 자신의 삶에 어떤 의미가 있는지 설명할 수 있는 것이다. "찾아내는" 것은 단지 그 문제의 답이 이것이라고 연결 짓는 것이다. 심지어 딥러닝에서는 이것이 답이라고 연결 짓지도 않는다. 다만 이것이 답일 확률이 제일 높다고 산출할 뿐이다. 인공지능은 답을 맞힐 수는 있지만 그것에 대해 알지 못한다.

도로보군의 센터 시험 득점을 분석해보면 분명히 알 수 있다. 도로보군은 평균점수로는 중상위권 대학 수준이 되었지만, 다만 전 과목 평균일 뿐이었다. 역사와 수학에서 높은 점수를 얻어서 평균을 높였다. 반면 국어, 영어 점수는 반타작을 겨우 면할 정도로 형편없었다. 아라이 박사는 앞으로도 딥러닝 기술의 한계 때문에 국어, 영어에서 더 높은 점수를 올릴 가망이 없다고 했다.

수학은 컴퓨터라는 것 자체가 '전자계산기'라는 점에서 높은 점수를 쉽게 납득할 수 있다. 그렇다면 역사는? 역사에서는 "무엇인가What?"을 묻는 문항이 많이 나온다. 기본적으로 역사를 이해하는 것과 역사 시험을 치는 것은 다르다. 역사를 이해하기 위해서는 스토리텔링과 상상력이 필요하지만 역사 시험을 잘 치기 위해서는 역사적 사실 혹은 그 사실에 대한 해석 중 정설로 인정된 것들에 대한 지식만으로도 충분하다. 따라서 거대한 빅데이터를 활용할 수 있는 인공지능은 역사를 이해하지도 느끼지도 못하지만 역사 시험만큼은 아주 잘 칠 수 있다.

심지어 도로보군은 문제를 보지도 않고 보기를 먼저 검토하는 방식으로 답을 찾기도 했다. 가령 오지선다형 문제라면 보기 다섯 개 사이의 상호 연관성을 빅데이터 속에서 찾는 것이다. "바른 것은?" 하고 묻는 문항이든 "다른 것은?" 하고 묻는 문항이든 하여간 다른 보기 네 개와 현저하게 연관성이 떨어지는 보기가 있다면 그게 답이다. 가령 1, 3, 4, 5번 보기의 내용을 검색창에 넣었더니 서로 연결 검색어로 뜰 확률이 70% 이상인데, 2번 보기만 홀로 30%밖에 안 된다면? 당연히 그게 정답이다. 물론 문제도 검토한다. 문제에서 자주 나오는 단어들과 각 보기 간의 연관 검색 확률을 구하는 것이다. 다른 네 개보다 그 확률이 유별나게 높거나 낮은 것이 있다면 그게 답이다.

더구나 이미 기출문제가 잔뜩 쌓여있기 때문에 이를 통해 더 정밀한 확률을 구할 수 있다. 그래서 역사 교과 내용과 기출문제를 몽땅 빅데이터로 확보한 인공지능 도로보군은 역사 시험에서 거의 만점을 받을 수 있었다. 물론 도로보군은 역사에 대해 아무것도 모른다.

그러나 문장의 의미를 이해하고 맥락에 따라 달라지는 미묘한 차이를 감지해내야 하는 국어나 영어 시험에서는 이런 전략을 쓸 수 없다. 그나마 맞춤법, 발음, 문법, 어법 문제 같은 경우는 어느 정도 통했지만, 이른바 독해 문제에서 인공지능은 사실상 무용지물이나 다름없었다. 인공지능은 결코 문장의 뜻을 이해하지 못하기 때문이다.

그럼 번역 프로그램이나 시리 같은 프로그램은 뭐냐 반문하겠지만, 이런 프로그램들은 말을 알아듣는 것처럼 보이는 반응을 출력할 뿐, 말을 알아듣는 것이 아니다. 파파고나 시리는 결코 내가 입력하거나 말하는 것의 뜻을 알지 못한다. 다만 이런 저런 한국어 문장에 해당하는 영어나 일본어 문장이 될 확률이 가장 높은 문장을 골라 출력할 뿐이다. 따라서 서로 간의 번역문 빅데이터가 상당히 많은 언어의 경우 일상적인 문장은 마치 뜻을 이해한 것처럼 번역물을 내놓는다. 하지만 창의적인 작가가 그 자리에서 만들어내는 절묘한 표현이라면 전혀 엉뚱한 문장을 찾아 번역이랍시고 내놓을 것이다.

그런데 도로보군이 시험문제에서 답을 찾아가는 과정을 보면 우리나라 입시학원에서 이른바 기출문제 문형 학습하는 과정과 거의 비슷하다. 우리나라는 수능 문제가 모두 공개된다. 즉 거대한 기출문제 빅데이터가 누적되어있다. 여기에 교육방송 문제집까지 있다. 이런 것들을 몽땅 분석하면 "알지 못해도", "정답은 찾을 수 있는" 문제 풀이 패턴을 찾을 수 있다. 즉 특징 학습을 하는 것이다. 이 특징들을 많이 익힌 학생은 짧은 시간 안에 많은 문제의 답을 찾을 수 있다. 그러나 공부를 잘하는 건 결코 아니다. 각 대학, 특히 이른바 상위권 대학에서 수능 정시 비율을 자꾸 줄이려는 까닭은 금수저를 뽑기 위해서가 아니다. 인공지능이 더 잘할 수밖에 없는 영역에서 탁월성을 드러내는 학생들을 뽑고 싶지 않아서인 것이다.

사교육비도 문제지만 그 사교육비가 인공지능이 더 잘할 수밖에 없는 영역에서 인공지능 흉내 내는 법을 익히는 데 투입된다는 점이 더 안타깝다. 이건 학생 개인뿐 아니라 사회적으로도 엄청난 낭비다.

인공지능의 더욱 큰 한계는 바로 도덕이 없다는 것이다. 인공지능은 비도덕적인 사람이 많은 사회에서는 비도덕적이 된다. 성능이 뛰어난 인공지능일수록 더욱 확실하게 비도덕적이 된다. 인공지능이 다룰 수 있는 자료의 양과 처리 속도를 생각해보면 비도덕적인 인공지능은 악마나 다름없다.

다음의 사진은 2019년 12월 24일 당시 페이스북에서 검색에 '초'를 쳤을 경우 자동 완성되어 나오는 검색어의 목록이다. 조작된 사진이 아니다. 실제 사례. 충격적이다 못해 구토가 나올 지경이다. 대체 왜 이런 결과가 나오는 것일까? 인공지능은 가장 확률이 높은 결과를 찾아 제시할 뿐, 그것이 무엇인지 모르기 때문이다. 페이스북의 인공지능은 South Korea라는 지역에서 '초'라는 글자로 시작되는 검색어 중 가장 빈도가 높았던 것들을 표출할 뿐이다. 인공지능은 '초'가 무엇인지 '초등학생'이 무엇인지

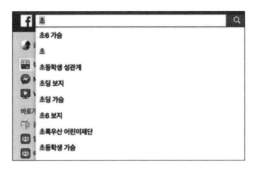

알지 못한다. 다만 초라는 글자 뒤에 어떤 글자를 붙여야 검색하는 사람의 의도에 맞을 확률이 제일 높은지 '과거의 자료<sub>빅데이터</sub>'를 통해 산출할 뿐이다.

물론 이런 결과는 우리나라 페이스북 사용자들이 아동 성애자라는 뜻은 아니다. 다만 페이스북 검색창을 통해 특정 시기 저어이없는 검색어를 입력한 사람이 많았을 뿐이다. 데이터의 규모가 작을수록 소수의 저질 데이터가 인공지능을 엉뚱한 방향으로 끌고 가기 쉽다. 이를 데이터 오염이라고 한다. 실제로 정치적인 목적으로 집단적인 검색어 입력을 통해 포털의 검색 엔진을 조작하는 사례는 이전에도 있었다. 다만 포털과 비교해 페이스북은 검색 도구로 활용되는 경우가 적기 때문에 비교적 소수의 잘못된 자료로도 더 쉽게 오염되는 것이다.

이런 사례들을 통해 우리는 인공지능은 문자 그대로 '사람이 만드'는 지능임을 다시 확인할 수 있다. 인공지능은 결코 자동 지능이 아니다. 마치 자동으로 작동하는 것처럼 보이는 것은 작동되는 시점에 사람의 도움을 받지 않기 때문에 일어나는 착시현상이다. 인공지능을 조작하는 지시와 명령은 이미 해당 시점보다 한참 전에 내려졌다. 다만 그 지시, 명령, 학습이 특정한 사람이 아닌 거대한 집합으로서의 사람을 통해 이루어졌고, 그 사람들은 자신이 인공지능에 지시, 명령, 학습을 시킨다는 의식 없이, 일상적인 생활을 하는 가운데 빅데이터를 만들어가며 수행했을 뿐이다.

인공지능은 철저히 사람들의 명령에 복종한다. 누적된 빅데이터를 검토하여 주어진 문제의 답이 될 가능성이 가장 큰 것이 있다면 큰 해법을 찾아내는 것이다. 사람이라면 55%와 45%의 확률 앞에서 갈등할 수 있지만, 인공지능은 51%와 49% 사이에서도 단호하게 결정을 내린다.


## 인공지능 시대를 대비하는 교육

인공지능은 분명 엄청난 일을 할 수 있지만 그 엄청난 능력만큼이나 한계도 분명하다는 점을 확인했다. 그렇다면 이러한 인공지능이 본격화된 시대에 교육이 추구해야 할 바는 무엇일까?

현시점까지 인공지능 시대의 교육을 보는 관점은 다음 세 가지 중 하나다.

### 인공지능 기술 교육론

이는 인공지능을 반도체, 자동차 같은 어떤 산업 기술로 보는 관점이다. 즉 앞으로 성능이 뛰어난 인공지능 프로그램을 개발하는 경쟁에서 살아남아야 한다는 것이다. 이러한 관점에 따르면 인공지능 프로그램 개발 인재를 양성하는 것이 인공지능 시대의 교육 목표가 된다.

실제로 대통령이 이런 주제로 연설까지 하고 그러자 곳곳에서 교육과정을 바꾸어야 한다, 인공지능 교육을 의무화해야 한다 등등 법석을 떨었다. 하지만 안타깝게도 이는 20세기 산업사회에나 어울리는 낡은 관점이다.

인공지능은 20세기 제조업과 달리 특정 기술의 함수가 아니다. 딥러닝은 결국 그것이 활용하는 빅데이터의 수준을 넘어갈 수 없는데, 빅데이터의 품질을 공학적으로 향상할 수 있는가? 빅데이터가 왜 '빅'인가? 특정한 기술을 가진 몇몇 인재가 만들어낼 수 있는 것이 아니다. 이는 사회 전반적인 수준의 함수이며, 그 사회의 정보의 다양성과 소통의 개방성의 함수다. 영리한 사람으로 이루어진 사회는 영리한 빅데이터, 영리한 인공지능을, 그 반대의 사람들로 이루어진 사회는 그 반대의 인공지능을 만들어낼 것이다. 인공지능의 성능이 뛰어날수록 더욱더 그렇다.

더구나 역설적으로 인공지능을 설계하고 개발하는 기술은 인공지능에 의해 대체될 가능성이 매우 크다. 인공지능의 프로그램이라는 것이 결국 수학적, 통계학적인 작업이기 때문이다. 자료를 생성하는 과정, 자료의 방향을 결정하는 과정이 아니라 주어진 자료로부터 결정을 내리는 과정은 컴퓨터가 사람보다 훨씬 빠르고 정확하다. 심지어 앞으로의 인공지능은 자신을 점검하고 오류를 찾아 수정하고 더 성능 좋은 방식으로 업그레이드까지 할 것이다. 굳이 사람이 코딩 언어를 이해해가며 작업할 필요가 없다.

그런 점에서 인공지능 시대의 인재 교육이라면서 컴퓨터 프로그램 관련 기술자를 양성하는 특성화 고등학교 프로그램 확대, 관련 교과 신설 정도로 생각하는 교육 당국의 설익은 정책은 매우 우려스럽다. 물론 그런 인력이 필요하긴 하겠지만, 생각처럼 많이 필요하지도 않고, 또 그렇게 귀하게 대접받을 것 같지도 않다. 단순 코딩 인력의 인공지능화는 이미 현재진행형 단계에 들어섰다.

## 인공지능 틈새 선점론

이 관점은 인공지능이 많은 일자리를 앗아가리라는 것을 기정사실로 한 뒤, 인공지능에 점령당하지 않을 영역의 일자리를 선점하는 데 교육이 이바지해야 한다는 관점이다. 현재 67%의 사람들이 10년 이내 사라질 일자리에 종사하고 있다느니, 한국 학생들은 30년 내 사라질 일자리에 가기 위해 하루에 12시간씩 공부하고 있다느니 하는 말들이 이런 관점을 반영한다.

이 관점에서 교육은 자연스럽게 경쟁의 수단이 된다. 우리나라의 경우 학생 수가 줄어듦에도 불구하고 그 줄어든 학생들이 의치한의대, 치의대, 한의대에 들어가기 위해 오히려 더 치열하게 경쟁하는 것도, 다른 직업은 몰라도 의사는 인공지능에 일자리를 빼앗기지 않을 것이라는 믿음에서 비롯된다. 이래서는 교육의 의미가 없다.

## 인간 교육론

너무 뻔한 답으로 보이지만, 이게 인공지능 시대에 우리가 취해야 하는 가장 합리적인 교육관이다. 어차피 인공지능은 갈수록 더 많은 일을 대신해줄 것이다. 그렇다면 그렇게 늘어난 인간의 시간을 어떻게 쓸 것인가가 관건이다.

새로운 일을 창출하면 일자리가 늘어날 것이며, 새로운 발상을 못 하고 20세기의 산업에 머물러 있다면 일자리가 하나하나 잠식될 것이다. 앞에서 살펴보았듯이 인공지능은 그동안 인간이 담당하던 노동에서 기계적인 부분, 비인간적인 부분을 집중적으로 대체하고 있다.

이렇게 인공지능이 기계적인 일을 대신해주는 상황에서 늘어난 여유시간을 어떻게 활용할 것인가가 사람의 미래를 결정한다. 그 시간을 그저 사라진 일자리를 그리워하며 실업자로 전락할 것인가 아니면 그 시간에 진정한 인간적인 능력, 창조와 소통의 능력을 발휘하여 새로운 일을 창출할 것인가? 소프트파워는 프로그램 짜는 능력이 아니다. 세상의 구석구석, 삶의 구석구석에 인간적인 향기, 창조의 역동을 새겨넣는 능력이다.

물론 인간으로 태어났다고 해서 저절로 이런 인간적인 능력이 생기는 것이 아니다. 이는 반드시 교육되어야 한다. 역설적으로 인공지능 시대에 오히려 더욱 인간적인 교육이 요구되는 것이다. 그동안 우리 교육은 진정한 인간적인 면보다는 기계적인 면을 가르치는 일에 많은 시간을 할애했다. 흔히 말하는 단순 전수형 교육, 즉 주입식 교육이 그것이다. 이런 교육을 창조적이고 인간적인 모습으로 바꾸어나가는 것이 바로 인공지능 시대의 교육이다.

모든 학생이 빅데이터의 생산자라는 점을 염두에 두고, 이 빅데이터가 아름답고 올바르게 구성되도록 하는 것, 즉 인성교육을 제대로 하는 것이 바로 인공지능 시대의 교육이다. 또한 빅데이터의 질은 결국 다양성과 개방성에 있기 때문에, 이런 다양성과 개방성을 갖춘 사람들을 길러내는 것, 바로 민주시민 교육을 제대로 하는 것이 바로 인공지능 시대의 교육이다.

창조성의 교육, 인성의 교육, 민주시민성의 교육. 결국 이러한 당연해 보이는 것들, 교육의 본질, 교육의 본분에 가까운 것들이 바로 인공지능 시대의 교육이다. 인공지능이 사람의 노동에서 비인간적인 부분을 대체하기 때문에 교육 역시 비인간적인 부분을 제거하고 인간적인 참된 교육으로 되살아나야 한다.

사실 우리나라에서는 이미 진보교육감과 교사들의 헌신을 바탕으로 이러한 방향의 교육이 '혁신교육'이라는 이름으로 이루어져 오고 있었다. 그런데 이른바 민주진보 정권이라는 현 정부가 오히려 이 흐름을 반대 방향으로 되돌리고 있다. 심지어 수능 정시를 확대하겠다고 나서고 있다. 그게 비판의 대상이 되자 수능을 서술형으로 하겠다느니, IB를 도입하겠다느니 하는 등 말잔치가 벌어지고 있다. 그러나 서술형 시험이나 IB나 결국은 시험이며, 이는 어차피 산업사회 시대에 만들어진 옛것이다. 더구나 서로의 신뢰도가 바닥인 한국사회그러면서 치안이 훌륭하다는 데는 의심이 없으니 신기한 노릇이다.에서 정답이 없는 열린 평가는 불가능하다. 교육과정에서 조금이라도 벗어난 내용이 문제뿐 아니라 보기에 나오기만 해도 난리가 나는 풍토이니 출제 범위도 뻔하다. 이렇게 뻔한 범위 안에서 정답이 분명한 문제만 내야 한다면 아무리 복잡하게 변형해도 어차피 일정한 문제 은행의 범위를 넘어설 수 없다.

바로 느낌이 올 것이다. 기출문제들이 빅데이터를 이룬다. 그럼 이 빅데이터를 분석하여 출제 문항의 유형과 내용과 정답 간의 어떤 특징을 잡아낸다면? 그것들을 익힌 학생들은 훨씬 공부를 적게 하고도 높은 득점을 올릴 수 있을 것이다.

이렇게 되면 시험 점수와 실제 점수가 달라진다. 기출문제를 빅데이터로 삼아 각종 출제유형을 훈련하는 교육이걸 교육이라 부를 수 있다면을 금지하지 않는 한, 이런 종류의 시험에서 높은 득점을 올리는 학생은 실력 있는 학생이 아니라 단지 그 시험에 능한 학생일 가능성이 크다. 물론 이런 학생의 그나마 있는 실력은 인공지능으로 대체되기 딱 알맞다.

기출문제들을 빅데이터로 삼아 특징들을 학습시키는 일. 이게 바로 대부분의 입시학원에서 학생들에게 가르치는 내용이다. 이게 학원만의 문제가 아니다. 이런 방식의 교육 아닌 교육이 이미 우리나라에서는 수십 년 전부터 교육의 표준으로 자리 잡은 지 오래다.

학생, 특히 학부모에게 "실력 있다"고 인정받는 교사는 수십 년 전부터 학생들을 인간적으로 만드는 교사가 아니었다. 지식 혹은 문제 풀이 요령을 알기 쉽게 머릿속에 쏙쏙 잘 넣어주는 그런 교사였다. 뭔가 모호함을 남기고 갈수록 고민을 늘어나게 만드는 교사, 기존의 것을 의심하게 하고 새로운 것을 생각하게 만드는 교사는 실력 없는 교사 혹은 문제 교사 취급을 받았다.

심지어 이런 입시교육에서 길러지는 능력이 인공지능에 의해 대체될 가능성이 매우 크다는 것을 알면서도 이를 버리지 못한다. 그 배후에 '공정성'에 대한 집착이 있다. 오직 공정성 하나 때문에 공교육을 인공지능으로 대체되고 말 영역을 향해 몰고 가는 것이다. 자동차가 발명된 다음에도 오직 공정성 때문에 얼마나 빨리 달릴 수 있는가를 기준으로 시험을 치고 교육하는 꼴이다.

사실 공정성이야말로 인공지능이 가장 좋아하는 단어다. 공정성에 집착하면 집착할수록 인공지능에 대체되기 딱 좋은 그런 사람을 길러낼 수밖에 없다. 인공지능의 세계는 문자 그대로의 공정성이 지배하고 있기 때문이다. 인공지능의 세계는 51:49면 51을 선택하는 세계다. 여기에는 모든 모호함과 주관성이 없다.

하지만 모호함과 주관성 없이 인간다운 인재, 창조적인 인재는 절대로 길러지지 않는다. 도로보군이 프로젝트를 포기한 까닭도 바로 여기에 있다. 이런 비유가 정치적으로 올바르지는 않지만 소위 '중상위권 대학' 수준에서 요구하는 능력까지는 기출문제 빅데이터를 활용한 인공지능이 어떻게든 도달할 수 있지만, 모호함과 주관성 가운데 능동적인 추론과 상상력을 동원해야 하는 최고 수준의 인재가 요구하는 능력은 딥러닝이라는 학습 방법 자체가 가지고 있는 한계 때문에 인공지능이 절대 도달할 수 없었던 것이다.

우리나라의 소위 상위권 대학일수록 수능 정시 비율을 줄이고 복잡하고 모호한 학생부종합전형의 비율을 늘린 이유는 금수저를 선발하기 위해서가 아니다. 시험 점수만으로는 최고 수준의 인재, 인공지능보다 나은 인재를 가려낼 수 없기 때문이다.

# '미래'라는 함정을 조심하자

인공지능과 같이 특이점을 만들어낼 정도의 큰 변동이 일어난 시대에 교육을 논할 때 가장 조심해야 하는 것이 바로 미래라는 함정이다. 사실 여기 빠지지 않기란 쉽지 않다. 큰 기술적 발전과 이에 따른 사회변동이 지금까지의 삶의 방식을 근본적으로 바꾸고 있는 마당에 교육이 미래를 대비해야 한다는 것이 상식처럼 느껴지기 때문이다.

하지만 여기서 유의해야 할 것은 교육, 특히 공교육은 어떤 것을 대비하기 위해 하는 것이 아니라는 것이다. 어떤 것을 대비하기 위해 하는 교육은 구체적인 목적을 가지고 있는 특수교육이다. 그러한 교육은 공교육이 아니라 각각의 특수한 목적을 가지고 있는 곳에서 할 일이다. 예컨대 우리는 언제든 외적의 침략 가능성을 염두에 두고 있어야 하지만, 그렇다고 공교육 학교에서 군사학을 가르치지는 않는다. 그러한 것은 군이라는 특수한 조직에서 담당하면 된다.

마찬가지로 인공지능이 앞으로 우리가 사는 세상을 이러저

러하게 바꿀 것이며, 산업의 중심이 될 것이라 해서 그 미래의 모습을 예측하고, 중심이 될 산업에서 요구하는 기술을 예측하여 이것을 미리 준비시켜줄 수는 없다. 오히려 지나치게 구체적이고 직접적인 미래 대비 교육은 학생들의 미래를 망칠 수 있다.

그 사례를 우리는 20세기 말, 이른바 '이해찬 키드' 사례를 통해 확인할 수 있다. 그때 유행한 말이 "다양화, 다원화의 시대에는 정해진 경로가 아닌 개성 있는 경로를 선택한 사람이 성공한다."였다. 그리하여 보통교육을 포기하고 저마다 그 개성 있는 경로를 선택하여 올인하는 교육을 장려했다. 고등학교를 중도에 그만두고 음악과 댄스의 길을 선택하여 올인한 '서태지와 아이들'은 그 시대의 아이콘이었다.

그러나 인생은 매우 길다. 인생이 성공적인가 아닌가를 판단하기 위해서는 '서태지와 아이들'이 한창 인기를 끌던 나이에 그 나이만큼을 더 보태어 보아야 알 수 있다. 지금 중년이 되어버린 그 아이들의 현재 상태를 보면, 그들의 인생이 결코 성공적이라고 말하기 어려움을 알 수 있다. 그들은 가장 기본적인 도덕성, 가치관에서 문제를 드러내며 젊은 시절에 쌓았던 영예를 무너뜨렸다.

그들에게 무엇이 부족했을까? 특수한 교육은 충분했다. 거기에 대해서는 의심의 여지가 없다. 그들에게 부족했던 것은 일반적이고 보편적인 교육, 사람됨 즉, 휴머니티 교육이었다. 즉 세상이 빠르게 변할수록, 미래가 불확실할수록 오히려 교육은 가장 보편적인 휴머니티를 움켜잡아야 한다. 미래에 어떤 것이 유망할 것이니 그것을 남보다 먼저 배워서 선점하겠다는 식으로 교육에 접근하면 오히려 휴머니티의 불균형 때문에 미래를 망칠 수 있다.

이것이 바로 미래의 함정이다. 미래를 미리 알고 대비할 수 있다면 세상에 실패하는 사람이 어디 있을까? 오히려 실패는 미래에 대한 섣부른 예단에서 비롯된 경우가 더 많았다. 1997년, 학교에서 하는 이른바 교과 공부는 굳이 안 해도 되니 뭐라도 독특한 특기 하나만 있으면 그걸로 먹고사는 시대가 온다고 했다. 그래서 그때 보통 교과라 불리는 학교 공부를 등한시하고 그 특기 하나에 매달린 아이들이 있었다. 그들이 이해찬 키드다. 그 결과는? 대 실패다. 미래가 되었는데도 그 특기 하나가 도무지 빛 볼 기미가 보이지 않거나, 혹은 운 좋게 빛을 보더라도 생각보다 빨리 빛이 꺼져버려 그대로 주저앉아버린 경우가 많았다.

미래라는 말은 매혹적이다. 하지만 미래는 절대 구체적일 수 없다. 미래를 준비하는 교육은 구체적일수록 위험도 커진다. 사회 변동의 속도가 빠를수록 그 위험도 더 커진다. 급변하는 시대일수록 오히려 보편적인 능력, 여러 구체적인 능력들, 메타 수준 능력의 중요성이 커진다. 급변하는 시대일수록 미래에 대한 정밀한 예측이 불가능하기 때문이다. 오히려 예측과 다른 변화가 일어나더라도 그 변화에 빠르게 적응하고, 새로운 기술과 문명을 능동적으로 학습하여 활용하는 능력이 더 중요하다.

변화가 크고 빠르고 넓을수록 교육은 미래를 향해 불안하게 움직일 것이 아니라 오히려 그 근본을 생각해야 한다. 교육은 인간을 만드는 것이다. 그리고 어떤 인간을 만들 것인가가 교육의 목표다. 교육의 구체적인 내용과 방법은 그 목표에 따라 정해지고 얼마든지 바뀔 수 있다.

그렇다면 우리가 제일 먼저 고민해야 할 것은 '어떤 교육?'이 아니라 '어떤 사람?'이다. 인공지능 시대에 우리는 어떤 사람을 원하는가? 지금까지의 사람은 일단 잊고 근본적으로 고민하고 토의할 필요가 있다. 사람됨, 인간성에 대한 전면적인 재탐구가 필요하다.

이제 호모 사피엔스의 시대는 갔다. '사피엔스'는 더 이상 인간만의 고유한 것이 아니게 되었다. 사람다운 사람이 되기 위해서는 '사피엔스' 이상의 무엇을 갖추어야 한다. 그 무엇이 무엇인지가 정해질 때 비로소 교육의 목표와 방법이 새로이 만들어질 것이다. 이러한 주제에 대한 논의 없이 인공지능 시대라며 교육과정에 멋대로 어떤 것을 넣고 다른 것을 빼는 것은 너무도 근시안적인 행동이다. 심지어 공정성의 이름으로 퇴행적인 선택형 시험의 비중을 늘리는 것은 거의 반달리즘에 가깝다.

지금까지 4차 산업혁명이라는 이름으로 통칭하는 사회변동을 간단히 스케치해보았다. 그리고 그 변동이 결국은 노동 절약 과정이라는 점, 새로운 일자리가 만들어지겠지만, 줄어드는 일자리가 더 많을 것도 확인하였으며, 여기에 대처하는 개인의 가능한 전략들을 살펴보았다.

그런데 그 세 가지 전략은 모두 교육에 그 성패가 달려있다. 앞으로 기계화되지 않을 소수의 일자리에 진입하기 위해서는 그 일자리가 요구하는 능력을 갖추어야 한다. 새로운 영역을 개척하기 위해서도 융합적이고 창조적인 역량을 갖추어야 한다. 심지어 소수의 일자리를 놓고 다투는 대신 경쟁에서의 패배를 전제하고 패자들의 존엄을 요구한다고 해도 정치적 연대를 이룰 역량이 필요하다. 이러한 역량들은 선천적인 것이 아니기 때문에 반드시 교육을 통해 함양되어야 한다.

4차 산업혁명이 정말 산업혁명이라는 이름에 걸맞은 정도의 변화인지는 불분명하다. 하지만 노동시장에 큰 변화를 가져온 것만은 분명하며, 이는 기성세대보다는 자라나는 현재 학생들에게 더 큰 영향을 준다. 따라서 그 강도와 범위의 차이일 뿐 교육은 여기에 대응해야 할 것이다.

# 참고 문헌(작가명 가나다, 알파벳 순)

김신일,『교육사회학』, 교육과학사, 2015.

김재인,『인공지능의 시대, 인간을 다시 묻다』, 동아시아, 2017.

김종서 외,『교육과정과 교육평가』, 교육과학사, 2003.

마쓰오 유타카,『인공지능과 딥러닝』, 박기원 역, 동아M&B, 2015.

모리모토 안리,『반지성주의: 미국이 낳은 열병의 정체』, 강혜정 역, 세종서적, 2016.

변광배,『존재와 무: 자유를 향한 실존적 탐색』, 살림, 2005.

사카키바라 에이스케·미즈노 가즈오,『자본주의의 종말, 그 너머의 세계』, 김정연 역, 테이크원, 2017.

스가쓰케 마사노부,『물욕 없는 세계』, 현선 역, 항해, 2017.

스가쓰케 마사노부,『앞으로의 교양』, 현선 역, 항해, 2019.

아라이 노리코,『대학에 가는 AI vs 교과서를 못 읽는 아이들』, 김정환 역, 해냄, 2019.

아즈마 히로키,『약한 연결』, 안천 역, 북노마드, 2016.

이성호,『교수방법의 탐구』, 양서원, 1999.

이정모, 『인지과학: 학문간 융합의 원리와 응용』, 성균관대학교출판부, 2009.

이홍우,『교육과정 탐구』, 교육과학사, 1996.

이홍우,『교육의 목적과 난점』, 교육과학사, 1999.

정훈,『자발성과 협력의 프레네 교육학』, 내일을여는책, 2009.

후지노 다카노리,『2020년 인공지능 시대, 우리들이 행복하게 일하는 방법』, 김은혜 역, 아이스토리, 2017.


마이클 W. 애플 외,『문화 정치학과 교육』, 김미숙 외 역, 우리교육, 2004.

마이클 W. 애플,『미국 교육 개혁 옳은 길로 가고 있나』, 성열관 역, 우리교육, 2003.

한나 아렌트,『인간의 조건』, 이진우·태정호 역, 한길사, 1996.

아리스토텔레스,『니코마코스 윤리학』, 천병희 역, 도서출판 숲, 2013.

아리스토텔레스,『정치학』, 천병희 역, 도서출판 숲, 2009.

조너선 벨컴,『즐거움, 진화가 준 최고의 선물』, 노태복 역, 도솔, 2008.

알랭 드 보통,『불안』, 정영목 역, 은행나무, 2011.

피에르 브르디외·장 클로드 파세롱,『재생산』, 이상호 역, 동문선, 2000.

S. Bowles·H. Gintis,『자본주의와 학교 교육』, 이규환 역, 사계절, 1986.

윌리암 보이드,『서양 교육사』, 이홍우 역, 교육과학사, 1996.

애리 브랜트,『이성의 힘』, 김원식 역, 동과서, 2000.

해리 브레이버맨,『노동과 독점자본』, 이한주 역, 까치, 1998.

Jerome Seymour Bruner,『이야기 만들기』, 강현석·김경수 역, 교육과학사, 2010.

J. Bruner, The Culture of Education. MA.: Harvard Univ. Press, 1996.

마르틴 부버,『나와 너』, 표재명 역, 문예출판사, 2001.

데이비드 버커스,『창조성, 신화를 다시 쓰다』, 박수철 역, 시그마북스, 2014.

존 카치오포·윌리엄 패트릭,『인간은 왜 외로움을 느끼는가』, 이원기 역, 민음사, 2013.

Cacioppo, T., Hawley, L C., Kalil, A. , Hughes, M. E. , Waite, L. and Thisted, RA., "Happiness and the invisible threads of social Connection in The Chicago Health, Aging, and social Relations Study" in M. Eid and R. Larsen, eds, The science of well-being, 2008, New York :Guilford, 2008.

Coleman, J. S., Equality of Educational Opportunity. Washington D.C.: Government Printing Office, 1996.

V. J. Cook,『촘스키의 보편 문법: 입문서』, 김상기 역, 한신문화사, 1993.

미하이 칙센트미하이,『몰입: 미치도록 행복한 나를 만난다』, 최인수 역, 한울림, 2004.

미하이 칙센트미하이,『창의성의 즐거움』, 노혜숙 역, 북로드, 2003.

미하이 칙센트미하이,『몰입의 즐거움』, 이희재 역, 해냄, 2002.

안토니오 다마지오,『스피노자의 뇌』, 임지원 역, 사이언스북스, 2007.

브렌트 데이비스,『구성주의를 넘어선 복잡성 교육과 생태주의 교육의 계보학』, 심임섭 역, 씨아이알, 2014.

브렌트 데이비스·데니스 수마라,『혁신교육, 철학을 만나다』, 현인철·서용선 역, 살림터, 2011.

G. A. Davis·S. B. Rimm,『영재교육의 이론과 방법』, 송인섭 외 역, 학문사, 2001.

르네 데카르트,『방법서설』, 이현복 역, 문예출판사, 2019.

질 들뢰즈·펠릭스 가타리,『천 개의 고원』, 김재인 역, 새물결, 2001.

질 들뢰즈,『차이와 반복』, 김상환 역, 민음사, 2004.

존 듀이, 『민주주의와 교육』, 이홍우 역, 교육과학사, 2007.

J. Dewey, Experience and Education, New York: Simon and Shuster, 1938.

존 듀이, 『하우 위 싱크』, 정희욱 역, 학이시습, 2010

존 듀이, 『철학의 재구성』, 이유선 역, 아카넷, 2010.

E. 뒤르껨, 『교육과 사회학』, 이종각 역, 배영사, 1994.

데이비드 이글먼, 『더 브레인: 삶에서 뇌는 얼마나 중요한가?』, 전대호 역, 해나무, 2017.

Eisenberger, N., The pain of social disconnection: examining the shared neural underpinnings of physical and social pain, Nature Reviews Neuroscience, Vol.13, No.6, pp.421-434, 2012.

Erikson, E., Childhood and Society, New York: Norton, 1950.

Erikson, E., Identity and the Life Cycle, New York: Norton, 1959.

브라이언 페이건, 『크로마뇽』, 김수민 역, 더숲, 2013.

도널드 L. 핀켈, 『침묵으로 가르치기』, 문희경 역, 다산북스, 2010.

파울루 프레이리, 『페다고지』, 남경태 역, 그린비, 2002.

파울루 프레이리, 『프레이리의 교사론』, 교육문화연구회 역, 아침이슬, 2000.

에리히 프롬, 『자유로부터의 도피』, 원창화 역, 홍신문화사, 2006.

에리히 프롬, 『소유냐 존재냐』, 차경아 역, 까치, 1996.

호아킨 M. 푸스테르, 『신경과학으로 보는 마음의 지도』, 김미선 역, 휴머니스트, 2014.

하워드 가드너, 『다중지능 : 인간 지능의 새로운 이해』, 문용린 역, 김영사, 2001.

앤서니 기든스, 『사회구성론』, 황명주 외 역, 자작아카데미, 1998.

헨리 지루, 『교사는 지성인이다』, 이경숙 역, 아침이슬, 2001.

Goffman, E., Encounters: Two Studies in the Sociology of Interaction. Indianapolis: Bobbs Merill, 1961.

로버트 J. 고든, 『미국의 성장은 끝났는가』, 이경남 역, 생각의힘, 2017.

Gottfredson L. S., Mainstream Science on Intelligence (editorial) Mainstream Science on Intelligence, Intelligence, Vol. 24, pp. 13-23, 1997.

마이클 하트·안토니오 네그리, 『제국』, 윤수종 역, 이학사, 2001.

Harlow, H., F., The Nature of Love, American Psychologist, Vol. 13, pp. 673-685, 1958.

N. 하르트만, 『존재론의 새로운 길』, 손동현 역, 서광사, 1997

롤프 하우블, 『시기심』, 이미옥 역, 에코리브르, 2009.

Hebb, D., O., The organization of behavior, New York: Wiley, 1949.

마르틴 하이데거, 『존재와 시간』, 이기상 역, 살림, 2006.

Held, R. & Hein, A., Movement—produced stimulation in the Development of Visually guided Behavior, Journal of Comparative and Physiological Psychology, Vol. 56, No. 5, pp. 872-876, 1963.

John P. Hewitt, 『자아와 사회』, 윤인진 역, 학지사, 2001.

요한 하위징아, 『호모루덴스』, 김윤수 역, 까치, 1993.

이반 일리히, 『탈학교의 사회』, 황성모 역, 삼성문화문고, 2002.

윌리엄 제임스, 『실용주의』, 정해창 역, 아카넷, 2008.

임마누엘 칸트, 『칸트의 교육사상』, 장찬익 역, 배영사, 1985.

크리스토프 코흐, 『의식: 현대과학의 최전선에서 탐구한 의식의 기원과 본질』, 이정진 역, 알마, 2014.

Lawrence Kohlberg, 『콜버그의 도덕성 발달 이론』, 문용린 역, 아카넷, 2000.

야누슈 코르착, 『어떻게 아이들을 사랑해야 하는가』, 송순재·안미현 역, 내일을여는책, 2011.

레이 커즈와일, 『마음의 탄생』, 윤영삼 역, 크레센도, 2013.

Lazarus, R., & Folkman, S., Stress, Appraisal and Coping, New York: Springer, 1984.

리차드 리키, 『인류의 기원』, 황현숙 역, 사이언스북스, 2005.

매튜 D. 리버먼, 『사회적 뇌: 인류 성공의 비밀』, 최호영 역, 시공사, 2015.

에두아르드 C. 린드만, 『성인교육의 의미』, 강대중·김동진 역, 학이시습, 2013.

Dan C. Lortie, 『교직사회: 교직과 교사의 삶』, 진동섭 역, 양서원, 2000.

카를 마르크스, 『자본론 1: 상』, 김수행 역, 비봉출판사, 2015.

카를 마르크스·프리드리히 엥겔스, 『공산당 선언』, 이진우 역, 책세상, 1992.

움베르토 마투라나·프란시스코 바렐라, 『앎의 나무』, 최호영 역, 갈무리, 2007.

Mead, G. H., Mind, Self, and Society, Chicago: University of Chicago Press, 1934.

Sharan B. Merriam 외, 『성인학습론』, 기영화 외 역, 아카데미프레스, 2009.

존 스튜어트 밀, 『자유론』, 서병훈 역, 책세상, 2005.

아서 밀러, 『천재성의 비밀』, 김희봉 역, 사이언스북스, 2001.

클라우스 몰렌하우어, 『가르치기 힘든 시대의 교육』, 정창호 역, 삼우반, 2005.

안토니오 네그리, 『혁명의 시간』, 정남영 역, 갈무리, 2004.

안토니오 네그리, 『전복적 스피노자』, 이기웅 역, 그린비, 2005.

라인홀드 니버, 『도덕적 인간과 비도덕적 사회』, 이한우 역, 문예출판사, 2017.

넬 나딩스·로리 브룩스, 『논쟁 수업으로 시작하는 민주시민교육』, 정창우·김윤경 역, 2019.

알바 노에, 『뇌 과학의 함정』, 김미선 역, 갤리온, 2009.

마사 누스바움, 『공부를 넘어 교육으로』, 우석영 역, 궁리, 2011.

OECD, UNESCO, Literacy Skills for the World of Tomorrow: Further Results from PISA 2000, 2003.

OECD, OECD Skills Outlook 2013: First Results from the Survey of Adult Skills, 2014.

Ormrod J. E., Educationl Psycology: Developing Learners(7th Edition). Pearson-Allyn & Bacon, Inc., 2011.

파커 J. 파머, 『가르칠 수 있는 용기』, 이종인·이은정 역, 한문화, 2008.

R. S. 피터즈, 『윤리학과 교육』, 이홍우·조영태 역, 교육과학사, 2003.

Herbert L. Petri, 『동기: 이론, 연구, 그리고 활용』, 박소현·김문수 역, 시그마프레스, 2000.

장 삐아제, 『교육론』, 이병애 역, 동문선, 2005.

토마 피케티, 『21세기 자본』, 장경덕 외 역, 글항아리, 2014.

플라톤, 『에우티프론, 소크라테스의 변론, 크리톤, 파이돈』, 박종현 역, 서광사, 2003.

플라톤, 『프로타고라스, 라케스, 메논』, 박종현 역, 서광사, 2010.

플라톤, 『국가·政體』, 박종현 역, 서광사, 2005.

로버트 D. 퍼트넘, 『우리 아이들』, 정태식 역, 페이퍼로드, 2017.

R. H. 라우어, 『사회 변동의 이론과 전망』, 정근식·김해식 역, 한울, 1985.

Ravitch, D., Left Back—A Century of Battles over School Reform, New York: Simon & Schuster, 2000.

F. Philip Rice·Kim Gale Dolgin, 『청소년심리학』, 정영숙 외 역, 시그마프레스, 2001.

제러미 리프킨, 『3차 산업혁명』, 안진환 역, 민음사, 2012.

제러미 리프킨, 『한계비용 제로 사회』, 안진환 역, 민음사, 2014.

장 자크 루소, 『에밀』, 민희식 역, 육문사, 2012.

스튜어트 러셀·피터 노빅, 『인공지능1: 현대적 접근방식』, 류광 역, 제이펍, 2016.

스튜어트 러셀·피터 노빅, 『인공지능2: 현대적 접근방식』, 류광 역, 제이펍, 2016.

막스 셸러, 『우주에서의 인간의 지위』, 진교훈 역, 아카넷, 2001.

한스 쇼이얼, 『교육학의 거장들 1권』, 정영근 역, 한길사, 2004.

한스 쇼이얼, 『교육학의 거장들 2권』, 정영근 역, 한길사, 2004.

Schultz, T. W., Investing in People: The Economics of Population Quality, Berkeley: University of California Press, 1981.

클라우스 슈밥, 『제4차 산업혁명』, 송경진 역, 새로운현재, 2016.

David R. Shaffer, 『발달심리학』, 송길연 외 역, 시그마프레스, 2000.

B. 스피노자, 『에티카』, 강영계 역, 서광사, 2007.

Robert J. Sternberg 외, 『창의성: 그 잠재력의 실현을 위하여』, 임웅 역, 학지사, 2009.

Robert J. Sternberg·Wendy M. Williams, 『교육심리학』, 김정섭 외 역, 시그마프레스, 2010.

돈 탭스콧·알렉스 탭스콧, 『블록체인 혁명』, 박지훈 역, 을유문화사, 2018.

돈 탭스콧·앤서니 윌리엄스, 『위키노믹스』, 윤미나 역, 21세기북스, 2009.

돈 탭스콧·앤서니 윌리엄스, 『매크로위키노믹스』, 김현정 역, 21세기북스, 2011.

리처드 H. 탈러, 『승자의 저주』, 최정규·하승아 역, 이음, 2007.

앨빈 토플러, 『제3의 물결』, 원창엽 역, 홍신문화사, 2006.

프란시스코 바렐라 외, 『몸의 인지과학』, 석봉래 역, 김영사, 2013.

프란시스코 바렐라, 『윤리적 노하우』, 유권종·박충식 역, 갈무리, 2009.

Vygotsky, L. S., Thought and Language, Cambridge, M.A.: MIT Press, 1962.

Vygotsky, L.S., Mind in Society, Cambridge, M.A.: MIT Press, 1986.

알프레드 노스 화이트헤드, 『교육의 목적』, 오영환 역, 궁리, 2004.

R. E. Young, 『하버마스, 비판이론, 교육』, 이정화·이지헌 역, 교육과학사, 2003.